传媒与文化书系

王春美 著

中国广播经营变迁

起源、演进、规律与趋向

中国传媒大学出版社
·北京·

本书系国家广播电视总局部级社科项目"移动互联网时代广播媒体经营策略创新研究"（GD1726）阶段性成果，北京联合大学人才强校优选计划项目"音频新媒体发展现状与运营模式研究"（BPHR2018DS01）阶段性成果。

序　言

广播经营是一个小众但颇有渊源的研究领域。1996年，正是在对一家电台经营问题的研究中，"媒介产业化"的理论被提出并得以系统梳理，此后我们逐渐进入媒介研究的腹地，先后开展了媒介资本与国际化、集团化以及后来的数字技术、数字新媒体等研究。对于广播，课题组在长达十年的时间里曾持续跟踪，先后出版了《中国广播产业报告》《中国广播产业经营管理》《广电媒介产业经营新论》等著作，并发表了《先行者的苦恼与思索——试析广播媒介的产业化经营》（2004）、《过去、现在与未来——广播媒体应对挑战与摸索转型的轨迹探析》（2006）等一系列论文。在研究过程中我们发现，广播这一古老而年轻的媒体在激烈的媒介竞争中展现出顽强的生命力和巨大的创造力，不断获得新的市场空间和经营资源。这也促使我们思考："为什么媒介产业化的理论不是产生于报纸电视而诞生于电台经营,这是一种偶合还是必然？"

近年来，随着音频收听方式的多元化，音频传播生态发生变化。一方面，多年的高歌猛进使得广播媒体的同城同质竞争愈演愈烈；另一方面，新的音频产品不断涌现，冲击了原有的市场格局。同其他传统媒体一样，全国各地的广播电台都在找寻新时期的转型突破之道，各种改革蜂拥而出。如何创新盈利模式，挖掘新的价值增长点，成为迫切需要解决的问题之一。

"中国广播经营变迁"这一课题聚焦转型期广播媒体的经营问题，立足于新的媒介环境和市场环境，回望中国广播经营的迂回变革，思考其未来的走向，具有重要的理论价值和应用价值。

回望历史，做脉络梳理，需要沉得住气，花大力气。历时近五年，王春美从资料收集、开展调研到撰稿成文，用20余万字的篇幅对我国广播经营复苏、发展、繁荣、转型的历程进行了细致的爬梳整理。难能可贵的是，开篇用发展的眼光看待媒体的经营问题，对世界广播经营渊源进行了追溯，并对中外广播早期的经营活动进行了盘点，从中理清了改革开放前夕我国广播事业的起点问题。在这个基础上，再去看待改革开放以来中国广播经营的发展，便具有了非同寻常的意义。

媒体的双重属性决定了其具备面向市场创造效益的可能，但是经营不是孤立的，它与外部环境及内部运行存在密切联系。在对广播经营的研究上，作者没有就事论事，而是放之于不同阶段的时代背景和广播改革的大前提下，在对内外环境进行充分解析的基础上，去剥离、总结不同时期广播经营的业态表现、机制调整，从中我们可以看到广播经营的起伏变化与我国渐进式的改革进程同频共振，是政治、社会、文化等多种因素在媒介领域的综合反映。

本书的关键词是"广播经营"。作为媒介产业的分支，如何架构清楚"经营"的内涵和外延是关键，也是研究视角是否全面科学的体现。作为曾经的广播从业者，王春美从广告、多元化业态、新媒体平台盈利三个方面搭建研究结构，在对广播经营的脉络梳理中，一是以经营模式的演变为主线，从经营机制、经营方式、客户结构、广告产品等方面总结广播广告的发展嬗变；二是回顾广播媒体多元化产业经营的衍变迭代，按照时间轴逐次解析曾经出现的主要经营业态；三是尝试对广播在融合发展进程中进行的盈利探索加以概括。

从1979年至今，我国媒介经营恰好走过了40年的历程。40年中，广播媒体的经营路径探索是我国媒介产业化的一个缩影，期间各种力量交织，勾勒出一幅生动的媒介产业运营路线图。本书的一大亮点在于：有观察、有思考，在脉络梳理之后，能够跳出现象总结特点、剖析成因、辨析趋向。王春美花了相当长的篇幅对广播媒体的经营特点和规律进行总结，并客观地评析了40年来广播经营的成绩和面临的问题。

环境虽然在变，但还有不变的东西，那就是事物发展的规律。放眼世界，各个国家的媒体都面临运营经费从哪里来的问题。当下，传播的复杂程度和竞争的激烈程度更胜以往，技术的迅猛发展带来了全面融合的媒介生态，包括广播在内，新旧媒体均面临"生存"与"发展"的紧要命题。

本书的推出，让我们有机会全面、系统地了解广播及其经营行为，也对思考新形势下的媒体发展问题多有裨益。

黄升民

（中国广告博物馆馆长、中国传媒大学广告学院资深教授、博导）

2019年1月

目 录

绪　论　研究缘起、目的及思路 / 1

　　一、研究背景 / 1

　　二、研究目的与意义 / 4

　　三、文献综述：广播经营研究的主要内容和基本特征 / 5

　　四、研究思路和主要内容 / 18

　　五、研究方法 / 23

　　六、创新性 / 25

第一章　广播经营溯源 / 26

　　第一节　世界广播经营体制的诞生 / 26

　　　　一、广播诞生前的技术准备 / 27

　　　　二、无线电技术商业化 / 28

　　　　三、广播经营起源 / 28

　　第二节　中国早期的广播经营 / 30

　　　　一、民国时期广播的商业化运营 / 30

　　　　二、新中国成立初期的广播经营 / 33

　　本章小结：早期广播经营的几点启示 / 35

第二章 广播广告的恢复与多元化经营的萌生 / 41

第一节 时代背景：传播内容与形式的本色回归 / 41

一、从"报纸翻版"到"自己走路"：以节目为核心的单项改革 / 42

二、由"微观改革"到"宏观改革"：探索整套节目的合理布局 / 43

第二节 广播广告的复播与发展 / 44

一、广播广告的全面复兴 / 45

二、广告经营活动的开展 / 46

三、组织结构、人员配备及广告运行机制的确立 / 46

四、广告价格、客源分布及广告表现形式 / 47

第三节 多元化经营探索 / 48

一、有偿信息服务及信息经营 / 48

二、广播音像企业的出现 / 51

本章小结："综合台"时期的广播经营 / 51

第三章 探索：经营能量的释放及第三产业兴办热潮 / 56

第一节 广播生存环境的变化及"系列台"的创建 / 56

一、时代背景：竞争与生存的激烈对撞 / 57

二、从"局部调整"到"整体布局"：广播系列台的创建 / 58

第二节 广播广告经营机制改革：分频经营模式的确立 / 60

一、经营机制改革：下放经营自主权 / 60

二、分频经营后的不同选择：自营与广告代理制的出现 / 61

三、客户来源、广告价格及经营规模 / 63

第三节 20世纪90年代的第三产业兴办热潮 / 65

一、信息经营的进一步发展 / 65

二、三产公司的创办 / 67

三、"产业化"概念的提出和发展 / 69

本章小结："系列台"初创期的经营实践思考及阶段特征 / 70

第四章 跃升：广告运营模式与多元化经营的纵向深入 / 73

第一节 广播专业化改革的全面推进 / 73

一、时代背景 / 74

二、广播专业化改革的全面深入 / 74

三、交通广播的崛起 / 77

第二节 广告运营模式的渐进探索 / 77

一、广告经营机制的三种动向 / 78

二、广告经营方式的演绎深化 / 79

三、客户结构、广告产品及定价 / 82

第三节 多元化经营的纵向深入 / 83

一、声讯业务开发 / 83

二、节目市场的培育和开发 / 84

三、音乐广播和交通广播产业的形成 / 85

四、广播媒体的跨地区、跨媒体、跨行业经营 / 87

五、广播公司的出现及社会资源的引入 / 89

本章小结："专业化"深入期的规模扩张 / 91

第五章 调适：媒体融合中的商业模式探索 / 94

第一节 时代背景：台网融合与市场细分 / 94

一、广播与网络融合的脉络轨迹及其影响 / 95

二、广播市场受众细分 / 98

第二节　新媒体平台的盈利方式探索 / 99

　　一、桌面互联网阶段的融合经营试水 / 100

　　二、移动互联网时期的营收尝试 / 103

第三节　变革中的广告整合营销 / 108

　　一、集中经营的趋势增强 / 108

　　二、广告代理制深入推进，全频代理现象增多 / 109

　　三、销售模式与营销手段创新 / 110

　　四、客户结构及广告产品的变化 / 111

第四节　多元化经营进入新阶段 / 112

　　一、整合可经营性资源，创建统一运营平台 / 112

　　二、传统业务向新业务转型 / 113

　　三、广播购物业务兴起 / 114

　　四、投融资业务的开展 / 115

　　五、音频版权购销与运营 / 116

　　六、有形物产和服务经营 / 117

本章小结：数字化转型中的经营升级 / 118

第六章　广播经营的特征、规律及影响因素分析 / 120

第一节　广播经营的特征和规律 / 120

　　一、广播经营的数据变化透视 / 121

　　二、市场化、社会化、多元化——广播经营的三个主要进程 / 124

　　三、经营与传播律动、实践与理念同步——广播经营的两个基本特征 / 128

　　四、阶梯式发展、螺旋式上升——广播经营发展的两大规律 / 131

第二节　广播产业链的形成与结构 / 134

　　一、广播经营的分类及广播市场构成 / 134

二、广播产业链分析 / 135

　　三、外部市场的资源进入 / 137

　　四、广播经营的两类主体 / 138

第三节　广播产业化发展的影响因素分析 / 138

　　一、外部因素 / 139

　　二、内部因素 / 144

本章小结：广播经营的内在逻辑与关系 / 147

第七章　业态剧变下的广播经营问题及转型探讨 / 148

第一节　广播经营的现实问题与发展矛盾 / 148

　　一、空间局限：市场总量狭小，广告收入触顶"天花板" / 148

　　二、结构缺陷：收入模式单一，不均衡现象突出 / 151

　　三、体制冲突：维持尚可，发展艰难 / 152

　　四、市场封闭：需求不足，开放程度不够，经营策略还不灵活 / 153

第二节　广播生存环境的变化 / 155

　　一、竞争主体的变化：从"广播"到"音频" / 155

　　二、用户收听行为变化：传统电台的式微与新兴平台的崛起 / 158

　　三、竞争模式的改变：从内容到资金、技术、人才、战略全方位竞争 / 163

　　四、从封闭走向开放：广播电台被动融入全新的音频产业市场 / 166

第三节　业态剧变下的广播经营发展方向 / 168

　　一、广播媒体发展的三大趋势 / 168

　　二、广播商业模式的变化 / 169

　　三、业态剧变下的广播经营突破 / 170

本章小结：矛盾冲突与突破方向 / 173

第八章 结语：过去、现在与未来——广播经营再思考 / 174

  一、经营是电台解决自身经费来源问题的重要途径和手段 / 174

  二、广播的双重属性决定了其具备面向市场创造效益的可能 / 175

  三、以广告为主的现代广播运营基础是经过多种探索后的自然结果 / 176

  四、改革开放后中国广播经营的恢复和发展呈阶梯式发展的轨迹 / 177

  五、广播经营是对广播特性和运营规律不断探索挖掘的过程 / 180

  六、新媒体环境下广播经营面临新的课题和挑战 / 183

  七、广播经营必将在新的历史阶段与时俱进 / 184

参考文献 / 186

后　记 / 197

绪 论
研究缘起、目的及思路

在传媒市场总量中,广播是极其微小的一部分,多年来,广播广告在我国广告经营额中所占比例一直维持在2%~4%之间,广播广告的体量仅约是电视的1/10、报纸的1/3、互联网的1/12。但广播经营又是传媒产业中极具特色的一个构成,一度连续数年实现两位数快速增长,即便在遭受新媒体冲击、传统媒体整体普遍下行的情况下,仍然能够保持相对稳定的发展态势。这既有媒体特性的原因,又与我国广播持之以恒因势求变的探索有关系。广播媒体在发展过程中,现代运营基础是如何产生的?中国广播产业经历了怎样的纵横转折?未来又将向何处发展?基于过去、现在和未来的视角,运用系统科学的方法,梳理广播媒体的经营轨迹,观察其中的特征和规律,具有重要的理论价值和现实意义。

一、研究背景

(一)生存之变:广播新时代的到来

早在2013年,互联网女皇玛丽·米克(Mary Meeker)[①]就曾预言,受益于移动互联网的发展,音频将成为继视频之后互联网领域的下一个发展热点。几年来,此番论断正被热火朝天的行业现实所印证。

在国外,潘多拉、Spotify(声田)、iTunes等新生代电台发展迅猛。2013年年底,潘多拉注册用户已突破2.5亿,活跃用户7 650万,定制电台超过60亿个,占据美国整体广播收听市场9%的份额。根据美国彭博资讯公司的报告,有广告时段购买意向的企业一般

---

① 玛丽·米克(Mary Meeker),硅谷风投机构KPCB的合伙人,由于每年她都会发布数据翔实、图表丰富的互联网报告,因此被称为"互联网女皇"。2013年5月29日,她在美国AllThingD D11大会上发布了2013年趋势报告,报告中提到"来自移动设备的媒体、数据上传和分享增长迅猛,语音回归手机,使声音受到关注,继视频之后,音频将成为互联网发展的下一个热点"。资料来源:中文互联网数据资讯中心.2013年互联网趋势报告中文版[EB/OL].(2013-05-30)[2016-06-01].http://www.199it.com/archives/118597.html。

会将潘多拉和传统广播电台放在一起，比较两者的排名情况，可见互联网电台的影响之大。这些新兴电台试图在更多领域与传统广播展开竞争，比如车载市场。2013年，美国汽车制造商克莱斯勒集团与潘多拉传媒达成合作协议，在85个型号的汽车中嵌入潘多拉广播服务。

国内的情况与国外相仿。近年来，基于互联网的电台应用和音频平台大量涌现，成为网民获取声音资讯、娱乐、服务的重要渠道。其中，既有以传统电台内容集成为主的音频聚合平台，也有以用户内容生产为主的点播类音频产品，蜻蜓FM、荔枝FM、喜马拉雅FM等几家企业发展势头良好。部分电台用户数量一年冲破6 000万，日活跃用户超过200万，日增15万。2015年有两家电台的用户已经过亿，随着市场不断被看好，这些音频平台相继获得含国际风险资本在内的多轮融资。

无论是在国外还是国内，音频的收听方式正在发生改变。用户可以根据需要随时在多种音频服务之间切换，就像过去在不同类型的电台之间换来换去一样，传统电台、互联网广播，以及各种音频服务提供商之间产生了错综复杂的关系。"广播"不再是传统意义上的广播，电台所面临的竞争已不再限于FM、AM传统广播同行之间。新的竞争时代到来，传统电台面临着从内容生产、信息传播、经营方式，以及运行机制等方面的全新转型考验。

（二）发展之忧：什么才是转型的根本？

过去20多年，传统广播追随互联网的步伐，由最初建立简单网页、实现在线直播和点播，到创办网络电台、进行音视频共做，再到跟进移动互联网、开发客户端应用、利用微信微博开展互动，核心趋势无一遗漏，投入了大量的人力、物力和财力。但时至今日真正反思，多年的新媒体试水给传统广播到底带来了什么？大多数人对结果并不满意。尽管拓展了传播渠道，丰富了展现形式，但是由新媒体平台带来的传播力和影响力提升被互联网的汪洋大海所淹没，用户拓展微乎其微，效益增值几无体现。

"媒体的价值在于信息入口，只有用户把媒体当成信息入口，媒体才能吸引用户，也才具有商业价值"[①]，新媒体对传统媒体的冲击根本上是对"信息入口"的争夺。八亿中国人全天候融入互联网，更多的人、更多的时间、更多的消费、更多的产业向移动互联网迁徙，[②] 传统媒体一方面面临影响力的削弱，另一方面面临盈利能力的衰减。

传统广播一方面需要探寻自身可行的路径，另一方面还要面对业外商业力量在移动互联传播阵营的强劲争夺，"传统广播机构不仅被卷进跨行、跨界、跨资源的多重竞争中，

---

① 郭全中.中国传媒业新格局已形成[EB/OL].（2015-03-24）[2017-03-01].http://news.mydrivers.com/1/405/405091.htm.

② 截至2018年12月，中国网民规模已达8.29亿，其中手机网民规模达8.17亿。数据来源：中国互联网络信息中心（CNNIC）.第43次《中国互联网络发展状况统计报告》[EB/OL].（2019-02-28）[2019-03-01].http://www.cac.gov.cn/2019zt/cnnic43/index.htm.

并且相关先期风险投入巨大,技术难度门槛陡升"①,延续多年的内容生产方式、组织运营模式、管理机制面临巨大挑战。面对新形势,近年来,全国电台纷纷掀起新一轮改革,调整频率、改变节目、优化营销、创新管理,等等。随着一项项举措推出,一个根本性的问题逐渐浮出水面:目前所做的事情更长远的目的是什么?广播的发展目标和方向是什么?疑问背后折射出种种焦虑:突破口的焦虑、体制的焦虑、布局的焦虑——做什么才能实现战略性突破?如何才能更好地用财、用人?未来收益如何布局?是集中资源突击某个方向,还是划小组织单元,以多元试错寻求适应?

转型也好,改革也罢,经营模式和盈利能力是绕不过去的问题。提高经营能力和盈利水平不仅是壮大产业、培育新市场的需要,也是维系影响力的必然要求。传统广播如何创新盈利模式,挖掘新的价值增长点,延伸经营链条,是眼下迫切需要解决的问题。

(三)问题聚焦:广播经营的变革演进

媒体的影响力和市场优势是相辅相成的,当传媒在社会中扮演的角色越来越重要时,它作为产业的重要性也就越来越重。②20世纪20年代,世界上公认的第一家电台在美国开播不久,作为现代广播运营基础的广告就诞生了。近百年来,美国广播业高度商业化,成为发达媒介集团的一分子。广告以外,欧美国家的广播集团还广泛涉猎户外、娱乐业、新媒体等业务,商业电台之间的并购交易行为也十分频繁。2014年美国广播广告收入达到160亿美元,在媒体广告收入中占比9%。③

在我国,20世纪20年代末30年代初,民营电台大量出现,带来了广播广告业的第一个相对繁荣时期。新中国成立后,中国广播广告业曾有过一段短暂的辉煌期,之后进入长达20多年的经营空白期。1979年上海人民广播电台恢复播出广告,广播媒体经营重新启动,至今已走过40年的历程。

1983年我国广播广告营业额为1 807万元,1993年达到3.5亿,2003年达到25.6亿,2013年达到141亿,30年净增140多亿,年均增长26%。数字背后,是循序渐进的经营探索,从原始的内部承包到专业公司代理,从时段代理到行业代理再到项目代理,全国上千家电台经营模式不断调整,有的电台由频率自营变为全台统一经营,也有从统一经营回到各频率独自经营。广播人不断实践,经历了各种思想观念的激烈碰撞。

与广告经营几乎同时,中国广播还在多个领域进行了多元化经营、多角度经营的尝试,从开办音像店、开展声讯业务到介入汽车后市场、演艺经纪再到成立投融资基金平台,开展版权购销和广播购物,广播产业业态随着技术、环境的变化不断演进迭代,其中有多年延续的业务形态,也有昙花一现的业务探索,勾勒出一幅生动的媒体产业运营路线图。

---

① 邓炘炘.在偏隅与平静的遮盖下[J].中国广播,2015(2).
② 喻国明.关于当前传媒发展的若干思考[J].编辑学刊,2014(5):6.
③ 皮尤研究中心.新闻媒体现状概览[EB/OL].(2014-03-26)[2016-07-08].http://www.journalism.org/2014/03/26/state-of-the-news-media-2014-overview/.

40年广播经营波澜壮阔。在新的媒介环境和市场环境下，回望过去中国广播经营的迂回变革，思考其未来的走向具有特殊而重要的意义。以经营变迁为切入口，观察广播媒体的过去、现在和未来是本书的基本立意。

二、研究目的与意义

（一）研究定位

科学研究一般分为三个层次：一是总结事物现状、梳理发展历史的描述性研究，二是挖掘事件背后原因或剖析发展影响的解释性研究，三是解决现有问题或提出应对方案的探索性研究。本书以描述性历史研究为主，旨在追溯中国广播经营的背景、历程，梳理主要经营业态的发展演变，分析不同历史时期的经营模式、策略转变及其影响因素。一方面，本书将进行历时性的纵向研究，归纳中国广播经营的起源、发展和演进，分析不同历史时期广播经营的不同表现，结合社会经济环境、传播环境等，分析内外要素与广播经营之间的关联互动。另一方面，本书将进行横向的整体性研究，立足广播经营的现状，描摹广播产业链的构成，分析存在的问题，结合广播生存环境的变化，提出广播经营的未来发展趋向。

本书的研究目的在于"从过去找未来"，通过对中国广播经营历程的系统梳理，找寻广播媒体运行发展的一般性规律，剖析外在环境对广播经营的影响，探讨广播媒体内在的内容传播、广告经营、多元化经营、新媒体探索等多个环节之间的关系，从而为新媒体环境下广播媒体的发展特别是经营方向和路径提供一定的经验借鉴。

（二）研究意义

第一，本书将对现有的广播媒体理论研究进行补充。从中国广播整体发展的角度来看，经营活动的开展对广播媒体改革及总体发展发挥了至关重要的作用。从单纯依赖国家财政拨款的事业单位转变为自收自支，广播的组织结构、内容传播和运营管理等方面都发生了重大变化。通过研究经营起步、转折和发展脉络，有助于我们从历史的角度总结广播媒体的发展规律，辩证地看待广播媒体发展运行过程中各个环节之间的关系。

第二，着眼于广播电台的经营实践，从电台经营活动出发，立足现实，关注现实。我国广播的经营活动从无到有，由弱渐强，在多个范围内进行了多种探索，同时在开展经营的过程中也遇到各种各样的问题，制约着下一步发展。本着从实际出发的原则，本书通过对广播经营实践本身的总结，系统研究广播经营的规律和趋势，具有一定的理论价值和经验借鉴意义。

第三，广播经营是我国媒介产业化的缩影，对广播经营的研究有助于了解中国传统媒介的经营规律。从全球媒体变革的角度来看，我们正处在新旧媒体变革交替的时期，互联网和手机等新兴媒体的发展对传统媒体的营销传播产生深刻影响，未来的传统媒体经营将与以往产生巨大差异，经营方式、营销手段都面临深刻变革，有必要在这个历史时间节点对广播媒体以往的经营演进进行全面的总结，并对未来的发展趋势进行前瞻性探讨。

无论是从理论层面还是实践层面来看，从历史的视角盘点中国广播经营的历程，总结其与社会环境、经济环境、传媒环境及广播系统改革等内外部多种元素的关联制衡，对剖析广播经营的规律和动因，都具有重要意义。

三、文献综述：广播经营研究的主要内容和基本特征

中国广播经营问题的研究力量主要来自两个方面：一是从业于广播尤其是经营一线的人员，他们出于工作的需要，不断从实践层面进行回顾、总结和展望；二是来自高校科研机构的研究人员，他们主要从理论层面以广播经营为对象进行研究，其中以新闻传播学科居多，也有从经济学、文学、心理学等其他领域的跨学科研究。多年来，这两支力量交替互补，对广播经营进行了持续的关注和思考，形成了很多宝贵的研究积累和理论成果。

通过对公开文献的全面检索发现，国内关于广播经营的理论研究大约是在广播经营实践开展十年后出现的。广告业全面复苏的1979年，是媒介经营管理的发轫之年。这一年年初，上海人民广播电台播放了改革开放后的第一条广播广告。十年后，也就是1989年，学术杂志上出现了两篇与广播经营相关的理论文章，其中一篇是《试论社会主义广播电视广告的特征》，主要是从理论角度分析了广播电视广告的几个基本特征；另一篇是《试论广播电台的信息经营》，作者从背景和动因、内容和方式、机遇和发展等若干方面详细讨论了广播信息经营问题。1990年，天津人民广播电台台长宋银章撰文《搞好服务创收是进行广播宣传工作改革的一个重要方面》，发表了"加强经济宣传、开办有偿服务节目是广播宣传工作改革的一项重要内容""搞好服务创收才能为宣传工作的改革提供必要的物质、设备保证""服务创收提供了对工作人员进行物质鼓励的条件，促进了宣传工作的改革""服务创收促进了管理体制的改革，保证了宣传工作改革的顺利进行"四个观点。1992年，四川人民广播电台的何道文以《再论大广播——广播产业化》为题，提出了"广播产业化"的概念，他结合四川地区乡村和城市广播电台的经营实践，认为"广播走产业化的道路，必定能够促进广播宣传质量的提高和广播的改革开放"，这是本书检索到的最早关于"广播产业化"的提法。1993年，江苏省广播电视系统举办了一场经营创收工作座谈会，有关这个会议的纪要、侧记和主要讲话稿刊登在《视听界》杂志上。通过这三篇文章，我们看到当时的与会人员详细讨论了广播电视作为第三产业的经济属性，达成了"发展广播电视事业，不能只靠国家，也要靠自己"的共识，时任江苏广播电视厅副厅

长的李向阳提出了"加速广播电视事业的产业化"这一理念。1995年，北京人民广播电台台长吕浩才撰文《广播经营创收之我见》，阐述了"广播经营是广播事业改革的重要一环，要因地、因台制宜把创收搞上去"的观点。作者结合北京电台的经营实践，对广播开办实体经营进行了详细分析，这是第一篇较为系统地讨论广播媒体经营问题的文章。1995年，南京人民广播电台的李华湘撰文指出，做好广播经营创收关键抓好四个转变，如"自然竞争向人才竞争的转变""单一形式向多种渠道的转变"等。1996年，学界对于广播经营的研究开始跟进，北京广播学院以黄升民老师为首的课题组开始了对广州电台的经营研究。此后，广播媒体的经营活动和经营行为开始受到业界和学界的关注，有关广播媒体经营的研究文章和著作不断增多。

（一）媒介产业化与广播经营

"媒介产业化"是指从事单纯的文化、精神生产事业的媒介单位沿着经营合理性的轨迹向企业状态过渡的一种现象。[①]北京广播学院广告学系的科研团队1996年在对广州电台的经营研究中提出了"媒介产业化"的概念，此后20多年持续关注媒介产业化的进程，通过不断的项目研究剖析媒介产业化的动力、困境和问题，解析媒介产业化的路径。在这其中，该课题组对"媒介产业化"的概念不断修正补充，2000年发表《重提媒介产业化》，2007年发表《"媒介产业化"十年考》，2013年发表《"媒介产业化"再思考》，2014年发表《广播电视媒体产业化内涵变迁》。《"媒介产业化"再思考》一文提出"产业化并不解决制度问题""媒介事业产业属性与管控松紧并无直接关联""媒介产业化的过渡是一个长期过程"三个观点，并指出"产业化的主要障碍并非来自意识形态层面的管控，其根源是行业内部既得利益不愿意改变，不愿意面对变化所带来的机会成本"；还提出改革存在一个"窗口期"的问题，产业化进程快慢决定着转型难度高低。这些观点对研究当下广播媒体的产业发展路径具有重要的参考意义和指导意义。

专门针对广播的研究，这个课题组做了以下工作：

1996年开展广州电台经营研究项目，1996年年底发表文章《产业化背景下广播媒介个体发展的途径》，1997年出版《媒介经营与产业化研究》，此书用一半的篇幅以S电台为例详解了"媒介产业化的进程和特点"。

2000年，进行了"电波集团化"课题研究，访问了北京、上海、广东等地150多名媒介经营主管，同时向全国省市级的无线电视、有线电视以及广播电台的经营台长发放了"关于广电媒介经营发展战略的问卷调查"。2002年完成《中国广播产业报告》，2005年出版《中国广播产业报告——产业发展与经营管理创新》，此书是第一本对国内广播产业进行系统研究的报告，对我国广播的产业化进程和行业结构做了剖析，并选取具有代表性的电台样本，详解其经营模式。

[①] 黄升民.先行者的苦恼与思索：析广播媒介的经营[J].现代传播，2004（3）：71.

2004年《先行者的苦恼与思索——试析广播媒介的经营》一文对北京电台的发展历程、产业化探索、碰到的问题进行了理论总结，并且提出接下来要解决市场空间、经营资源、组织建制三大问题。2006年《过去、现在与未来——广播媒体应对挑战与摸索转型的轨迹探析》一文将广播媒体的发展轨迹放在广阔的产业背景之下，剖析了2003年前后广播"由弱变强"的现实，并指出面对新媒体经营环境，传统的广播行业体系将逐渐瓦解，按照"生产、传输、消费"的产业链条进行构建与聚合，原有的广播组织和广播机构需要迅速应变。

2008年《思考广播经营》一文指出：数字化浪潮已经成为信息产业范畴内不可逆转的潮流，在技术变革中，广播媒体也将出现自身的经营变革与产业变革，媒体经营如何紧跟数字化变革，如何适应分聚潮流需要思考。同年出版的《中国广播产业经营与管理研究》从广告经营、节目发展、听众市场、产业创新等方面描述了广播行业发展现状，并对北京、南京、杭州、哈尔滨、沈阳等地的广播发展环境和电台情况进行了分析。

从1996年至今，持续20多年的媒介产业化研究对包括广播在内的媒体经营实践进行了理论层面的系统概括，多年前提出的很多问题和发展建议今天看来依然有其现实意义。但是媒介产业化理论的重点后来逐渐放到了广电、报业、新媒体等大媒介视野下，提出了集团化、数字化、资本运作等路径，对单一广播媒体的关注有所减少，而在这段时间内，广播产业化正经历了蓬勃发展、一路前行的过程，很多广播领域涌现的经营新现象没有得到及时的盘点和归纳。

（二）传媒经济学、媒体经营与管理以及传媒产业发展研究

周鸿铎教授最早在国内阐述了传媒经济的相关理念，1984年他从现实依据、政策依据、科学技术条件和国际环境几个方面阐述了"广播电视经济"的概念。1990年《广播电视经济学》出版，这是我国第一部比较系统的传媒经济学著作和教科书。2003年，周鸿铎教授在他的《广播电视经济》一书中专门介绍了广播经济活动，对广播产品及其经营进行了研究，主要研究对象为新闻性、教育性、文艺性、服务性节目及其经营。

2004年，"中国传媒产业发展报告"立项，清华大学以崔保国老师为首的研究团队此后持续关注中国传媒各领域发展状况，并对发展走势进行分析和预测。2005年，吴信训、金冠军、李海林等学者综合论述了传媒经济具有商品属性、政治属性和公益属性，指出政治性传媒、公益性传媒也都具有传媒产业发展的一般性规律。2006年，宋建武在《媒介经济学》一书中对广播业的改革历程和存在的问题进行了简要阐述，认为我国广播业的市场意识和经营理念一直弱于其他传媒业，在从业者缺乏市场眼光的前提下，已知资源大多处于半开发或闲置状态，不能创造更多的经济利益。

与媒介经济学并驾齐驱的还有媒体经营与管理学科的兴起。1998年，邵培仁出版《媒介经营管理学》一书，以报社、广播电台、电视台、电影公司、广告公司等为研究对

象，从阐释媒介经营管理学的基本概念入手，论述了这门新兴学科的基本原理、理论框架和媒介经营管理的职能及原则。周鸿铎教授的研究视野也逐渐由媒介经济学具体为广播电视媒体的经营管理研究。2005年他连续出版《广播电视经营与管理模式》和《世界五大媒介集团经营之道》两书，前者详细分析了广播电视产业宏观经营管理模式、产品经营管理模式、机构管理模式、投资战略模式以及新闻宣传管理模式、播出管理模式、行政管理模式等，后者以时代华纳、迪尼斯、贝塔斯曼、威卡姆、默多克新闻集团五大媒介产业集团为例，剖析了它们的发展历程及其成功经营之道。本领域相关的著作还有《媒介经营管理的理念与实践》（胡智锋，2010）、《媒介经营与管理》（严三九，2011）等。

随着基础理论的发展，关于中国传媒产业的系统研究开始增多。截至2018年年底，在中国博士学位论文全文数据库中，检索到"传媒产业"相关的博士论文12篇，这些论文大多以产业经济学理论为指导，对中国传媒产业的发展方向进行研究，如《中国传媒产业发展研究》（李放，2009）、《中国传媒产业发展方向与策略选择——基于产业经济学的视角》（康燕，2010）、《中国传媒产业发展研究——基于产业融合的视角》（吴昊天，2014）。

此外，针对"广播电视产业"的研究也比较多，如《中国广播电视产业核心竞争力研究》（巢立明，2004）、《广播电视产业之法律规制研究》（于斌，2006）、《中国广播电视产业海外本土化战略研究》（杨文延，2011）。也有专门针对电视产业的研究，如《中国电视产业的制度变迁与需求均衡》（易旭明，2011）、《新媒体时代中国电视产业发展研究》（熊波，2013）。不过，目前中国博士学位论文全文数据库中还没有专门针对广播产业的博士论文研究。

（三）新媒体形势下广播的创新与发展研究

进入21世纪以来，新媒体对于传统广播的影响话题不断被业界和学界提及。这部分研究主要集中在三个方面：

第一，对新媒体时代传统广播发展现状和趋势的关注。谭天认为，30年中，中国广播经历两次转型，从农村媒体转变为城市媒体，从固定媒体转变为移动媒体，受众群体、接收方式发生根本改变。遗憾的是，转型却未能相应升级，没有从根本上扭转广播媒体的弱势地位。新媒体时代，广播媒体要以升级带动转型，打造全新的媒介平台（谭天，2012）；周小普认为，广播得到了快速的发展，取得了不少成就，但同时由于全国性交易市场的不完善、体制遗留问题等因素，使得广播的发展也呈现出各种问题。面对新兴媒体的挑战以及传媒格局的改变，中国广播应该积极进取，增加供应数量、丰富节目内容、加速与新媒体的融合，克服各种缺陷，完善广播的经营方式，做强、做大（周小普，2011）。

第二，关注到广播生态系统的变化。有学者认为新形势下的广播媒体呈现出终端移动化和智能化、受众裂变化、收听碎片化的特点，要注意到广播媒介种群与传统媒介种群和新媒体种群生态关系的区别（宫承波、田园，2015）；互联网音频平台的出现改变了音频传播的方式，促使广播电台在内容生产、平台分发、技术创新、经营创收等方面发生一系列变化，一个新的音频生态圈将形成。面对这场变革，广播人需要更加关注音频技术的革新，更加重视高质量音频内容的生产和优秀主持人、团队的塑造，更加注意保护知识产权（边建，2014）。

第三，对广播的转型和发展战略提出建议。胡正荣提出，传统媒体的转型路径就是从细分到聚合，最终用媒体自己的品质取胜（胡正荣，2014）。陆地提出，转型不是转行，广播媒体的主要功能在于满足听众的"听觉"功能，广播媒体的所有创新应当围绕"谁来听""听什么"和"怎么听"三个方面展开（陆地，2015）。

在国家部委的科研课题中，近年来有关传统媒体发展战略的研究主题不断涌现，如2012年黄升民主持的《"三网融合"背景下的我国广播电视媒体发展战略研究》以及2013年郭全中主持的《新媒体环境下传统媒体的转型战略研究》分别获得国家社科基金重点项目立项，不过这两项课题都是将广播与电视、报纸放在一起进行研究。2014年，陆地主持的《广播与移动互联网融合发展策略研究》、赵子忠主持的《新媒体环境下广播战略转型研究》获得国家新闻出版广电总局部级社科研究项目立项，北京电台研究中心张晓菲博士主持的《我国广播的数字化转型策略》获得国家社科基金青年项目立项。中国广播电视协会连续数年举办高峰论坛，探讨新形势下的广播发展，2010年主题为"媒介融合背景下的广播发展战略"，2011年主题为"全媒体时代的广播发展战略"，2013年主题为"新媒体时代中国广播创新与发展"。这些进步标志着广播媒体在新形势下的发展战略与策略问题受到越来越多的关注。

但是，目前国内对于新形势下广播的发展问题更多地偏倚在媒介融合的层面，对广播经营的讨论不多，尤其缺乏系统研究。少数学者在研究广播发展问题时提到广播经营问题，如高福安、刘亮提到，广播媒体向市场转型，就是以受众为中心，以市场为导向，以创新创意为动力，向管理要效益，一是将媒体的宣传和经营职能分开，二是建立广播媒体节目制作市场的相关培育政策，三是完善广播节目交易市场（高福安、刘亮，2012）。吴文汐、喻国明认为，在广告时段扩容到一定限度时，节目时段的广告植入，通过与商业资源进行"软链接"的方式，听众回避率可有效降低，巧妙的品牌植入还能增加内容的吸聚力，形成媒介与广告主双赢的局面（吴文汐、喻国明，2012）。但这些论述仅是散落的片段，占所在文章的篇幅不长。

总的来说，虽然目前有学者敏锐地发觉了音频传播格局的变化，也试图寻找新媒体时代广播的发展路径，但极少有研究系统地探讨新的传媒生态下广播经营遇到了哪些挑战，广播媒体如何进行商业模式或者盈利模式的转型。

（四）对于广播经营的整体研究

目前国内以"广播经营"为主题的理论研究主要分为以下几类：一是对经营业态进行分门别类的研究，比如广播广告、广播信息产业及其他多元化产业经营。其中，对于"广播广告"的探讨居多，"广播产业"的探讨较少，对于广播整体经营的讨论占有一定比例。二是对某种经营要素的研究，比如对节目、主持人、品牌等要素的经营研究，如《观念与创新——广播节目经营谈》（刘卫国，2001）、《品牌经营——中国广播媒体社会效益和经济效益新的增长点》（周文超，2007）、《广播主持人的品牌经营》（酒杰，2009）。三是对个别电台经营创收经验的回顾介绍，特别是对某种类型电台的经营探讨，如《从北京交通台个案看专业电台的经营》（杨扬，2002）、《探索经济广播广告经营的新思路》（冬风，2005）、《论交通广播电台的经营与发展》（华惠娟，2007）、《将企业经营模式引入媒体——关于乡村广播经营发展之我见》（李峻岭，2009）、《整合营销凸显广播媒体价值 广州市广播电视台广播频率经营策略解析》（谭春鸿，2014）。四是对广播经营转型问题、战略和策略的探讨，这部分研究主要从较为宏观的角度关注广播媒体经营过程中的新现象、新问题和解决路径，比较有代表性的有《广播要拓展自己的经营空间》（张菁，2000）、《广播经营发展策略的思考》（高雁，2003）、《现代广播企业经营的转型与发展》（罗子欣，2008）、《认清形势积极转变—对金融危机下广播媒体经营策略的探讨》（方乐，2009）、《广播经营：资源整合带动转型升级》（孙哲，2013）。五是对国外广播经营情况介绍，如《一个美国城市电台的经营之道》（Richard Schroeder，2000）、《在变革中曲折前行——解析日本商业广播的经营之道》（章平，2004）、《国外广播媒介经营初探—以英国、日本、美国为例》（李备，2014）。六是随着时间推移，逐渐出现广播经营变迁的回顾分析，如《从广告经营的变迁看广播的发展》（李海军，2009）、《广播广告经营主体结构与经营模式的转化进程》（周伟，2011），但这些研究多以期刊文章的形式呈现，篇幅较短，是对广播经营某一方面发展变迁概况的论述。

与广播经营有关的论著除了上文提及的《媒介经营与产业化研究》（1997）、《中国广播产业报告——产业发展与经营管理创新》（2005）、《中国广播产业经营管理研究》（2008），还有《八千里路云和月——北京交通台广告经营实录》（汪良，2002）、《中国广播产业制度创新》（刘斌，2005）、《动力与困窘：中国广播体制改革研究》（邓炘炘，2006）、《当节目成为产品的时候——北京电台经营管理探析》（中国广播电视协会，2007）、《广播经营战略研究》（凌昊莹，2009）、《经营广播》（李秀磊，2010）、《广播改革30年》（汪良，2013）、《变法与博弈——北京电台广告经营实录》（汪良，2007）等，这些著作都对广播经营有所关注，大多数是将广播经营作为广播发展战略的一部分予以论述。

（五）关于广播广告的研究

国内最早关于广播广告的研究是其他学科从文学、语言学、心理学等角度对广播广告的修辞、文案用词等方面进行分析，而非从市场、商业化的角度探讨，这些研究并不属于经营研究范畴。

1989年，上海电视台的徐益发表文章《试论社会主义广播电视广告的特征》，讨论了广播电视广告存在的依据、特征和广播电视广告工作的基本点。文章提到"广告是商品经济的产物，随着商品生产的发展而发展。作为一种信息的广告本身是没有阶级性的，只要存在商品经济就必然产生广告，只不过在不同的商品经济土壤中培育出来的广告之果具有不同的特征罢了"。从1990年开始，杂志上刊登广播广告的相关文章多了起来，有杂志对上海电台广告部进行了报道，其中涉及如何开展广播业务的一些细节。

总体而言，广播广告的研究大致可以分为以下几类：

一是对广播广告性质和特点的讨论，这类研究在20世纪90年代比较多见，某种程度上代表着人们对广播刊登广告的反思和认识，如《广播广告应该具备"五性"》（曹仁义，1990）。

二是特定时期的广播广告研究，如1990年哈艳秋对伪满时期广播广告的分析，1991年袁军对解放初期广播广告概况的研究。

三是对广播广告创意表现及制作流程的讨论。最早见于1993年齐齐哈尔广播电台广告部刘亚光的《广播广告中的语言、音乐艺术》，作者对如何更好地在广告创作中运用语言和音乐发表了自己的体会和看法。紧接着，《广播广告制作浅论》（谢慧星，1994）、《广播广告创意二十金律》（王建文，1996）、《广播广告的创意、制作及艺术魅力——试析几则获奖广播广告的特色》（李力，1996）、《广播广告要有精品意识》（程茂苏，1997）、《广播广告声音创意的原则》（文琦，1999）、《广播广告创意中的受众心理研究浅得》（宋琪，1999）、《用声音来思考——谈场景效应在广播广告中的运用》（马晓军，1999）、《声声入"机"匠心独运——试论广播广告如何增强吸引力》（吴小瑛，2000）等相关文章先后出现。而在2000年之后，关于广播广告创意和制作的研究继续延伸，除了音乐、音响在广播广告中的运用继续被关注外，有关情感诉求、声音录制、文案创作被单独研究，另外还出现了有关公益广播广告创作的专门研究，关于创意和制作的话题越来越细分。《试论制作环节在广播广告价值塑造中的作用——以央广广告的制作为例》一文立足新的传播形势，结合工作实践，分析了制作环节在广播广告价值塑造中的增值作用（徐晨，2014）。

四是对广播广告发展困境及对策的探讨和研究，这类文章最多，几乎每年都有。如1992年南京电台的冯锡保在《广播广告的艰难及对策》一文中提出三条建议：确定正确的目标市场，真正服务于广告诉求对象；增加感情投资，多做"感情广告"；发挥广播优势，提高广告效果，广告形式力求"活"、广告内容讲究"实"等。1999年新余电台的陈燕萍提出《广播广告走出困境的十项对策》，就提高节目收听率、与厂商合办栏目、在重要商业场所设立直播室、组织文化艺术性广告活动等方面，从广告链条的延伸上提出了设想。2004年，临沂电台的纪晓芹在《浅论广播广告如何应对市场挑战》一文中提出，要搞好创意争创精品、精炼语言提升品位、增强意识搞好服务。2008年，唐山电台的郭俊禄在《从媒体生存环境谈广播广告的强身之策》中提到报纸、电视等传统媒体和新兴媒体、移动媒体的双重挤压对广播经营产生极大影响，广播媒体要主动培育受众市场，突出广播特色。2009年，苗福君在《浅谈广告代理制对广播媒体广告经营的重要性》一文中提出当前广播广告代理只有代理没有"制"等问题。2015年，广东电台的刘茵林在《从"拉广告"到"做广告"——浅谈广播广告经营现状的突破》一文中提到发挥广播电台的"平台"作用，以优化资源配置来建立"绿色"电台、建立健全管理制度、多渠道打造品牌节目、维护老客户、拓展新客户等。这些对策分析着眼于广播环境的不断变化，其所提出的理念也在不断升级，从初级的目标策略、感情策略到平台策略、资源配置、客户开发，从侧面反映出广播经营水平的提升。

五是对广告经营模式和发展趋势的研究。《关于广播广告经营模式的思考》（陈显军，2001）一文指出我国广播媒体的广告经营大致经历了三个发展阶段：自营阶段、自营与公司代理混合经营阶段、公司代理经营阶段，作者对这三种模式的优劣势进行了分析。此外还有《管理升级助推经营提升 解读电台广告经营管理的北京模式》（郑金诗，2012）、《论广播广告经营模式及发展趋势》（翟剑峰，2013）、《论广播广告经营的未来发展》（李洪庆，2014）等。

六是对广播广告经营个案的讨论。立足某电台经营实践，进行总结和提炼。如《与观众共享 与客户共赢 与社会共进——扬州广播电视总台的广告市场融合实验》（徐丽玲，2008）、《如何打响广播突围战？转型变革中的重庆广播广告》（王政，2009）、《忆往昔 峥嵘岁月稠——改革开放后的上海广播广告》（金亚等，2012）、《打造传播平台 凸显市场价值 广州广播电视台广播广告媒体价值评估》（谭春鸿，2013）等。

七是技术工具在广播广告中的运用研究，如对广播广告管理系统的研究、对收听率数据在广播广告中的使用分析等。

在著作方面，关于广播广告的研究最初是在《广告学概论》《中外广告史》《广告策划与原理》《广告文案写作》等教材中有少量介绍，后来出现《广播电视广告学》教材，其中有对广播广告的基本原理和流程介绍。2005年前后专门针对广播广告的教材和专著开始出现。杨乃近在《广播广告创作》一书中，结合创作实践，归纳总结广播广告的创作心得。2006年，中国传媒大学刘英华老师撰写《广播广告理论与实务教程》一书，从介绍广播媒介本身出发，阐述了广播广告从策划、创意、表现到播出的制作流程。2011年，崔恒勇在《广播广告》一书中，分析了我国广播广告的发展历程及广播广告受众、广播广告策划、广播广告经营等问题。

2014年9月，《中国广播》杂志以"融媒体时代广播广告的创新发展"为主题，邀请各界人士进行了探讨，涉及中国广播广告概况、海外广播广告现状、中国广播广告类型及分析、中国广播广告的营销模式、互联网思维下广播广告的营销创新、广播广告效果评估方式创新、广播广告制作环节、广播广告产品研发等若干方面，是近年来针对广播广告较为深入的一次探讨。2015年9月，中国广播杂志以"探索新常态广播广告转型之路"为主题，再次组织专题探讨，结合新形势下广播广告经营面临的形式和难题，邀请业界和学界就广播广告的转型方向、发展趋势、实践思考等进行深入探讨。2016年10月、2019年3月，中国广播杂志又以"广播广告的全媒体整合营销""守正创新 化茧成蝶——媒体经营求变之实践与策略"为主题进行深入探讨。随着传播环境的改变和经营压力的加大，广播广告经营问题受到越来越多的关注。

（六）广播产业研究

目前，国内对广播产业的研究主要分为六类：

第一类是对国外广播产业发展情况的介绍，特别对美国广播业的发展概况及其运营、营销方式进行介绍。比较典型的有《美国广播产业的发展现状及我们的应对策略》（陈洁，2003）、《美国广播产业现状研究》（季苏平，2008）、《美国广播产业发展趋势及启示》（海阔，2009）、《美国广播产业的现状、理念及启示》（宋昭勋，2015）。

第二类是对我国广播产业发展体制机制问题的探讨，认为对广播实施"事业单位企业化管理体制"，用现代制度组建集团，发展广播产业是当务之急（李戈，2001）。比较有代表性的还有《广播产业发展及体制、机制改革》（周小普，2006）、《广播产业的发展状况与体制弊端》（陈德年，2008）。

第三类是对音乐广播、交通广播等某一类型产业业态的研究分析。这类研究交通广播产业价值链和发展路径的文章较为集中，如《战略控制下的相关多元化——交通广播产业延伸路径初探》（李顺扬，2006）、《中国交通广播产业价值链的再思考》（潘力，2006）、《我国音乐广播产业属性研究》（向美霞，2010）。

第四类是对广播产业链条的概念及延伸途径的分析。汪湃、潘力提出了广播产业"价值链"和"供应链"的概念，认为"广播产业化发展将使围绕广播电台的各项业务专业化分工逐渐展现，并且不断加剧、不断细化，推动产业链的分化，也由此形成更加丰富、完善和细化的广播产业链结构"[①]。

第五类是对广播产业发展的市场空间进行研究，包括机遇、挑战、核心关系、对策、路径等，如《如何认识广播产业所面临的机遇与挑战》（朱浙青，2003）、《广播产业发展面临的问题及对策研究》（姚丽萍，2007）、《试探我国广播产业发展的新空间》（刘华栋，2010）、《突破关键性障碍 推动广播产业持续健康发展》（夏阳，2010）、《新媒体时代广播产业升级研究》（张芳，2018）等。

第六类是对新媒体背景下、媒介融合背景下的广播产业发展进行探讨。中央人民广播电台副台长王晓辉认为，只有实现了规模和速度，广播才能实现产业化，广播的产品形

---

① 汪湃，潘力.中国广播产业链的再思考[J].中国广播电视学刊，2009（12）：20.

态、受众形态、组织形态都要改变，广播界要尽可能在产业层面进行联合，在多媒体的层面做内容的开发和营销（王晓辉，2009）。笔者曾以北京人民广播电台、中央人民广播电台的产业经营实践为主线，对两家电台的产业历程、经营架构、发展思路、经营现状等进行历时性和共时性的对比分析，总结异同，剖析原因，并立足广播产业经营的大环境，分析广播的核心资源及运营走向，结合当下广播媒体发展实际，提出产业化推进建议（王春美，2014）。中国传媒大学刘英华老师从逆势、顺势、趋势三个角度分析了媒介融合背景下的广播产业变革及发展方向，认为广播与新媒体的融合引发新的广告类型出现，媒体融合将改变媒体产业经营和营销方式（刘英华，2015）。

电台工作总结和报告中往往也有关于产业发展的介绍，如《深入学习实践科学发展观 推动中央台事业产业又好又快发展》（王求，2009）、《深入学习实践科学发展观 继往开来 团结一致 勇于创新，推动中央电台事业产业在新时期取得新发展——在中央电台2010年工作大会上的报告》（王求，2010）等。

（七）国外广播经营研究概述

国外对于广播经营的研究兴起于经济学领域。20世纪20年代，广播业的繁荣发展引发经济学家的关注，广播经济学率先于电视经济学、报业经济学等名词出现。1925年，美国威斯康星大学的社会学和经济学教授杰米（Jame Hiram Leonard）在其著作《广播产业经济学》中提出了"广播经济学"概念，并对广播经济进行了较为深入的分析。[①]随后，众多学者分别探讨了美国、英国、德国等地区的广播以及广播音乐业的经济现象。研究者统计，2005年前后美国国会图书馆收藏的广播经济学的著作有上百部。[②]美国北得克萨斯大学广播、电视和电影系教授艾伦·B·阿尔巴朗在《电子媒介经营与管理》一书中提到"电子媒介的鼻祖——广播——于20世纪20年代在美国正式兴起。广播为其他形式的电子媒介行业创立了许多运作方式，比如说硬件（接收器）销售、出售广告时间（广告）、推行广播网以及向受众传输广播节目，等等"。20世纪，电信经济学、电视经济学、报业经济学相继问世。美国弗吉利亚大学的凯斯（Ronald H.Case）自20世纪50年代开始一直研究广播电视波段分配的经济与政策问题，揭示了商品或服务的价格不仅受到消费市场供求关系的影响，而且受到制度的严重影响，并提出了社会成本问题，因此获得1991年度诺贝尔经济学奖。20世纪70年代以后，以皮卡德为主要代表的现代"主流"媒介经济学家，秉承了西方现代经济学派的传统，他们把媒介业作为国民经济一个门类或一个产业的经济学，使用现代经济学的范畴、工具和框架分析媒介产业的经济现象和规律，其中的媒介业涵括广播在内。

相对于经济学领域对于广播经营问题的关注，传播学界对于广播的研究更多地集中在历史、技术等方面。检索美国乔治城大学图书馆资料，其中大量与广播相关的图书内容侧

[①②] 陈中原.传媒经济学研究的简要回顾[J].新闻大学，2005（3）：9.

重广播发展历史演进及技术变革对电台带来的影响,如《电台的崛起,从马可尼到黄金时代》一书讲述了美国广播从1930年崛起到1952年黄金时代的历史,书中含有诸多图片、资料笔记和档案;《数字技术与广播的未来》论述数字技术对广播组织和规则结构的影响,广播内容的本质以及节目如何传播;《电台的技术困局:21世纪的广播》讲述了美国数字广播转型和高清广播标准,书中涉及经济对当代媒介政策制定的影响等。

美国LexisNexis是世界知名的新闻和商业数据库,在过去几年中,国内一些广播机构使用该数据库作为外文传媒资料的主要搜集渠道,对美、英、澳等发达国家的广播行业发展进行监测。综合近年内容,研究大多集中在国外广播的数字化和网络化转型、新生代电台的发展、音频技术变革等方面,关于经营和营销的探讨有一部分,但占比不多。

(八)综述小结:广播经营研究的特点与局限

总的来看,广播经营研究呈现出两个鲜明的特点:

第一,对于中国广播经营的研究最开始发端于业界,呈现业界在先、学界紧随其后的特征。这从1989~1999年文献作者的单位分布可见一斑,90%以上的理论文章出自业界一线,大部分是对工作实践的总结、归纳和反思。2000年以后特别是2003年被国家广电总局定为"广播发展年"之后,学界对于广播的关注开始增多。2003年,广播产业发展高层论坛在广东举行,300位广播人聚会于广州探讨广播产业发展,25 000小时节目在全国广播节目展销会成交,会上讨论了未来广播怎样发展、广播产业如何转型、广播产业如何经营、广播的产业化和市场化如何更好地结合等一系列问题。2004年中国广播发展论坛暨全球华语广播协作会议召开,再次肯定广播经营的探索和前景。自此开始,业界和学界两支力量互补,共同探讨广播经营的起伏变化。其中,业界的理论探讨更多带有实践应用色彩,学界更多带有理论思考色彩。

第二,对于广播经营的研究随着时间推延呈现出显著的阶段性,研究主题的细分化趋势增强。1995年北京电台的吕浩才台长在谈《广播经营创收之我见》时提到"我们的竞争主要是与报纸、电视的竞争"。到了2002年,广州电台的郭一曲在《媒介竞争中的广播广告经营》一文中提到,广播面临新兴媒体的市场竞争,新兴媒体或者新的广告载体包括"互联网、电信、投递广告单张、户外广告栏和公共交通载体等"。2006年黄升民教授在谈《过去、现在与未来——广播媒体应对挑战与摸索转型的轨迹探析》时提到"面对新媒体经营环境,传统的广播行业体系将逐渐瓦解",之后"新媒体时代""全媒体时代""媒体融合背景下"逐渐成为广播经营议题讨论的背景。而从文章的具体内容来看,作者从谈广告属性、广告制作逐渐过渡到经营方略,特别是后期对数据应用和新媒体利用的探讨,可以看出随着技术进步和专业化分工,经营工作的细化也逐渐反映到理论思考的系统化和专业性中。

不过,纵观国内外广播经营研究,也存在几个问题:

第一，广播的行业弱势也反衬在其理论研究上，与对其他传统媒体的经营探讨相比，针对广播经营的研究整体偏少。以中国期刊全文数据库为例，截至2018年年底，以"电视"为篇名能检索到174 598条结果，以"广播"为篇名仅有79 490条结果，以"电视+经营"为篇名能检索到结果959条，以"报业+经营"为篇名能检索到结果803条，以"广播+经营"为篇名能检索到结果554条，文章数量上的差异足可见理论界的研究偏倚。而针对广告、产业发展问题，相当一部分成果是将广播电视放在一起研究，特别是在谈到产业问题时，这直接导致专门针对广播经营的研究较少。一直以来，广播之"弱势"不仅在于"产业规模、经营思路"，还体现在"相关研究的缺失和广电研究者的忽视"上，"经营一线的探索和困惑，很少能获得理论界的呼应"[①]。学者申启武、安治民曾发出这样的感慨："广播学对于产业发展所面临问题的无力与失语，是一个不容忽视的问题。""在广播电视学学科建设中，究竟是以广播学、电视学为主进行学科建设还是以广播电视学这一研究共同规律的学科作为建设主体？"[②]以博士论文为例，如果检索"广播+产业"主题，结果只有6条，且全部是将广播电视产业放在一起进行研究。不过，从另一个方面来看，这恰恰也为我们提供了观察广播经营问题的另一维度，大量有关电视、报业经营问题的研究会给广播经营研究带来启发和借鉴。

第二，在对广播的整体研究视野内，对于产业、经营的研究弱于对内容、传播的研究。改革开放以后，广播的研究领域不管是深度还是广度都得到了极大的提升。广播基础理论、广播业务研究、广播史学研究等得到了相当程度的发展，随着网络发展，有关广播媒体融合发展的研究也日益增多。这其中，关于广播经营及产业化的研究虽有一定积累，但从数量上来看仍明显弱于对于节目、传播层面的研究。仍以中国期刊全文数据库为例，截至2018年年底，以"广播+节目"为篇名能找到7 159条结果，而以"广播+广告"仅能找到904条结果。以上提到，以"广播"为关键词能检索到79 490条结果，作者以"广播+经营""广播+产业""广播+广告"为篇名共检索到结果2 224条，若经过去重处理，仅余1600多条，由此可见，广播经营研究在整体研究中的比例之小。

而在专著、博硕论文等相对系统深入的研究方面，广播经营的研究也是凤毛麟角。根据检索情况，博士论文中罕见对广播经营或与此相关内容的专门选题。共检索到与"广播"相关的博士论文80篇，剔除其中58篇纯技术研究论文，其中11篇是研究广播电视法律规制及公共服务相关的论文，2篇从语言和艺术的角度研究，仅有9篇分别研究了"媒体转型期音乐广播生产""新中国体育广播发展""大陆类型化广播发展""新兴媒体竞合下中国广播现状与发展策略""上海广播与社会生活互动机制研究（1927—1937）"等问题，研究内容对广播经营虽有涉及，但没有针对此问题的专门、深入、具体的研究。在硕

---

① 丁俊杰，黄升民.中国广播产业报告：产业发展与经营管理创新[M].北京：中国传媒大学出版社，2005（10）：序言.
② 申启武，安治民.广播学学科体系建设的多维审视[J].现代传播，2010（6）：134.

士论文中,共检索到与广播经营相关的硕士论文50篇,其中22篇是将广播和电视放在一起研究,如《新媒体影响下的广播电视传媒业经营模式研究》(张弛,2012)、《媒介经营视角下我国广播电视媒体产业链研究》(倪莹,2014),其中以个案研究、政府规制研究居多。对广播经营研究较有代表性的有:《重庆广播媒体经营战略研究》(王娟,2003)、《中国广播媒体市场化经营研究》(张玲,2005)、《现代广播媒体经营管理的内容、特征及对策研究》(张金辉,2005)、《中国广播传媒经营管理演变探究》(付三军,2008)、《类型化电台的经营策略探析》(张艳娜,2012)、《新疆人民广播电台产业链延伸研究》(车柯逸,2012)等,主要对广播媒体市场化经营历程及相关制度、法规、政策演变进行回顾,有的还针对个别电台专门进行研究,《新媒介环境下广播广告的价值重构》(王晏如,2016)、《辽宁广播电视广告有限公司广告业务流程重组的研究》(张雪,2018)等几篇论文对媒体变革时代特别是移动互联网时代的广播经营实践进行了一定研究,但数量还不多。

第三,广播经营理论研究与鲜活的经营实践之间仍有断节。业界对于广播经营的反思以特定时期的实践经验总结居多,更多的属于单点的截面研究。学界视野开阔,能够将广播经营放在一个大的时空背景下,考虑它的制衡因素和发展趋向,但是又很难长期聚焦在广播,以阶段性研究居多。一方面,一些有价值的指导思想和理论建议很难应用到广播经营实践中,如汪洱、潘力曾经提出"发展声音产品再销售企业",但是直到今天广播电台的内容销售未能成气候;学界很早就提出体制机制是制约广播产业化的重要因素,但是落实到广播实践中,对于制度的触动和改革不像理论论证一样简单,任何一项改革要付诸实施需要多方权衡。另一方面,广播的经营实践是现实多变的,很多业务层面的变动很难及时有效地反馈到学界视野,造成现有一些理论依据有误,如在2015年发表的文章中,不少研究者援引北京电台交通广播旗下的北京交广汽车俱乐部作为多元化经营的案例代表,殊不知这一业务实际上在电台内部已经重新定位。当然,从另一角度来看,这样的研究现状提供了研究广播经营的基础条件,节目是经营的土壤,制度是经营的保障,其他角度的广播研究为广播经营分析提供了更广的角度和维度。

第四,广播生存环境发生颠覆性变化,在此背景下的经营理论研究有待跟进和深入。有关中国广播的历史研究主要有两种形式,一是对中国广播发展历史的整体研究,如赵玉明所著《中国广播电视通史》、徐光春所编《中华人民共和国广播电视简史(1949—2000)》,这些著述多是对我国广播电视事业的发展历程进行详细阐述,侧重对整体情况的研究,对广播经营有关情况的介绍不多。二是部分学术著作、文章和博硕论文有对中国广播经营历程的论述,如汪良所著《广播改革三十年》、周伟所著《广播广告创新营销》都有对我国广播广告历程的简要叙述,但仅是整体著作的一个章节。《中国广播媒体市场化经营研究》(张玲,2005)、《中国广播传媒经营管理演变探究》(付三军,2008)是相对较为全面阐述中国广播经营历程的硕士论文,但两篇论文距今已有一定时隔,有关最新情况没有纳入,且由于论文主题、篇幅、结构所限,未对经营历程进行更为详细彻底的分析。随着移动互联网、车联网等新兴技术的发展，广播的生存环境、竞争态势发生了颠覆性改变，在此前提下，广播经营出现了战略和策略上的转折，并且在未来发展方向上有新的探索，这方面的总结和研究亟待跟进。

也就是说，广播的经营实践和理论研究之间还有空隙。本书就从实际出发，查缺补漏，在前人研究的基础上，进行最新的补充和思考。

四、研究思路和主要内容

本书立足于已有的研究成果，从广播经营实践的考察出发，补充当前的最新发展情况，剖析广播经营与内外部环境之间的呼应联动，分析广播产业经营的目标和方向，具有重要的现实意义和理论价值。

（一）研究思路

本书主要是对改革开放以来中国广播经营变迁脉络进行梳理分析，但为了全面总结规律，会将其放在国内外广播经营机制诞生和发展的大背景下，追溯广播经营起源，研判发展趋势。从地理范围上来说，本书仅是对我国大陆地区传统广播媒体的经营行为的研究，港澳台不在重点之列，但根据研究需要，会在必要时将其作为补充案例或样本。国外广播经营研究仅作为背景和参照，不是研究的主体。

研究将依循三个脉络展开：第一，纵向梳理，历史回溯。广播媒体在发展过程中，现代运营基础是如何产生的，过去多年广播媒体在经营上做了哪些探索，经历了怎样的纵横转折？本书从历史的视角，依照业务开展和经营模式等方面对中国广播经营进行系统性的历时性分析，探寻其演进轨迹。第二，总结规律，归纳动因。结合不同时期的社会经济环境、传播环境和广播媒体自身的发展，分析内外要素与广播经营之间的关联互动，总结广播经营的规律和动因。第三，盘点问题，思考方向。立足于当今中国传媒格局，分析广播媒体的地位和资源优劣势，概括广播经营的局限与问题，结合广播既有资源，解析广播经营的走向。

本书的研究重点在于，通过对历史事实的梳理，充分客观地总结广播经营的发展演进脉络，并与特定的时空背景相结合，挖掘广播经营的特征和规律。

研究的难点在于，广播经营历史上曾经出现过多种业务形态，如何尽可能全面而清晰地按照业态更迭的方式呈现广播盈利模式的探索过程，需要大量的调研和资料佐证。而在大的媒体经营环境中，找出广播媒体的经营规律和特性，需要有开阔的视野，对广播媒体的发展背景演进有较为清晰的认知。

（二）基本概念

本书主要涉及两个概念，一是"广播"，二是"经营"。通常"广播"是一个行业概念，除了广播电台以外，还有节目制作公司、广告代理公司、市场调查及数据服务公司、技术服务公司等多个相关主体。在本书中，"广播"不是泛指与广播行业有关的所有市场主体，而主要是从广播电台的角度出发。"经营"有广义和狭义之分，广义的经营泛指"计划和组织"，为一定目的而设法使机构或组织运转，含有苦心筹划的意思。狭义的经营则是从商业的角度出发，指组织或机构为了实现盈利而开展的活动或行为，"经营者根据市场需求和环境的可能，投入运用一定的资源，为满足市场需求，生产（或购进）、销售相应的商品或劳务，从而取得盈利"①。本书主要落脚在第二点上，研究主体"广播经营"特指广播媒体开展的一切以盈利为目的的市场行为和活动。为了逻辑的清晰，本研究先简要按照广告经营、多元化经营、新媒体盈利探索三个角度对广播经营进行分类，随着研究推进，会对广播产业链按照新的角度进行分类，逐渐完成研究视角的升华。

"广告经营"即广播媒体以出售广告时段为主的经营行为，侧重从经营机制、经营方式、客户结构、广告产品四个方面阐述。"经营机制是指决定企业经营行为的各种内在因素及其相互关系的总称"②，本书侧重于对电台内部经营关系的分类，比如是统一经营、分散经营还是统分结合等；"经营方式"通常是指企业在经营活动中所采取的方式和方法，本书侧重于对电台广告经营方式的分析，比如自营、代理抑或二者结合等；"客户结构"主要是指电台广告收入来源中不同客户的行业或类别构成；"广告产品"主要是指电台内部推出的对外销售的各类广告的类型或形式。

"多元化经营"特指广播媒体在广告经营以外开展的其他经营行为和活动。本书侧重于对"经营业态"的梳理，即电台涉足的各种多元化经营的领域或行业。

"新媒体盈利探索"是指广播媒体在新媒体平台上进行的以盈利为导向的市场行为。

随着研究推进，我们会发现"广播经营"的发展演进就是"广播产业化"的过程。借用"媒介产业化"的概念，"广播产业化"指的是广播媒体沿着经营合理性的轨迹向企业状态过渡的一种现象，中国广播的产业化并不是中国现有的广播电台全部变成"企业"身份，而是电台的一部分"可经营性业务"变成"企业"身份，"并以市场平等、竞争的原则建构内外关系"。这里的"产业化"的"化"本身是一种过程。随着技术发展，"广播"本身的内涵和外延正在延伸，它所从事的"经营"也在理念层面和实践层面有了潜移默化的改变，广播产业化的进程持续推进。

---

① 李毕万.商业企业经营管理学（修订本）[M].北京：中央广播电视大学出版社，1996：43.
② 何盛明.财经大辞典[EB/OL].（2014-03-26）[2017-01-01].http://baike.baidu.com/subview/2078557/2078557.htm.

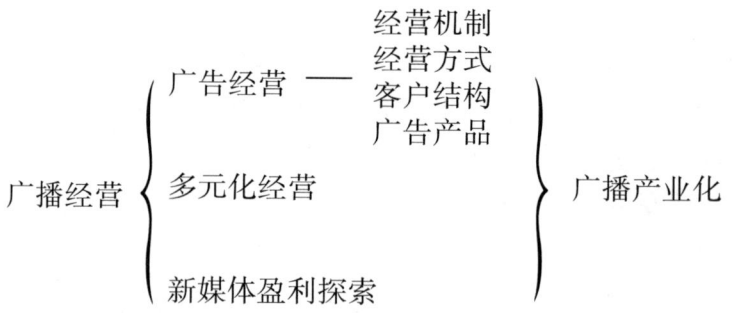

图1：本书涉及的主要概念

（三）主要内容

本书主要由四大部分、八大章节组成：

一是溯源研究（第一章），追溯无线电广播的诞生过程和现代广播运营机制的确立，对中国广播早期的经营活动进行回顾盘点，分析广播媒体与市场化经营之间的关系。

二是演进轨迹研究，即中国广播经营的发展历程梳理（第二章至第五章）。按1979～1988年、1989～1998年、1999～2008年、2009～2019年四个时段，分别从以下方面对改革开放以来中国广播的经营变革予以观察：一是每个时期的历史背景，主要是广播的生存环境及内容传播机制的变革；二是以经营模式的演变为主线，从经营机制、经营方式、产品类型、客户结构等方面总结广播广告的经营嬗变；三是回顾广播媒体多元化产业经营的衍变迭代，按照时间轴逐步解析广播多元化经营历史上曾经出现的主要经营业态；随着时间推移，在第四个时段对广播媒体在新媒体平台上的盈利探索进行概括总结。

三是发生机理研究（第六章），剖析广播经营的特征规律和影响因素。将广播放置于整体社会环境，分析其经营的特征和规律，总结广播产业链的形成和分布，从内部、外部，不同历史阶段的技术、政治、经济、市场等多个方面综合分析影响广播经营的主要因素，也为接下来探讨广播产业发展方向提供规制框架上的参考。

四是经营趋向研究（第七章），总结广播经营过程中碰到的问题，结合广播生存环境的变化，分析广播媒体未来可能的发展走向和经营趋势。

五是跳出全文研究格局，对广播经营问题做进一步的思考和总结（第八章）。

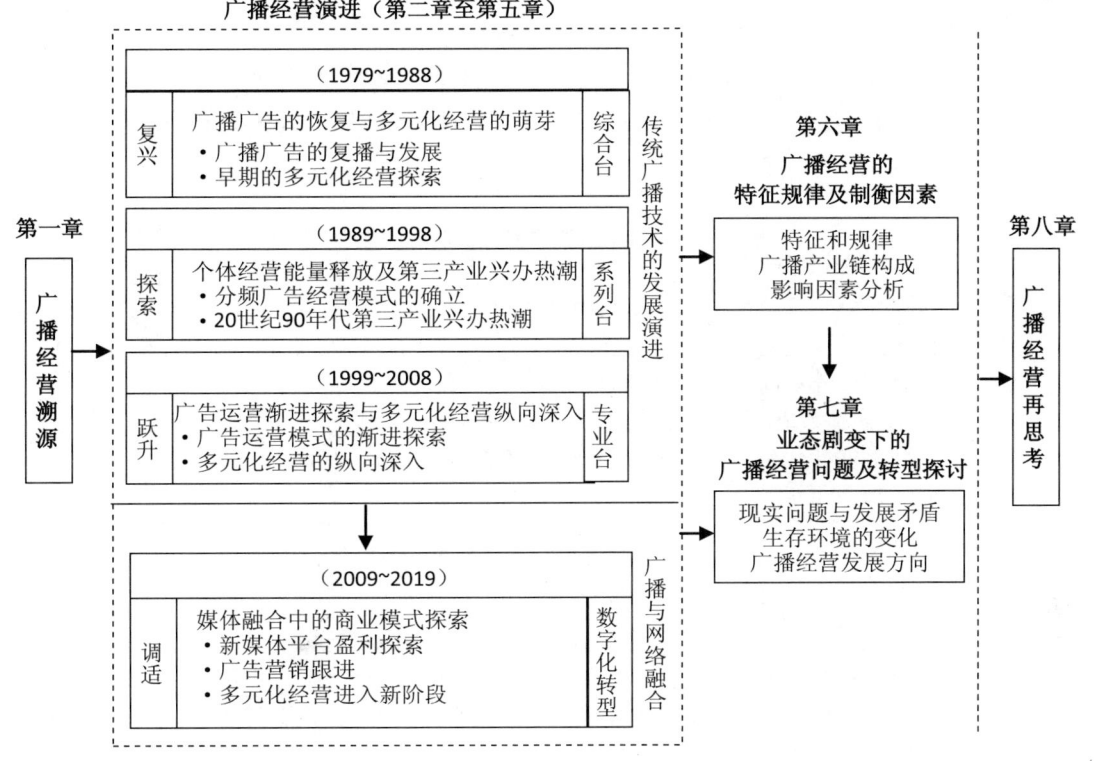

图 2：本书主体框架

（四）时段划分

在对具有较长历史跨度的事物发展予以回顾时，往往需要划分为几个时段，以便清晰地描述事物发展的起伏走势。目前学界对于改革开放以来中国广播经营历程的划分，主要有以下几种方式（见表 1）：第一，以经营数据变化作为阶段划分的主要依据，如李海军参考全国广播广告营业额数据增降及其在全国广告经营额中的占比情况，将 20 世纪 80 年代以来的广播发展分为五个阶段，[①] 分别是混沌增长期（1983~1987）、减速增长期（1988~1990）、宽幅震荡增长期（1991~1999）、恢复增长期（2000~2003）、平衡震荡增长期（2004 年至今）；第二，结合产业形态演进和典型事件对广播经营发展进行时段划分，如徐光春认为 1979~1991 年为广播产业经营的兴起阶段，1992~1995 年是以广告为主的多种经营迅速发展阶段，20 世纪 90 年代下半期是产业初步形成时期；[②] 第三，以经营主体和经营模式的转变为划分依据，比如周伟将广播经营划分为初级阶段的时间资源销售、

---

① 李海军. 从广告经营的变迁看广播的发展[J]. 青年记者，2009（9）下：78-79.
② 徐光春. 中华人民共和国广播电视简史：1949-2000[M]. 北京：中国广播电视出版社，2003：6.

细分市场后的受众销售、企业体制全面营销、企业化经营四个阶段；[①]第四，以十年为单位回顾广播经营的发展变革，如罗萍在梳理我国广播广告的发展历程时，[②]将中国改革开放作为背景，选择以时间顺序和重大历史事件为线索和依据，以每十年为一个单位，梳理发展脉络，分为恢复与迅速崛起（1979~1988）、挑战与稳定发展（1989~2008）、繁荣与高速发展（1999~2008）三个阶段。

表1：学界对于中国广播经营历程的划分

主要划分依据	代表性观点	作者主编	时间
经营数据	广播媒介零星商业行为的起步阶段（20世纪70年代末至80年代初）；广播数量、规模及市场化运作大发展的成长阶段（20世纪80年代末90年代初）；电波媒介产业化运作的发展阶段（20世纪中后期至21世纪初）	刘英华	2006
	混沌增长期（1983~1987）、减速增长期（1988~1990）、宽幅震荡增长期（1991~1999）、恢复增长期（2000~2003）、平衡震荡增长期（2004~2009）	李海军	2009
产业形态和典型事件	1979~1991年为广播产业经营的兴起阶段，1992~1995年是以广告为主的多种经营迅速发展阶段，20世纪90年代下半期是产业初步形成时期	徐光春	2003.6
	1979~1992年是广播的改革年代，1993~2004年是转型时期，后者开展多种经营、广告大量创收、广电机构整合及集团化、2003年后广播产业的复兴及产业化、数字化发展等	郭镇之	2005.5
	产业化进程开端、持续产业化、产业化突破	丁俊杰 黄升民	2005.1
	广播广告恢复期、稳定发展期、高速增长期	姚爽	2011
以十年为单位	恢复与迅速崛起（1979~1988）、挑战与稳定发展（1989~1998）、繁荣与高速发展（1999~2008）	罗萍	2009
广播广告经营主体及经营模式	初级阶段的时间资源销售；细分市场后的受众销售（20世纪80年代后）；企业体制、全面营销；事业企业协调管理，企业化经营	周伟	2011

时段划分的目的在于借助一定的方法和手段，较为清晰地梳理事物发展脉络，观察期间趋势。综合考察各个学者对中国广播经营发展阶段的研究，可以发现阶段划分并没有固定统一的标准，在具体的时段区隔上也有不同观点，但社会背景、行业发展、经营

[①] 周伟.广播广告经营主体与经营模式的转化进程[J].中国广播，2011（8）：48-49.
[②] 罗萍.我国广播广告30年[J].中国广播电视学刊，2009（1）：45-46.

数据、产业形态、典型事件等是需要考虑的重要因素。中国广播经营自1979年复苏至今已经有40年的发展历程，要对40年的经营历程进行描摹，有三点需要注意：一是时段划分不宜太碎，以免坠入对经营现象和个别事件平面化、单一化的解读局限中；二是应具备宏观和微观相结合的视野，兼顾社会背景（如政治、经济因素）、广播行业变革、广播经营本身三个层面；三是不纠结于具体的年份归属，更为重要的是看趋势和走势。综上考虑，本书将综合数据表现、市场变化、行业发展、典型事件等多个因素，分1979~1988年、1989~1998年、1999~2008年、2009~2019年四个时段对广播经营变革进行纵向盘点，盘点过程中侧重于对广播广告经营、多元化经营、新媒体盈利等具体经营业态的梳理和呈现。

五、研究方法

（一）文献分析法与实证调研法

本书在总体上将采取文献分析和实证调研相结合的方法推进研究开展和结论得出。文献研究主要是通过对现存文献资料进行搜集、整理，进而分析和讨论与本主题有关的内容。广义的文献定义为"已发表过的或虽未发表但已经被整理过、报道过的那些记录有知识的一切载体"，从某种意义上来说，文献是对已经发生的实践活动的记录和写照，本书认为现有能够搜集到的与中国广播经营相关的文献是对广播经营实践行为的反映。本次研究的文献搜集范畴包括：（1）相关学术著作；（2）中国期刊全文数据库中可以查阅到的期刊文章；（3）电台内部资料；（4）相关会议、研讨文集；（5）网络中的相关资料。实证研究法是指通过调研获取客观资料，为提出研究理论而展开的考察。本研究将综合近八年来笔者参与过的与广播经营相关的大量调研，并利用多年积累的交流渠道，通过实地考察、电话问访、深度访谈等方式继续进行本主题的调研。

本研究时间跨度较长，对于较为久远的历史主要侧重于文献分析法，对于近期情况的采集主要使用实证调研和文献资料相结合的方法。与以往偏宏观的理论研究不同，本书侧重于对广播经营实践和事实的梳理，试图通过对一定数量的电台经营实践活动的观察得出结论，因此在对改革开放以来中国广播经营演进的历史研究中将重点使用不完全归纳的方法。

（二）不完全归纳法

归纳法是逻辑学的重要研究方法，也是科学研究中运用广泛的思维方法。与演绎法相比，归纳法是从特殊到一般，能够通过观察、调查个别事实概括出一般规律，体现众多事物的共性。归纳法的主要环节是归纳推理，分为完全归纳推理和不完全归纳推理。完全归纳推理考察了某类事物的全部对象，如果需要归纳推理的单位数量过大，会具有一定的不可实现性。不完全归纳推理是比较常用的一种方法，它通过抽取少量或具有代表性的元素，以对部分对象的调查为前提，从材料中找出普遍性或共性，从而总结出定律和公式，推演出某类事物的总体特征。

本书在对改革开放以来中国广播经营演进的考察上采取不完全归纳的推理研究方法，通过对电台具体经营实践的观察，总结出广播媒体经营的一般性规律。遵循从"个别"到"一般"的归纳原则，首先分别梳理单一电台的经营脉络。其次，按照时段划分进行一一切分，接着以每一阶段的综合材料为依据，总结不同时期的经营表现。最后，连接所有时段所形成的变线，揭示各发展阶段广播经营的逻辑演进，就是本书要研究的广播经营的发展脉络。在对每个阶段的研究中，采用少数服从多数原则，侧重于对总体共性的提炼。

（三）研究步骤

根据研究目的、研究框架以及决定采取的不完全归纳推理的研究方法，本书总体上按照以下步骤开展研究：

第一步，文献梳理。对与中国广播经营有关的论文、著作、资料等进行全面扫描，在了解本课题研究现状的基础上，重点搜集单一电台的经营案例。通过对上千篇论文、数十本著作和相关资料的统计，一共收集到约65家电台的经营案例材料，考虑到研究可行性和研究对象的代表性，重点抽取其中30家电台作为研究主体，将30家电台的有关情况逐一进行整理，其中包括两家国家电台、17家省级电台、11家市级电台。

第二步，实证调研。通过电话调研、实地走访、深度访谈三种方式，对30家电台进行了实证调研，了解各地在广告经营、活动营销、多元化经营、新媒体盈利等方面的具体进展，对基础文献材料进行补充。

第三步，归纳整理。本着从实际出发的原则，按照四个时段三个类别，对每家电台的经营情况进行了切分处理，归入相应时段和类别，形成本书的主体骨架。

第四步，提炼总结。结合上述二手资料和一手资料，对1979年以来中国广播经营的脉络进行梳理。

第五步，系统分析。将经营实践的总结与广播行业发展的大背景结合，除了单一电台经营实践资料的收集，还需要搜集大量行业数据和国家政策、技术演进、经济环境等相关资料，找寻经营与广播发展外在环境和内在环节的关联。这些数据和资料主要通过公开文献、行业会议、国家相关统计数据以及电台内部资料等途径获得。

（四）说明

任何一项研究都不可能穷尽事物的方方面面，本书的研究意图在于通过现有的能够搜集到的40年共30家电台的经营资料，尝试从这些实践构成的局部折射出中国广播经营的发展历程。需要指出的是：第一，由于研究时间跨度较大，30家电台的经营历史并非都能完整描摹，也就是说，每一时间段的脉络呈现并非都是基于30家电台的实践。研究过程中发现，广播经营的案例资料随着时间推延呈现出逐渐增多的现象，这也符合事物发展的一般性规律。本着从事实出发的原则，遵从资料和调研所得，本书将客观描述研究发现。第二，本书侧重于对中国广播行业的整体性研究，在总结现象时重点考察具有一定先进性和代表性的电台，虽兼顾国家、省级、市级三个类别，但对电台之间的差异不做重点阐述。研究过程中秉承系统分析的原则，将广播经营发展视为一个系统，通过对样本、资源、环境等要素的综合分析，从材料中找出普遍性或共性。

研究开展过程中将充分汲取相关学科理论的精华，指引研究层次的推进和研究结果的得出。广播经营研究涉及传播学、营销学、企业组织理论等多个学科，单靠某一学科理论无法对广播经营问题进行科学而透彻的研究。因此，本书将以媒介产业化理论、传媒经济学、市场营销学、传播学、广告学、企业战略理论、产业链理论、市场细分理论等作为理论支撑和分析工具。

六、创新性

第一，横跨数十年研究中国广播经营的文献并不多见，本书通过一定的框架和方法设计，全面系统地对中国广播经营的演进历程进行立体观察和考量，这在浩瀚的历史资料中梳理出来是有创新意义的。本书在对无线电广播产生源头进行追踪的基础上，放眼现代广播经营机制的确立，从1923年我国境内第一家电台开始播音谈起，纵观中国广播从1923年到2019年将近百年的发展历史，从中梳理出广播经营的脉络。

第二，从研究视角和立意来看，本书是媒介产业化领域的细分研究。相对于以往对中国传媒产业或广播电视产业的整体研究，聚焦于一直以来相对"弱势"的广播媒体，观察其经营的历程和规律。这跟既往的理论研究更多侧重于对较为宏观的广播电视产业化研究有所区隔，是对广播媒体发展和运行特性的关注。

第三，本研究将理论与实践相结合，紧贴市场实际，具有很强的实用性。与以往偏宏观的理论研究不同，本书侧重于对广播经营实践事实的梳理，结合大量的文献资料和实际调研，使用不完全归纳法，历数多家电台数十年来的经营探索，并立足于现实，对广播经营过程中暴露出来的问题进行提炼，是基于实践的具有一定高度的理论总结和概括。

第四，通过纵向和横向的层层推理，本研究站在行业发展的角度，对广播经营进行了深入的观察和系统的归纳。在对近百年历程进行梳理的基础上，提出了"三大进程""两大特征""两个规律"等观点，并对广播产业链和音频产业链进行了初步描绘。

第五，本研究具有一定的前瞻性，它立足于媒体生态的变化，对广播媒体的生存环境进行了全方位剖析，并对广播商业模式的变化和经营趋向有所总结和预测。

第一章 广播经营溯源

自1920年世界上第一家电台在美国匹兹堡开播至今，广播媒体已经走过将近百年的历程。自诞生之日起，广播就与"经营"产生了千丝万缕的联系。最初，它是商家用来促销商品的手段，欧美国家的通信和电气制造业巨头曾展开过关于无线电控制权的激烈竞争，百货商店、酒店、报纸甚至教会都曾抱着出售商品或者提升服务的目的开办电台。随着无线电成为潮流，电台面临自身运营经费从哪里来的问题，广播开始走上一条寻找自我循环的商业模式探索之路。作为广播发展经费来源的广告于1922年面世，数年后被业界普遍接受。中国境内第一座电台的出现时间与发达国家相差不远，最初电台的创办同样是出于推销无线电器材的目的。在20世纪二三十年代，一批民营电台相继涌现，曾广泛开展经营活动。但由于历史原因和社会原因，这些尝试很快中止。在相当长一段时间里，中国广播经营断断续续，直至最后销声匿迹。

第一节 世界广播经营体制的诞生

像所有的新发明一样，广播并非凭空出现。此前半个多世纪无线电技术的突破和设备制造业的发展，为电台的出现奠定了基础。20世纪20年代，许多国家相继建立了广播电台，但真正推动无线电广播迅速普及并发展成一个产业的是在商业社会发达的美国。美国学者罗伯特·L.希利亚德和迈克尔·C.基思形象地描绘了无线电广播最初诞生的景象——"仅仅几年的时间，无线电广播就从嗜好发展为娱乐，又从娱乐发展到商品销售业务"。[1]

---

[1] 希利亚德,基思.美国广播电视史[M].秦珊,邱一江,译.北京:清华大学出版社,2012:24.

一、广播诞生前的技术准备

信息传播的需求与生俱来。在人类历史中，人们一直在寻求向远方的人传递信息的办法。1835年，莫尔斯发明的有线电报机打开了通向今天远程通讯的大门。1864年，英国物理学家麦克斯韦预言了无线电波的存在，德国科学家赫兹据此理论从事实验，并于1888年证实无线电波的存在。1895年意大利科学家马可尼和俄国科学家波波夫在不同的地方分别进行无线电传送信号的实验，都获得了成功，制成了世界上最早的无线电收发报机。1899年马可尼成功拍发由英国到法国的电报，并在1901年成功将无线电报从欧洲传到了美洲，此后无线电通信进入实用阶段。美国海军1901年就用无线电报取代了可视信号和信鸽，美国的军队和农业部等其他政府机构也进行了无线电操控试验。世界各国的船只都使用了无线电通信。

下一个突破是在一定距离内实现真人声音的无线电传输。1906年美国电子和无线电技术专家雷金纳德·A·费森登在马萨诸塞州海岸进行了一次广播，演播前他在报纸上进行了预告，并发出无线电报，事先通告报界和太平洋上的来往船只。1906年圣诞前夜，太平洋船只上的无线电发报员听到了小提琴演奏和费森登朗读圣经的声音。一般认为，这是世界上第一次成功的传声实验，是无线电声音广播诞生的标志，费森登被认为是无线电广播的发明人。

从技术上讲，建立面向全国广播的电台条件已经具备，但是媒介仪器尚未发展成熟。1904年，英国工程师弗莱明发明二极管，这是接收语音信号的必要部件，但二极管不能放大电子信号。1906年美国科学家李·德福雷斯特研制成功了三级真空管，这是一种在进行远距离广播时用于扩大声音的管子，它使我们今天所认识的收音机成为可能。

广播的产生是传输技术、硬件制造与社会需求共同作用的产物。如果说无线电传输技术是广播赖以产生发展的技术条件，收音机是广播得以发展的硬件基础，那么内容则是寄托于无线电传输技术和收音机终端设备上方的"软件产品"。早期试验电台播出的节目以音乐为主。1907年李·德福雷斯特推进的一系列实验中，使用哥伦比亚唱片公司提供的唱片向轮船报务员和其他一些无线电爱好者播出音乐会，供他们欣赏。1909年，工程师赫罗尔德开办了一家广播电台，按照排定的节目表每周播出半小时的新闻和音乐节目，第二年改为每天播出，有人认为这是世界上最早的电台。1913年埃德温·H.阿姆斯特朗设计出反馈或回生电路，极大地提高了信号扩大效果。1916年李·德福雷斯特通过播出总统大选结果展示了无线电广播的未来发展方向。同年，纽约的2ZK广播电台定期向受众播放音乐。1917年，威斯康星大学的特里教授创办9XM电台，试验使用真空管进行播音。威斯汀豪斯公司的工程师康拉德自1916年以来一直在匹兹堡运营一个叫"8XK"的电台，1919年10月17日康拉德开始播放录音唱片，因为收到很多播放音乐的请求，他开始在星期三和星期天晚上用两个小时时间播放。

无线电广播已被广泛看好,媒介巨头开始竞相购买无线电专利,专利大战随即展开。

二、无线电技术商业化

无线电科学与无线电商业几乎同步。早期参与无线电试验的主体主要有四部分:一是无线电爱好者,他们深信无线电的潜力并希望通过自己的能力取得突破;二是高等院校物理系、工程系和其他系的教师和学生,他们把广播非正式节目作为研究领域,将电子理论应用于实践,比如威斯康星大学教授特里于1917年开办的9XM试验台;三是政府部门,如海事、军事机构;四是拥有雄厚财力并对无线电充满兴趣的通信制造业公司。

无线电爱好者是技术研发的重要力量,他们不仅具有高超的技术研发能力,而且具有超前的商业意识,每当实现新的技术突破或发明就很快申请专利。马可尼、费森登、德福雷斯特、阿姆斯特朗等关键技术人物都在取得专利不久后成立自己的公司,从事无线电元件发明,如1897年马可尼成立无线电报和信号有线公司(后更名为"马可尼无线电报有线公司"),该公司为后来无线电广播电台的建立发挥了重要作用。1902年,费森登和德福雷斯特分别开设全国电子信号公司和无线电报公司,从事声音的远距离传输试验。德福雷斯特于1907年成立无线电话公司。

从世界范围来看,促进无线电广播迅速发展的最重要力量是通信和电气制造业中的大公司。这些公司不仅拥有雄厚财力,在发现无线电广播的潜力后,大规模购进专利并开始投入发射机、接收器、电子管和扩音器等相关设备的生产,而且通过不断建立新的电台来促进收音机的销售,进而从中获利。

三、广播经营起源

(一)电台的创建:商品销售业务

某种意义上,电台是作为一种促销手段而产生的。1920年11月2日,在美国匹兹堡开播的KDKA电台被公认为世界上第一座广播电台。它的所有者是世界知名电工设备制造企业——威斯汀豪斯公司(又译"美国西屋电气公司"),这家公司同美国电话电报公司、通用电气公司、美国无线电公司在20世纪20年代初叶一起展开了无线电专利争夺战。为了在专利大战中提升自身形象并对生产的接收器进行促销,威斯汀豪斯公司积极申请了全美第一家全商业性的标准广播执照。在KDKA电台开播之前,威斯汀豪斯公司在匹兹堡的两家大报《邮报》和《太阳报》上刊登节目时间表,积极号召公众购买无线电接收器。

收音机的销售激发电台的创建,而电台的播音反过来又促进收音机的销售。拥有无线电专利的通信和制造业巨头、代理和销售收音机配件的分销商和百货商店、其他想借助广播提升产品知名度和服务水平的公司等纷纷开办电台。到1921年底，美国已有200多家广播电台获得了许可证，其中40%的广播电台是由无线电接收器的生产商和销售商经营的。美国威斯汀豪斯公司促销收音机的一个方法就是在它有生产工厂的城市建立广播电台。1922年1月，美国全境仅有30座电台，到了1923年3月就达到了556座，收音机数量也由1921年的5万台增加至1922年的60多万台。[①]

（二）广播广告的萌生

20世纪20年代许多国家相继建立了电台。1922年苏联莫斯科中央广播电台、法国国营电台、英国广播公司先后开始播音。1923年德国、1924年意大利、1925年日本也建立了电台。尽管无线电广播在世界各国出现的时间相差不多，但使其迅速普及并发展成一个产业的是在商业社会发达的美国。

随着广播运营成本的不断上涨，许多电台遇到运营障碍，从哪里获得设立广播站、发射机和维持播出的经费成为棘手问题。据资料记载，美国1922年开办的广播电台到1923年有14%因缺乏资金关门，没有关门的广播电台千方百计寻找维持运营的经费。[②]

"商业化是推动一种媒介由大众传播工具向经济工具转变的重要推力"，无线电广播的经济功能逐渐被发现和挖掘出来。1922年，美国电话电报公司的WEAF电台自开台之初就宣布将广告收入作为其经费来源。一家房地产销售商以100美元购买了其10分钟的节目时间，WEAF电台以一种软销售的语调，轻松缓慢地读完了一则被称为"通告"的文稿。这是世界广播史上第一则广告，标志着无线电广播商业化时代的来临。在这之后的7个月中，先后有20多家客户出资使用WEAF电台的播音时间播放广告，其他电台随之纷纷仿效。但当时广告作为广播媒体的财政基础还没有得到广泛的认可，美国国会组织召开的无线电会议上，很多人反对电台使用播送广告的办法支付节目开支。美国商务部部长胡佛要求收音机制造商和销售商给予广播电台支持，美国无线电公司的戴维·萨尔诺夫认为广播可以像博物馆和图书馆一样通过赠款和捐款来解决资金问题，美国通用公司的一位职员主张向个人收音机收取执照费，还有人主张从听众那里收取自愿捐款。除了执照费后来成为许多国家广播事业的主导机制，其他方法在美国都行不通。

事态的发展很快就表明广告可能是唯一切实可行的解决电台运行资金的方法。[③] 1924年，美国经典音乐节目《永备一小时》在10多座电台购买了播音时间，开创了全国性电台广告的先例。1926年，美国第一家广播网——全国广播公司（简称NBC）成立，该公司积极活动，为自己的节目争取广告赞助，它不仅出售广播网节目的时间，也购买地方电台的时间，将缝隙时间出售给广告客户。一年之内60秒广告模式就建立了，它成为美国

---

① 张彩.世界广播发展研究[M].北京：中国传媒大学出版社，2007（7）：2.
② 希利亚德，基思.美国广播电视史[M].秦珊，邱一江，译.北京：清华大学出版社，2012：32.
③ 希利亚德，基思.美国广播电视史[M].秦珊，邱一江，译.北京：清华大学出版社，2012：40.

各地广播业的经济命脉，①真正意义上的现代广播广告商业模式由此确立。

1927年哥伦比亚广播公司成立时，其附属电台播出了更多的音乐和广告。1928年，美国的广播电台已达677家，收音机的销售额高达75 000万美元，收音机的使用量约800万台。②总统候选者竞相购买广告时间在电台发表演说，大多数的公司都接受了广告，汽车、药品、化妆品公司等行业崛起成为广播业的大客户。短短几年时间，美国广播业就从功能单纯的、资源消耗性的大众传媒转变为功能多样化的、具有资源自我补偿能力的媒介产业。③

第二节　中国早期的广播经营

从时间上来看，我国境内电台的出现并不太晚于欧美国家，但是无论是从社会发展程度还是政治环境、经济环境来看，我国广播的发展比欧美广播缓慢而滞后许多。尽管如此，早期中国广播在特定的社会环境下，已经开展以广告为主的多种经营尝试。虽然没有形成规模，与当代广播在经营上也缺乏必然联系，广播运行体制与今天也存在较大不同，但是追踪早期中国广播起源及其经营痕迹对认识广播媒体的特性、理解今天的广播经营仍具有重要意义。

一、民国时期广播的商业化运营

1922年底，美国人奥斯邦在上海成立中国无线电公司，主营无线电器材。他与上海《大陆报》合作开办"大陆报暨中国无线电公司广播电台"，该电台于1923年1月23日开始播音，这是中国大陆境内第一座电台。随后，美商新孚洋行设立电台，于1923年5月30日不定期播音，一方面向顾客推销该公司的收音机，另一方面为组织和团体做广告。④1924年5月14日，美商开洛公司与《申报》合作开办的电台开始播音。短短一年多，上海租界接连出现了三家外商电台。

1926年10月，哈尔滨广播电台开始播音，这是我国自办的第一座广播电台，由奉系

---

① 希利亚德，基思.美国广播电视史[M].秦珊，邱一江，译.北京：清华大学出版社，2012：47.
② 希利亚德，基思.美国广播电视史[M].秦珊，邱一江，译.北京：清华大学出版社，2012：54.
③ 沃克，弗格森.美国广播电视产业[M].陆地，赵丽颖，译.北京：清华大学出版社，2005：6.
④ 中国广播电视史教程[EB/OL].（2014-02-28）[2017-07-09].http：//www.03964.com/read/4d7aea28d5b984cf41a726b9.html.

军阀支持创办。1927年3月,上海新新公司广播电台开始播音,这是中国人创办的第一家民营广播电台。1927年5月1日,国民党交通部在天津设立我国第一家公营广播电台,1928年8月1日,国民党的"中央广播电台"开始播音。到20世纪30年代,民营电台大量涌现,我国广播业的第一个繁荣期随之到来。当时,民营电台的创办者大致有四类:①一是无线电公司、电器行,如新新公司、亚美无线电公司、大中华电器公司、港粤沪华美电器行、富星电器行等,这些公司以生产、销售无线电材料为主业,开办电台主要是为销售无线电产品做宣传;二是研究无线电的社团组织,如中华无线电研究社、亚声无线电研究社等;三是广告公司或媒体经营公司,通过电台扩展自己的业务,1930年成立的天灵无线电广告公司播音台,是上海首家以经营广播广告维持播音的商业电台,开启了上海工商业者利用电台宣传商品的新路子。1931年,上海美灵登广告公司(外商)与英国路透社合办美灵登电台,电台规模大并且全天播音。1932年,亚美电台开始向厂商征求广告,吸纳了规模较大的商店如绸庄、药房以点播各种曲艺的形式在该台做广告;四是饭店、药房、木材公司等其他商家,通过电台播音为产品做宣传。

综合来看,民国时期广播电台的经营方式主要有以下几种:

第一,出售无线电产品。无论是外商电台还是民营电台,相当一部分是本着推销无线电器材的目的。为了打开收音机的销路,电台通过在广播中播出通告或广告的方式介绍无线电产品,如大中华电台以"新颖优美,购者皆称满意"为广告语来推销本公司的收音机。奥斯邦电台创办介绍无线电常识的节目。电台与报纸结成紧密联盟,借助报纸的报道进行无线电广播宣传,开洛公司还免费为报社、饭店等机构提供播送设备使用,使其成为播音分站,既丰富了内容来源,又扩大了影响。有些电台专设人员采集钱粮布市、钱庄兑价、小菜上市、物价报告等商情,民众通过收听各种各样的商情信息意识到收音机的功用之大,个别企业甚至将广播信息用于商业交易,收音机由此销路大开。亚美公司将电台播音与收音机销售绑为一体,"本埠之批发及函购者甚众,因分设批发、邮购等部,专门办理收音机购售"②。

第二,播放广告。1926年9月16日《申报》上刊登的一篇文章《广播无线电话之费用》中说"广播无线电话之目的,关于商用者,分别为二:一用以直接营业的,如制造收音机公司;一用以宣传广告的,如于播出时间插入某公司新出某货等广告,或用其他播出方式使本公司之名深印于听众之脑,而借收广告之效也"③。无论是外商电台、民营电台还是国民党官办电台,都意识到广播广告的商业价值和潜力,通过搭载商家广告赚取电台经费。从当时电台的经营模式来看,有的在内部设有广告部,专营广告业务,有的则将广告业务委托出去,比如唯一由中共地下组织主办,以民营商业电台为掩护的广播电台——中

---

① 汪英.上海广播与社会生活互动机制研究(1927-1937)[D].华东师范大学博士学位论文,2007:39-40.
② 汪英.上海广播与社会生活互动机制研究(1927-1937)[D].华东师范大学博士学位论文,2007:96.
③ 周建梅,路盛章,董立津.电波广告·平面广告:四大媒体广告的实际创作[M].北京:中国物价出版社,1997:258.

联广播电台专门设有广告部主任职务，接受商界老板的投资和筹资，福星广播电台的广告业务由山东路国华广告社经营。

1928年成立的国民党"中央广播电台"主要以政治宣传为目的，到1933年开始经营广告业务。1934年8月，"中国电声广告社"成立，为"中央广播电台"及地方台承办、代理广告，规定广告分"普通"和"特种"两类，时段价格分甲、乙、丙三种，广告须经"中央广播电台"审查，广告用语以国语为主，违禁品不能做广告，收费标准如表1.1所示：[1]

表1.1 20世纪30年代广播广告的收费价格

播放时间	等级	每次价格 普通广告	特殊广告	连续价格	备注
7:00~12:00	丙	4元	12元	每周三次九折；每周三次连续四周以上者八五折；每周七次八折；每周七次连续四周以上者七折	1.特殊广告每次以20分钟计，普通广告每次以2分钟计，逾期均作二次论。2.以上价格系专指南京大电台之收费办法，两台按1/4计算，联播时分别计算。
12:00~17:00	乙	6元	18元		
17:00~21:00	甲	8元	24元		
21:00~23:00	乙	6元	18元		

第三，发行行情密码单。美商开洛公司广播电台最具代表性，该电台在上海连续播音五年多，是早期在上海的外台中时间最长、影响较大的一家。开洛公司将各交易所、外汇等行情编写成密码，每月印行一次。每次电台里播的都是成串的密码，听众欲知内情，就得出资购买密码单。今天看来这是广播早期利用信息来开展的经营业务，可以称为"信息经营"。

有学者曾以1927~1937年的上海广播为例，总结出当时民营电台的三种主流经营模式：[2]一是创办者自己经营电台，为推销本公司的商品或代理商品做广告提供便利，比如新新电台曾利用新奇的广播和表演吸引顾客消费中式粤菜，同时以"推销中华国产，统办环球货品"为广告语推销本公司货品；二是将电台转租与他人，收取租金，租用者以销售广告为盈利方式，类似今天的广告代理公司；三是出租电台时间段位收取租金，租用者一般为戏班、歌唱团、剧社等，他们自拉广告插播在自己的娱乐节目中间，是一种变相的广告盈利。从中可以看出当时的民营电台经营行为十分活跃，这些经营方式都是通过为企业、商家、店铺做广告来获利，典型的做法是在娱乐节目中大量插播广告。"从点播方式到1930年初天灵广告公司播音台出卖播音时间为商家做广告，广告的播放量和时间投放量逐渐加大，电台以此赚取经费日增，一时间引诱了大小商人纷纷上阵，购机设备……播音台

---

[1] 刘英华.广播广告理论与实务教程[M].北京：中国传媒大学出版社，2006：8-9.
[2] 汪英.上海广播与社会生活互动机制研究（1927-1937）[D].华东师范大学博士学位论文，2007：40.

日增月盛，对广告互相贬价招徕，又增加了广告掮客的数量"①。

二、新中国成立初期的广播经营

新中国成立后曾出现过一段广播经营的繁荣期。除中央电台以外，各地电台普遍经营广告。当时的人民广播电台有"人民台"与"广告台"之分，"广告台"又称工商台、经济台。人民台的广告很少，"广告台"则以广告节目为主，兼有文艺节目。②资料显示，北京、上海、江苏、天津等83座广播电台在新中国成立后不久就开设广告节目，电台的经费开支除国家拨款外，广告收入是一笔相当可观的数目。1951年，天津电台经费已全部自给，北京电台每月可向国家上缴利润。③

1949年12月5日，北京电台成立经济台，主要播送广告和文艺节目，次年改称第二台，同时建立第三台、第四台。第二、第三、第四台都是以播送广告为主。当时的广告客户以私营工商企业为主，部分广告时段由私人剧社和有影响的艺人（如侯宝林、连阔如等）承包，他们直播曲艺、相声、评书等节目，在节目间隙，插播广告。④天津电台从1949年5月1日开始办广告台，曾一度用三个频率播出广告。广告台从8点到24点播出，中间只有两个小时播广告之外的内容。主要经营方式是出售时间，满一小时给予九折优待，承办的医药广告占百分之八九十。1951年3月，广州市开办工商台，集中播放商业广告，栏目名称有：《粤曲与广告》《新歌曲与广告》《粤剧与广告》《西乐与广告》《京剧与广告》等。广告形式单调，收费标准很低。1950年4月15日，昆明市工商广播电台开播，后改为昆明人民广播电台广告台，内容除滇语政令、国内新闻、歌曲、花灯等外绝大部分是广告。南京、南通、苏州等地的广播电台从1949年开始就开办有《粮食牌价》《花纱布牌价》《百货牌价》《合作供销牌价》等商情广告节目。1949年11月，苏州、南京人民广播电台还制定了办理广告业务的暂行办法。1951年8月1日，沈阳市广告台播音，以所得收入支援抗美援朝，捐献"人民广播号"飞机。⑤

广告台的广告经营方式大致有四种：一是由电台广告员兜揽广告；二是广告社承包广告，请演员"赶场"插播广告（演员自报广告）；三是客户指定节目包时间；四是剧场包场转播，在节目换场或剧中人物上下场空隙中，机动灵活地插播小广告。⑥20世纪50年代前后的广播广告十分简单，在节目当中或衬上一小段音乐（包括戏曲的过门），接着便照着广告稿宣读。⑦

---

① 汪英.上海广播与社会生活互动机制研究（1927-1937）[D].华东师范大学博士学位论文，2007：47.
② 袁军.解放初期广播广告概况[J].新闻研究资料，1991（3）：209.
③ 袁军.解放初期广播广告概况[J].新闻研究资料，1991（3）：209.
④ 北京人民广播电台.北京人民广播电台志1949-1993[Z]，1999（7）：101.
⑤ 袁军.解放初期广播广告概况[J].新闻研究资料，1991（3）：210.
⑥ 袁军.解放初期广播广告概况[J].新闻研究资料，1991（3）：211.
⑦ 刘英华.广播广告理论与实务教程[M].北京：中国传媒大学出版社，2006：9.

广告以外，新中国成立初期部分电台也曾兼营其他业务，比如1952年北京台曾开设服务部，经营收音机、扩音机等修理业务，但是其资产及经济收入均属中央广播事业局直接管理，后更名为中央广播事业局服务部。

除了由国家经营的电台外，解放初期我国还存在一些私营电台，这些私营电台以经营商业广告盈利为目的，依赖广告客户的"电费"和客户委托代邀曲艺节目的佣金收入为生。节目时间可以买卖，广告主在私营台播音要交"电费"，"电费"价格以小时计算，每天平均播音18小时，每小时的收费价格有不同标准。1951年3月上海取消了私营台的商业性特别节目，并对私营台的"电费"收入做了限制。[①]1952年10月1日，公私合营的上海联合广播电台成立，上海私营台的社会主义改造基本结束，私营电台从此在我国销声匿迹。

1951年9月，华北五省二市人民广播电台所属的广告台在天津召开了工作会议，这是新中国成立以来国家有关领导机关第一次召开的广播广告工作会议。会议总结交流了新中国成立两年来各台的广告工作经验，确定了政治宣传与商业经营并举，消除单纯盈利思想的电台广告经营方针。1951年12月1日，北京市第二、第三、第四台（广告台）进行工作改革，停止私人承包时间招揽广告的做法，所有广告改由电台统一经营管理。[②]1952年，随着公私合营的社会主义改造进程的加快，私营广播或被取消或被合并。1953年，我国开始了对农业、手工业和资本主义工商业的社会主义改造，实行统购统销的经济政策，许多企业已没有再做广告的必要，广播广告开始出现滑坡。[③]以北京电台为例，史料显示，1952年12月以前北京电台有少量广告收入，1953年起北京市第二、第三、第四台先后停办，广告被取消，电台开始实行全额预算管理办法，开支全靠政府财政拨款。1956年天津市广告台停办。刘少奇在听取中央广播事业局汇报时指出："广播电台为什么不播广告？人民是喜欢广告的，生活琐事和人民有切身关系，许多人很注意和自己有关的广告。过去，北京有一些电台播广告，你们取消了，是不是怕播广告？报纸也是要登广告的。我看有些城市电台可以播广告。"[④]尽管刘少奇对广播广告给予了充分肯定，但随着计划经济的极端发展与政治意识形态的全面专政，广播广告逐渐被削弱，广播事业的经费来源也就只剩政府拨款的单一渠道了。

---

① 袁军.解放初期广播广告概况[J].新闻研究资料，1991（3）：212.
② 袁军.解放初期广播广告概况[J].新闻研究资料，1991（3）：211.
③ 刘英华.广播广告理论与实务教程[M].北京：中国传媒大学出版社，2006：10.
④ 徐益.试论社会主义广播电视广告的特征[J].中国广播电视学刊，1989（3）：39.

本章小结：早期广播经营的几点启示

中国广播诞生在半殖民地半封建的旧中国，相比欧美国家，无论是社会环境、政治环境、经济环境，还是技术环境都相对落后，客观上发展速度比较迟缓。但是早期的中国广播与国外广播在发展轨迹上呈现出一些共性，一些经营方式探索已具备现代广播经营的雏形，当然也存在一些问题和制约，对今后广播经营的发展产生了直接或间接的影响。

第一，无线电广播由其他行业延展而来，与通信业与电器制造业有密切渊源

像所有的新发明一样，任何行业都不是凭空产生的，它们都是"站在前人的肩膀上"。无线电广播的出现得益于通信技术的进步，与电器制造业息息相关。1920年11月2日开播的世界上公认的第一座电台是由世界知名电工设备制造企业——美国西屋电气公司（又译"威斯汀豪斯公司"）创建的。英国广播公司（简称BBC）的前身同样也是由无线电企业创建的，1922年英国马可尼公司、英国通用电气公司、British Thomson Houston（英国汤臣侯斯顿公司）等五家无线电企业共同组建了民营的英国广播公司。1922年2月法国邮电部正式成立了巴黎广播电台。1925年3月22日东京广播开始播音，它是日本第一家正式开播的广播电台，是由日本电话协会、国际无线电话公司、东京广播无线电话公司等企业共同组建的。

在无线电广播诞生之初，尽管参与技术研发和设备生产者众多，但发挥关键作用的还是拥有雄厚财力的通信制造业大公司，这些公司一方面从各种渠道购买无线电专利，另一方面投入设备生产，接着通过创立电台促进器材售卖，掀起了无线电广播发展史的一次飞跃。民国时期我国广播业的发展与通信制造业同样密不可分。外商电台的出现背后是无线电器材的引进，当无线电广播的功用被认识，民间掀起购买无线电的热潮时，上海的企业开始装配收音机。最初，美商公司将一些零件进口到上海，然后由中国企业进行组装，有的小零件则委托上海本地工厂制造，这些简单的收音机组装及零部件加工工作为推动国内无线电制造业的兴起发挥了重要作用，也为中国人自办电台奠定了基础。在民营电台开办之前，中国人已经开始学习自制收音机产品。苏祖国等苏氏三兄弟于1923年创办了中国最早的无线电公司——亚美无线电公司，从推销无线电书籍起步，实验、制造国货无线电用品。

第二，广播天生是一种"信息通告"手段，被当作一种营销介质来使用

从技术发明装置到正式成为提供信息和娱乐的大众传播工具，电台甫一出现，其媒介属性随之而来。无论是在国外还是国内，很多电台诞生之初就是商家用来促销商品或服务的一种手段。当无线电广播在20世纪20年代初现时，广播业自身的经营并不为人所注意，"即使是商店、报纸、剧院、银行和其他商业机构在20年代开办的广播电台，也只将它作为信息通告的手段，而不是商业牟利的工具"。通信和电气大企业纷纷开设广播电台，初衷是为了刺激公众购买收音机。史料记载，随着电台的涌现，1922年美国出现了抢购收音机的现象，人们只要买得起就赶紧买，哪里有卖的就到哪里买。收音机需求如此之大，以至于要求申请经营权的数量超过了供应量，药店、花店、服装店、鞋店、杂货店，甚至连打铁和从事殡葬业的商户都在争取收音机的经营权。①

租界广播兴起之时正是世界无线电技术突飞猛进、发展势头如日中天之时，外商把无线电带入中国一方面是为了满足租界外国人的生活需要，另一方面是为了打开新的市场，通过销售无线电器材牟利。"由于与中国传统商业所使用的叫卖、店招和幌子以及当时已十分流行的报刊广告、路牌广告、橱窗广告截然不同，在20世纪20年代的上海，这种标新立异的商业推广手段从一开始就引起公众瞩目，并很快为受众所接受，唤起了人们对无线电产品的需求。"②

第三，市场需求的存在推动了广播的市场化发展

技术固然是无线电广播产生的先决条件，但市场需求的存在极大地推动了广播的市场化发展。早期中国广播一度繁荣背后正是商情信息流通的需要，大量的产品急切地希望借助这一新生媒介向大众传播，而民众生活和企业交易也有赖于广播所传递的钱粮布市等信息。"无线电为国际间贸易及两地商业通信最重要之品"，有识之士将广播、收音机与上海的国际贸易通信、商业交易、金融行情的重要性联系起来，个别工厂将广播信息运用于商业交易。"大量的商业广告，唤起听众消费者的消费欲望，工业发展因广播而有了飞越翅膀。"广播以自身的节目播报参与到工商业经济活动之中，直接的方式表现在节目设置上，"绝大部分上海广播设置的经济生活节目是极为丰富的"，广播播放经济类节目既是上海经济生活所需，也是广播自身发展的结果。民国时期商业广播数量繁多，战争过后商业广播再次复苏从侧面也印证了市场空间的存在。无线电广播诞生以前，广告主只是通过印刷物来传播广告信息，广播出现以后，以其传播速度快、时效性强、传播广的特点使广告的发展一跃千里。

---

① 希利亚德，基思.美国广播电视史[M].秦珊，邱一江，译.北京：清华大学出版社，2012：31.
② 张姚俊.中国最早的外商电台及其影响[EB/OL].（2012-06-14）[2016-12-01].http：//www.archives.sh.cn/shjy/scbq/201208/t20120825_36235.html.

人类历史上第一次进入家庭的大众电子媒介是广播。[①]"广播广告是商业传播的现代化媒介，它使工业界有说话的权利。美国商人因为有了无线电广播而掌握了打开美国家庭大门的钥匙。"[②]在美国，无线电广播这一"新媒体"的新颖性和强大的推销活动在美国历史上掀起了一个新产品的强烈需求，无线电培训学校如雨后春笋般在各个城市出现。许多人因为可以通过家用收音机免费听音乐，而不再去购买唱片，越来越多的人省下去歌剧院的花销，在家里用收音机收听各式各样的演出和演奏，广播电台后来对体育赛事和政治选举的报道成为民众购买收音机的更大推动力。相对于报纸，民众和商家从广播这一声音媒介中分别获得了新鲜的感受和崭新的机遇。在经济大萧条时代，广播因其方便和廉价为人们提供了"苦中作乐"的可能，政府总统也通过这一传播工具不断向人们传递信息提振民众信心。短短十年间，广播逐渐成为全国范围内的传播工具，成为美国家庭的主要信息、娱乐来源，有了更多的广告，知名演员、戏院、音乐厅的明星都在这一新媒介一试身手，好莱坞明星也开始认识到广播在建立和保持他们在全国知名度方面的影响。广播媒介的影响力被美国大企业所认同，纷纷加大在广播的广告投放。以20世纪30年代美国广播广告的一份排行榜可以看到，[③]1936年排在榜首的十家企业共在广播网的广告花费达1 809.5万美元，包含日化、汽车、食品等知名品牌，其中宝洁公司以329.9万美元排在榜首，福特-林肯、高露洁、美国烟草公司等也都赫然在列。

表1.2：20世纪30年代广播广告排行榜榜首名单（1936年）

	广播广告榜首	广播网的广告费（万美元）
1	宝洁（Procter and Gamble）	329.9
2	标准牌（Standard Brands）	227.5
3	福特-林肯（Ford-Lincoln）	225.1
4	英联企业（Sterling Products）	162.1
5	高露洁（Colgate-Palmolive）	155.6
6	美国烟草公司（American Tobacco Company）	150.8
7	通用食品（General Foods）	147.2
8	美国家庭用品（American Home Products）	144.7
9	白速得（Pepsodent）	135.2
10	康宝汤（Campbell Soup）	131.4
	总计	1 809.5

[①] 郭庆光.传播学教程[M].北京：中国人民大学出版社，2002（7）：118.
[②] 李敬一，彭垒.美国广播早期商业化与广播广告的兴起[J].湖南大众传媒职业技术学院学报，2006（11）.
[③] 希利亚德，基思.美国广播电视史[M].秦珊，邱一江，译.清华大学出版社，2012：81.

第四，我国广播有着市场经营的先前操练，但经营根基极其脆弱

改革开放以前，我国广播是经过市场经营操练的。各地电台在开办广告台的过程中，不仅探索出了灵活多样的广告经营方式，而且在节目设置和内容呈现上进行了多种探索。在开展经营业务的过程中，广播电台与各行业的企业主进行了广泛深入的接触，积累了广告经营的经验，并取得一定的经济效益。尽管由于各种原因，各地开设的广告台、经济台、工商台相继关停，我国广播从此经历一段较长时间的经营停滞，但我国广播媒体的市场基础是存在的，有着先前经验的沉淀。这也是改革开放以后"广播电台对'事业管理、企业经营'的操作模式并不陌生"的原因所在。①

但是，从1956年各地广告台相继停播到1978年底党的十一届三中全会召开，广播媒体的经营业务停滞了20多年。由于长期单纯地作为政治工具、宣传工具使用，中国广播在1979年以后随着中国经济体制改革的重新启动才开始向大众传播媒介工具和经济工具的转变，其经营根基是脆弱的，相当于从零起步。这与商业社会高度发达的欧美国家广播存在区别，是中国广播的特殊性所在（见图1.1和图1.2）。

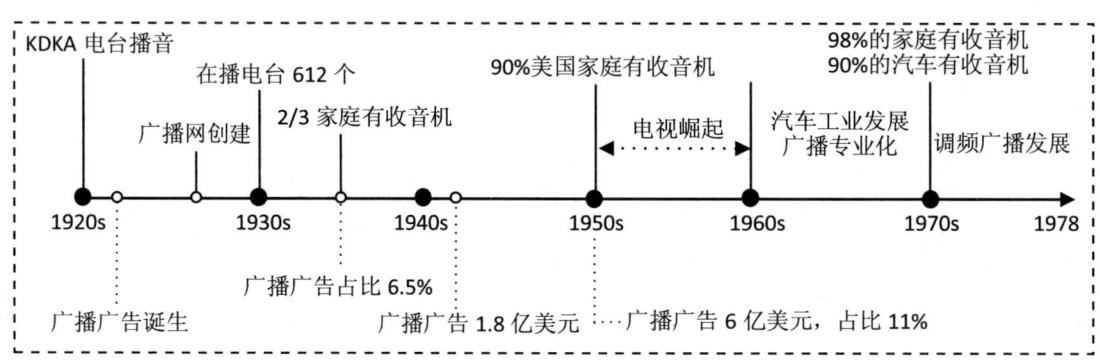

图1.1：1920~1978年美国广播发展轨迹

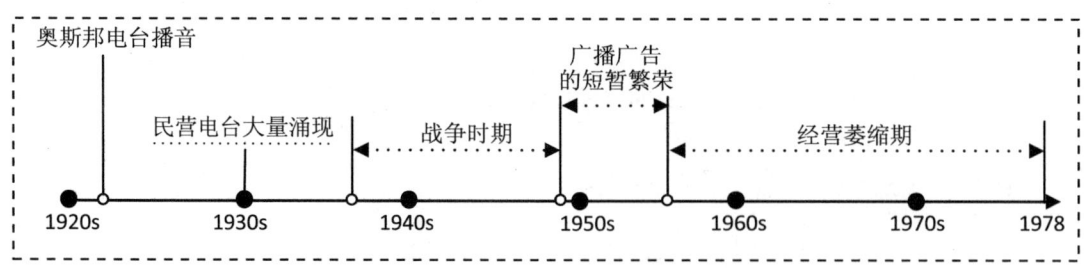

图1.2：1923~1978年中国广播发展轨迹

---

① 黄升民，马涛."媒介产业化"再思考[J].中国广播，2013（10）：38.

从1920年第一家电台诞生到1978年，美国广播经历了从萌生、发展到成熟的过程。1924年美国电台的广告收入只有400万美元，1928年美国无线电广播广告的收入已达1 050万美元，[①]到1929年增加到4 000万美元。[②]在我国民营电台大量涌现的20世纪30年代，美国广播迎来大发展。1930年美国在播的广播电台达到612座，[③]广播经营不断升温，全部收益来自出售时间段给广告主，总额达到6000万美元，其中4800万来自广播网的经营，1200万来自本地广告，[④]广播网的形成使广播经营形成规模效应。1935年，美国有2/3的家庭拥有了收音机，越来越多的汽车配置了收音机，广播广告收入不断上升，1930～1935年间美国广播广告收入总计3.3亿美元。[⑤]1937年，广播的黄金时代到来，广播公司纷纷招徕戏剧和电影明星现身广播节目，数百本的广播剧以印刷的形式，在全国各地的书店和图书馆上架，广播交响乐团成立。[⑥]在第二次世界大战期间，美国广播广告收入仍然增速不减，从1941年的1.8亿美元上升到1945年的3.1亿美元。[⑦]1950年美国广播广告收入达到6亿美元，在所有媒介广告收入统计中占比11%。[⑧]20世纪50年代，以广播业务起家的全国广播公司、哥伦比亚广播公司等不断发展电视业务，成为集广播与电视于一体的广电集团。电视的崛起对广播形成冲击，为了生存，广播电台开始对节目进行重新规划，放弃一些无法与电视抗衡的节目形式，如情景喜剧和肥皂剧，转而开发能有效发挥广播特色的节目形式，美国广播从此走向窄播，音乐电台大量涌现。1955年，96%的美国家庭有收音机，60%的汽车站内装有收音机，[⑨]1970年这两个数字分别为98.6%和90%。[⑩]70年代，调频广播得到发展，1975年美国在播的调幅电台有4 463个，调频电台有3 571个，共计8 034个。[⑪]电视普及以后，尽管电台在所有媒介广告花费中的占比不断被分流，但到1980年，在全国性广告费分配中，电台占到6.3%，在地方性广告费分配中，电台占到14.5%（见表1.3）。[⑫]

由此可见，以1978年为分割点往前看，以美国为代表的发达国家广播事业经历诞生、发展已至顶峰时，中国广播在经历一番尝试和探索之后，在媒介经营层面重又回到起点。

---

① 李敬一，彭垒.美国广播早期商业化与广播广告的兴起[J].湖南大众传媒职业技术学院学报，2006（11）：75.
② 姚力.广播电视广告学[M].吉林大学出版社，2001（4）：274.
③ 张彩.世界广播发展研究[M].北京：中国传媒大学出版社，2007：371.
④ 滕朋，黄蓉.美国商业广播百年流变[J].中国广播电视学刊，2006（7）：78.
⑤ 希利亚德，基思.美国广播电视史[M].秦珊、邱一江译.清华大学出版社，2012（7）：75.
⑥ 希利亚德，基思.美国广播电视史[M].秦珊、邱一江译.清华大学出版社，2012（7）：81.
⑦ 滕朋，黄蓉.美国商业广播百年流变[J].中国广播电视学刊，2006（7）：78.
⑧ 希利亚德，基思.美国广播电视史[M].秦珊、邱一江，译.清华大学出版社，2012：151.
⑨ 希利亚德，基思.美国广播电视史[M].秦珊、邱一江，译.清华大学出版社，2012：151.
⑩ 综合迈克尔·埃默里等所著《美国新闻史》第386页和罗伯特·L.希利亚德等所著《美国广播电视史》第205页数据。
⑪ 据迈克尔·埃默里等所著《美国新闻史》第386页数据表。
⑫ 郑超然，程曼丽，王泰玄.外国新闻传播史[M].北京：中国人民大学出版社，2009：577.

表1.3：分配给大众传播媒介的广告费百分比

年份	全国性广告				地方性广告		
	报纸	杂志	电台	电视	报纸	电台	电视
1950	33.6	32.4	24.8	9.2	82.4	14.6	3
1960	25	28	7.9	39.1	80.2	12	7.8
1970	18.1	23	7.2	51.7	75.6	13.6	10.8
1980	15.7	21.7	6.3	56.3	69.9	14.5	15.6

资料来源：麦肯光明公司

第二章
广播广告的恢复与多元化经营的萌生

"在经济时代的开端,虽然迈向市场经济的步子还十分暧昧且缓慢,但缺口一旦打开,潮流之汹涌就一发不可收拾了。"①党的十一届三中全会以后,国民生产的恢复、商品价格的放开、生活方式的加快以及植根于商品经济的种种新观念的出现,形成了崭新的氛围,陈旧的广播模式开始面临经济发展客观需要的挑战。改革开放后第一个十年,广播媒体一面推进宣传改革,一面进行了部分的经营探索,这种探索主要集中在两个层面:一是广播广告经营活动的全面恢复,二是有偿信息服务的开展。广播媒体开始由单纯的"事业单位"向一定的产业性质转变,这种转变是在当时的特定历史背景之下,为配合政治中心由"阶级斗争"向"经济建设"的转变,由"实践是检验真理的唯一标准"的气候孕育的,广播经营的恢复也与当时的"走自己的路"的新闻政策相吻合。

第一节 时代背景:传播内容与形式的本色回归

改革开放以后,中国的社会形势发生了巨大变化,置身商品经济复苏大潮,大众媒体重新回到信息传播的正常轨道上来。随着国家对广播电视提出"坚持自己走路"的要求,广播媒体开启了以新闻为突破口的宣传改革。从1979年到1988年,广播媒体的内容改革大致经历了两个重要阶段,第一个阶段从1979年到1985年,各地电台开始调整节目,发展新闻,进行节目层面的"单项改革";第二个阶段从1986年到1988年,广播媒体进入整体布局,开始探索整套节目的改革。这些改革是对经济发展形势和市场竞争环境的适应,

---

① 余虹,邓正强.中国当代广告史[M].长沙:湖南科学技术出版社,2009(9):9.

也是对广播传播特性的挖掘。

一、从"报纸翻版"到"自己走路"：以节目为核心的单项改革

"文化大革命"十年，除少量外事新闻和庆祝活动新闻外，广播电台几乎完全被取消了新闻采访权。[①] 在这一段时期，地方电台自办的节目很少，几乎全部转播中央电台的节目，而中央电台的节目多数情况下全文照播"两报一刊"（《人民日报》《解放军报》和《红旗》杂志）上的报道和文章。广播变成了报纸的有声版，"早上报摘，晚上摘报"成为当时电台形象的真实写照。

1980年10月，第十次全国广播工作会议提出了广播电视要"坚持自己走路"的方针，要求近几年中广播电视要首先着重解决在宣传上"自己走路"的问题。1983年3月，第十一次全国广播电视会议进一步提出"坚持'自己走路'，扬独家之优势，汇天下之精华"的宣传业务方针，要求"宣传工作的改革要以新闻改革为突破口"。各地电台开始大规模调整节目，取消了一批在"以阶级斗争为纲"指导下设置的节目，摒弃缺乏信息和主题雷同的"生产稿"和"万岁稿"，增加从消费者、市场角度写的经济新闻、文化体育新闻和社会新闻。广东、北京等地电台改变过去地方新闻基本上靠剪报的状况，北京电台成立了有史以来的第一个新闻部，采访队伍逐步扩大，到80年代初达到30多人，中央电台自己采写的新闻占到播出比例的50%以上，广东电台自采新闻稿件逐步增加到地方新闻的七成左右，并开始注重音乐与音响在广播新闻中的作用。广播新闻的总量得到扩大，特别是实效性有了提高，具有鲜明风格的广播评论得以回归。在强化新闻和新闻性专题的同时，各地电台相继增加了文艺节目的比重，转播和播出了大量的文化活动，并相继成立文艺部，文艺编辑自己动手编写制作广播剧，同时从音乐、文学、电影、美术、舞蹈等各个领域广泛取材，丰富音乐、戏曲节目。此外，顺应人民生活和国民生产的需要，广播电台不断增设生活服务类节目，开办不同内容的教育性节目等。从1979年到1985年，北京电台先后多次大幅调整广播节目，做了很多节目上的创新和改革，比较有代表性的节目有《北京新闻》《听众之声》《生活顾问》《小说连播》等；广东电台沿着"面向基层、面向群众、面向生活"的思路，对专题、新闻、文艺、播音等进行了从内容到形式的逐步改革，推出了《大众生活》《大众科学》《农村天地》《小说连播》《新闻之窗》等节目。这一时期，地方电台节目逐步实现了由转播为主到自办为主，恢复和创办了一批较为贴合实际的广播节目，中央电台也在1985年提出"精办节目、提高质量"的改革设想。

这些改革在不同的节目、不同的范围取得一定成效，也赢得部分的听众，但这一时期的广播改革只是有限的、局部的改革，仅限于节目层面，"长期以来，广播电台在以阶级斗争为纲的路线规划下和计划经济体制下运行，要把宣传的中心转移到经济建设上来，并

---

① 赵玉明.中国广播电视通史[M].北京：中国传媒大学出版社，2006：292.

非易事，特别是思想观念的转移是艰巨的"①。从整体来看，电台的改革意识还没有完全领会社会发展的内在需要，尚未适应工作重心转移的要求，存在着宣传内容与社会形势发展不相适应的情况，"广播的总体结构、节目形式，还没有彻底改变50年代从苏联搬来的旧体例、旧模式。大多数节目是这个台播了那个台播，内容雷同，编播呆板，各台没有自己的特色，与听众的收听要求相差太远"②。"及时拓宽对广播功能的认识，从仅仅把广播当作政治宣传工具的狭隘观念中解脱出来，全面发挥广播优势为发展生产力服务"，成为摆在电台面前的一个艰巨课题。③

二、由"微观改革"到"宏观改革"：探索整套节目的合理布局

1986年前后，中国报业出现了以数量增加为中心的第一次办报热潮，电视的影响也在逐步扩大，适应改革开放的新形势和广大听众的新需求，在竞争中提高广播的影响力和竞争力成为迫切之需。1986年12月15日珠江经济广播电台开播，1987年1月1日中央人民广播电台经过全面调整后的节目出台，这两件事标志着我国广播电视节目的改革进入了一个新的更高的阶段，即由单项改革进入整体改革。④

"在社会主义商品经济正在推动着中国历史车轮前进的今天，游离于为商品经济服务的大众传播媒介是肯定没有出路的。"⑤在最早实行对外开放政策的广东地区，广播率先感受到了冲击。执行开放政策不久，广东电台就发现，大街小巷的收音机纷纷转而收听香港的电台，珠江三角洲地区相当多的听众，特别是城乡青少年被香港广播吸引。香港的广播"同广东电台当时刻板单调的节目形式，不考虑听众需要的编排，远离群众生活的内容、居高临下的口吻，形成了强烈的对照"。广东电台对这种现象进行反思，得出"广播应当讲究总体效益，力求形成总体形象"的结论。从1985年起，广东电台开始着手以"台"为单位的总体节目改革。1986年12月珠江经济电台开播，该频率以服务经济建设为主旨，将中、低文化层次的听众和经济界广大生产者、经营者和消费者作为主要对象，在总体节目设置和播出形式上进行了大幅度改革。第一，打破既往"小块拼合式"的栏目设计，改变传统的"分割式"节目编排，"以新闻、信息为骨架，以大版块节目为肌体"，采用每逢半点播出新闻，每逢整点播出经济信息、科技信息和其他实用信息的方法；第二，改变传统的"录播"方式，变录播、部分直播、模拟直播为全部实时直播；第三，启用主持人，塑造话筒前的亲切形象；第四，开通热线电话，实现与听众直接交流双向沟通。珠江经济台改变了30多年来我国内地电台一直沿用的节目结构和传播形式，是广播传播形态和话

---

① 吕浩才.关于广播改革的几点思考[J].中国广播电视学刊，1994（5），38.
② 白玲.广播的跨越：广东广播插图史[M].广州：暨南大学出版社，2012：104.
③ 余统浩.珠江经济广播电台的诞生和一年来的实践[J].中国广播电视学刊，1998（S1）：7.
④ 白谦诚.广播电视节目十年改革的回顾与前瞻[J].中国广播电视学刊，1989（2）：15.
⑤ 余统浩.珠江经济广播电台的诞生和一年来的实践：在珠江经济广播电台广播理论研讨会上的讲话[J].中国广播电视学刊，1998（S1）：7.

语语态的一次大改革。

1987年1月1日，中央人民广播电台经过一年酝酿和准备，实行全台节目调整和改革，按照"加强新闻，精办专题，搞活文艺，扩大服务"的思路，初步架构了以"综合台"为模式的节目内容组合体系，形成了以新闻为骨干，以文艺和专题为两翼，以服务型节目为补充的格局，特别是融新闻性、知识性、服务性于一体的《午间半小时》和《今晚半点半》两档节目，采取主持人述评的形式，谈论广大听众普遍关心的热点问题、敏感问题，时代感强，雅俗共赏，在广播界风靡一时。中央电台的节目改革在广播界影响很大，四川、浙江、吉林、河南、黑龙江等许多地方电台随后也对节目的总体布局做了较大幅度的调整。

中央人民广播电台和珠江经济广播电台的改革，代表着当时广播节目改革的一股潮流，即从对单个节目的调整过渡到对整套节目的策划。其中，珠江经济电台的开播引发热烈反应，仅1987年就有100多家电台派人参观或报道珠江经济台，1987年上海经济台开播，其他很多省市电台也加快了筹备经济台的步伐。

改革开放第一个十年，广播节目的改革取得了一定的成绩，各地电台在不断的探索中逐渐认识到广播除了具有宣传功能以外，还具有沟通信息的功能，扩大信息源、增大节目信息量、重视受众信息反馈、加强信息的双向流动等，成为当时新闻节目改革的主攻方向之一，①广播媒体开始比较自觉地按广播的传播规律办节目，但从另一个方面来看，这一时期的节目改革是缓慢的，广播媒体在探寻"自己走路"的过程中经历了较长时间的探索，珠江经济广播电台是在改革开放之后的第八个年头才正式出现，而且"迄今为止的节目改革，基本上属于浅层改革"②，除了两家经济台的开创，这一时期全国大多数电台还处在综合办台的模式中，节目改革的发展还不平衡，是比较单一的缺少配套的广泛改革，距离社会需求和广大受众的期望还有一定距离。

第二节 广播广告的复播与发展

"广告是商品经济的产物，哪里有商品经济，哪里就有广告……广告之复兴在国家政党宣布重心转移的那一刻就已经注定。"③1978年12月，党的十一届三中全会做出决定，将党和国家的工作重心转移到经济建设上来，并提出"对内搞活经济，对外开放"的口

---

① 白谦诚.广播电视节目十年改革的回顾与前瞻[J].中国广播电视学刊，1989（2）：16.
② 白谦诚.广播电视节目十年改革的回顾与前瞻[J].中国广播电视学刊，1989（2）：11.
③ 余虹，邓正强.中国当代广告史[M].长沙：湖南科学技术出版社，2009：9.

号。"一批广告人敏锐地感觉到一个新的时代正在到来,复兴广告的时机正在到来。"① 距离三中全会闭幕仅13天,1979年1月4日《天津日报》率先恢复商业广告,刊登天津牙膏厂产品广告,拉开报纸广告的序幕。1月14日,《文汇报》发表丁允朋署名文章《为广告正名》,在社会上引起强烈反响。1979年1月28日上海电视台播出了参桂补酒广告,同时播放"上海电视台即日起受理广告业务"的电视广告公告。一批广告公司积极奔走游说,并通过各种媒体刊登招商广告。在整体氛围的烘托和推动下,广播广告顺势而生。

一、广播广告的全面复兴

1979年初,一条300字的"王开照相馆"软广告在上海人民广播电台新闻节目中播出,广告连播三天,逢三个整点播出,广告费7元。此后不久,上海人民广播电台于1979年3月5日正式恢复成立电台广告组,并在当天的广播中播出"春蕾药性发乳"广告,这被认为是改革开放以来我国第一条广播广告。② 继上海之后,1979年5月广东人民广播电台恢复了停办多年的广告业务,成立广告科,承办国内外广告业务并代理全国同行业国内外广告业务。1979年中国出口商品春季交易会期间,广东人民广播电台播出第一条外商广告——瑞士乐都表广告。紧接着,北京人民广播电台在时隔26年后重开广告业务,③ 于1979年11月1日开办《广告》节目,每天播音半小时。

1979年11月8日,中共中央宣传部发出《关于报刊、广播、电视台刊登外国商品广告的通知》,指出"各报刊、广播、电视台在刊登和播放国内产品广告的同时,可开展外国商品广告业务",这是新中国历史上第一个直接指导广告事业的文件,它肯定了广告的积极作用,标志着广告活动有了政策上的保障。1980年1月1日,中央人民广播电台播出了建台以来第一条广告,各地电台纷纷跟进,广播广告业务迅速在全国范围内恢复。据统计,到1981年底全国省级以上广播电台114座,全部承办广播广告业务,2 600多家县级有线广播站也开办广播广告节目。到1984年6月,全国经营广告业务的广播电台达到170多座,从事广播宣传活动的人员达到5 000多人。④

---

① 余虹,邓正强.中国当代广告史[M].长沙:湖南科学技术出版社,2009:10.
② 关于改革开放后我国第一条广播广告,通常认为是"春蕾药性发乳广告"。但据上海电台广告部创始人回忆,"春蕾药性发乳"之前,上海电台播出过"王开照相馆"的软广告,时间与上海电视台播出的第一条电视广告相近。这条广告播出时,上海电台广告部尚未成立,没有得到正式记录。该广告是一条300字的"软广告",在上海电台早上7点、午间12点、晚间6点的新闻节目中整点播出,连续播了三天,一共是7块钱广告费,广告主是上海王开照相馆。资料来源:金亚.忆往昔 峥嵘岁月稠:改革开放后的上海广播广告[J].中国广播,2012(11):73.
③ 1952年12月以前,北京电台有少量广告收入,但实行的是收支两条线的管理办法,广告收入全部上缴。1953年起,取消广告,实行全额预算管理办法,开支全靠政府财政拨款。
④ 姚力.广播电视广告学[M].长春:吉林大学出版社,2000:278.

二、广告经营活动的开展

将近30年的断崖，广播媒体从零开始接触市场和销售，感受着自身与社会的互动。广告恢复以前，广播依靠国家财政拨款，服务于政治宣传，很少有市场概念和社会关系意识。广告活动恢复以后，广播人意识到统筹社会资源的重要性，开始积极建立社会关系，最先恢复广告业务的上海电台、广东电台积极开展公关活动。广告人员走出办公室，深入企业，与陌生的经营者打交道，吸引他们到电台投放广告。上海电台广告部的一名负责人"先后联系业务达一万多人，企业一千多家，除企业界外，还涉及文艺界、新闻界、教育界和政界人士"[①]，不仅帮客户做广告，而且帮助客户策划许多线下活动，比如策划产品有奖竞猜、策划广播音乐会等。

最初投放广播媒体的广告主都是对广告有着直观认知的工商企业主，很多在解放初期就曾体验过广告，例如，王开照相馆在新中国成立前就投放了大量的铁路广告。"春蕾药性发乳"广告是上海家化厂包装设计部的一名职工向厂领导建议投放的，这名职工是解放初的一位私人工商业者，很早就接触过广告。广播广告播出后给广告客户带来了显著效益。资料记载，在上海电台播放广告后，王开照相馆第一个月的营业额就增长了50%，[②]顾客络绎不绝，从此上海掀起了一股恢复老字号名店招牌的风潮。"春蕾药性发乳"成为市场上的紧俏商品，不仅上海家化厂的库存全部销光，而且听众来信来电不断，纷纷询问功效。而对广东沿海各地的厂商而言，利用广播媒介广告的宣传作用打开市场，在商品经济复苏的20世纪80年代已经相当普遍。[③]

三、组织结构、人员配备及广告运行机制的确立

改革开放初期，电台内部以节目性质划分部门，比如新闻部、专题部、文艺部等，这些部门负责所有频率与之相关的内容，每套频率在内容上没有明显区分，呼号都是"××人民广播电台"。顺应广告经营工作恢复的需要，各地电台虽然相继成立了广告部门，但人员数量一般较少，上海电台最初有三人，北京电台有五人，广东电台有两人，后期随着广告业务开展，人员有所增加。以河北电台为例，1987年从事广告经营的专职人员有近20人。为了增加广告创收，有的电台开始用创收有奖的办法，调动广告人员积极性。1984年北京电台规定"如广告部收入翻一番，超出部分奖励4%，非广告人员介绍广告奖励2%"，使得当年广告收入增至45万元。1986年，北京电台对广告部主任实行招标制，

---

① 施圣扬.广告皇后：记上海人民广播电台广告部经理唐可爱[J].新闻记者，1990（Z1）：62.
② 金亚.忆往昔 峥嵘岁月稠：改革开放后的上海广播广告[J].中国广播，2012（11）：73.
③ 白玲.广播的跨越：广东广播插图史[M].广州：暨南大学出版社.2012：96.

"谁能将广告收入翻番就任命为主任"，当年广告收入增长至200余万元。①

最开始时，各家电台的广告以插播为主，没有固定播出时间，通常在早、中、晚的新闻节目中插播一下，一天插播5分钟或10分钟。进入20世纪80年代，各台相继有了固定的节目播出时间，如广东电台有四套节目播送广告，每天广告固定时间30多次，播放广告时间共200分钟。明码标价的收费标准陆续建立，1981年以来，有的电台编印了广播广告宣传资料，规定了广播广告实施办法、广告时间和收费标准。在广东电台，将广播广告分为工商广告和非工商广告（如文体展览、公告启示、寻人广告）两类，1982年开始按照"黄金时间""非黄金时间"和随时插播三种形式确定甲、乙、丙三种广告收费标准。②广告经营工作的流程不断清晰。到1986年，珠江经济台（原广东二台）、广东一台使用现代化全新的播控设备，以立体声和中波两种频率同时播出，每天播音均在19小时以上，其中播放广告时间约160分钟。广播广告可以在大版块节目时间段内，由节目主持人在话题中或各个小栏目之间随时插播，并且可以同文艺节目串联在一起。广东三台与广州电台每天播出广告时间为20~30分钟，采用固定的广告时间播放。③

四、广告价格、客源分布及广告表现形式

改革开放之初的广播广告价格非常低廉，当时的广告价格是一个字三分钱，一条广告100个字，播出10次，也只有30块钱。④广告的来源除了业务员出去"拉"来的广告，还有从广告代理公司转接来的广告，当时上海广告装潢公司一周能为上海电台提供几条广告。据业务员回忆，"最初，医药广告是最多的，后来是服装、家电，各个行业都来电台做广告，有的是特约节目，有的是广告有奖活动……烟草公司用特约节目的形式，介绍世界地理知识……既有趣又让人长知识，很受欢迎。"⑤从最初广播媒体广告商品分类的比例来看，一般工作机械类广告占较大比例，食品医疗、化妆品以及家庭用品的消费资料广告非常少，随着产业构造变化，生产资料广告呈现下降趋势，消费品广告量呈上升倾向。以上海为例，短短五年时间，食品、日用品广播广告增加了多个百分点，而生产资料广告比例有所减少。早在20世纪80年代上海家化厂一年就有300万广告费，由于"春蕾药性发乳"广告的成功合作，上海家化厂每年都会把5%~6%的广告预算投放在上海电台。

---

① 陶祖嗣.我所经历的北京电台经营创收改革[C].岁月如歌：献给北京人民广播电台60周年.北京：中国广播电视出版社.2009（1）：492-495.
② 白玲.广播的跨越：广东广播插图史[M].广州：暨南大学出版社，2012：96-97.
③ 白玲.广播的跨越：广东广播插图史[M].广州：暨南大学出版社，2012：96-97.
④ 金亚.忆往昔 峥嵘岁月稠：改革开放后的上海广播广告[J].中国广播，2012（11）：73.
⑤ 白玲.广播的跨越：广东广播插图史[M].广州：暨南大学出版社.2012：96.

表2.1：上海地区广播媒体广告分类内容1983~1988年比较（%）①

项目	广播	
	1983年	1988年
文化用品	4	3
医药用品	20	6
日用品	30	34
生产资料	40	32
食品	0	11
其他	0	14

改革开放初期，广播广告的播出以单调的纯播音形式为主，有时会配有音乐。每条广告都很长，大多在30秒，甚至有1分钟的。上海电台受外商广播广告的激发，开始制作8秒钟左右的短广告，②并把评弹、说唱等艺术形式引入广告，受到听众欢迎。为了集思广益，上海电台还组织创办大学生广告创作班子，并邀请众多明星、导演、演员充当智库，推动广播广告创意和表现形式的创新。

第三节　多元化经营探索

1983年第十一次全国广播电视工作会议首次提出"放开搞活，广开财源"的口号，要求广电媒体由过去单纯依靠国家投资，改为多渠道筹措资金，为广播行业开展经营活动提供了政策依据。1984年7月，北京电台内部即召开经济创收座谈会，确立"广开门路，多种经营，为开创电台经济新局面而奋斗"的基本思路。1985年，国家在统计分类上第一次把广播电视列入第三产业。1986年12月，珠江经济广播电台开播，在传播信息的同时进行信息经营。此后，全国各地电台的多元化经营星星点点，开始出现。

一、有偿信息服务及信息经营

改革开放之后，顺应经济政策和商品流通需要，新闻媒介一改过去以政治新闻为主的内容架构，增加大量的市场信息和经济新闻。20世纪70年代末80年代初，我国广播电台

---

① 刘英华.广播广告理论与实务教程[M].北京：中国传媒大学出版社，2006：12.
② 金亚.忆往昔 峥嵘岁月稠：改革开放后的上海广播广告[J].中国广播，2012（11）：73.

相继开办经济信息类节目。早在1979年广东电台就与新城电台、香港电台等一起创办粤港澳经贸专线栏目。1984年初,北京电台开设《信息服务》节目,每天播出3次,每次5分钟,主要为听众购物提供服务,同时也播出科技新产品、图书、旅游、影视等方面的信息。最开始这些信息服务基本都是无偿的,随着国家政策的引导及经营意识萌生,各地陆续开展有偿信息服务和信息经营。[①]所谓信息经营是指"将信息和信息服务以商品形式向需求者提供"。从1985年到1988年,各地电台的信息经营活跃,成为广播界开展经营创收的代表性尝试,经营范围迅速拓展,社会影响日益扩大,有的甚至具有相当规模。[②]1986年珠江经济广播电台开播后,创建了近60人的信息部,在广播界首创了"整点信息"节目,每逢整点安排播出5分钟的市场信息、科技信息、金融信息、海外商情、综合信息、供求信息等,晚上7点还有一次今日信息总汇,全天播出18次,市场上的肉、蛋、鱼、菜等商品价格尽在其中,让人足不出户便可知市场行情。开播两年后,先后为社会500多个单位牵线搭桥,促成技术转让、推广、商品物资交易等成交额达两千多万元,[③]电台从中实现信息经营纯收入近100万元。1987年北京电台将原属于广告部的《信息与广告》节目划归新闻部并改名《信息服务》节目,并开办"63号服务台"直接为首都消费者服务。中央电台以原经济信息部为基础,成立了以发展综合信息经营为任务的信息中心。在湖北省,电台信息节目得到普遍发展,一个县级电台每年发布的信息服务稿件都在千条以上,1988年全省仅县级电台的信息服务有偿收入达到120万元。[④]有的电台还以经济信息节目为依托,办起了名优产品服务部、产品经销门市部,将信息宣传与产品销售结合起来。

  广播信息服务和经营出现的20世纪80年代,正是我国社会主义商品经济在理论上被确认、在实践上飞速发展的时代。[⑤]80年代初叶,我国数以百万计的企业走上商品生产的道路,了解市场、传播信息成为迫切需要,而原来隶属于行政机关的信息通道狭窄而迟钝,因信息不畅导致的盲目生产现象出现,在对外经济活动中由于信息服务跟不上,在成交价格和交易条件中吃亏上当的事件也层出不穷。为了获取信息,生产者、经营者转而向大众传播媒体求助,通过各种形式的合作传递信息。经济界的需求得到国家顶层的支持,1984年,邓小平为《经济参考报》题字"开发信息资源,服务四化建设";1985年3月,万里指示:"要办一个经济电视台,着重宣传经济新闻、经济信息、商业行情和广告";1986年3月,李鹏批示:"今年年底中央电视台开办一套经济信息节目,以适应四化建设的需要。"广播电台正是在商品经济的大发展,急需大量经济信息的社会背景下开始自己

---

① 1985年7月,全国部分新闻单位信息协作网(以电台信息部门为主体,后改为全国省级电台信息协作网)第二次会议在湖北沙市举行,会上讨论了信息服务的现状,提出了开展信息有偿服务的主张。之后,各地广播电台信息部门的职能逐渐向综合型方向发展——既负责无偿的信息节目内容的编辑,也发展有偿信息服务。资料来源:余统浩、朱砚.试论广播电台的信息经营[J].中国广播电视学刊,1989(2):20.
② 余统浩、朱砚.试论广播电台的信息经营[J].中国广播电视学刊,1989(2):20.
③ 白玲.广播的跨越:广东广播插图史[M].广州:暨南大学出版社,2012:114.
④ 金志敏.开发信息资源 加强传播服务[J].中国广播电视学刊,1989(6):91.
⑤ 余统浩、朱砚.试论广播电台的信息经营[J].中国广播电视学刊,1989(2):20.

的信息服务的。① 时任广东电台副台长的余统浩曾详细总结电台信息经营的四种方式，②并预言"随着商品经济的发展，广播信息市场的发育将会加快，各类由电台主办的信息交易所、交易会以及以电台为核心的信息开发组织等必将出现"。

需要指出的是，狭义的信息经营往往不包括广告，在不少电台内部广告经营部门和信息经营部门是分设的，以广东电台为例，一直到21世纪依然有广告部和信息部两个经营部门。但也有一部分电台例外，比如1988年1月北京电台广告部在运行九年后曾更名为"经济信息部"，1989年初河北电台成立广告信息部，下设广告、公关、信息三个科，由此可见在广播经营开端时期，信息经营的重要地位。

广播信息经营的对象主要有三类，一是政府机构和社会组织，政府机构是国民经济的宏观管理部门，历来是电台的信息来源之一，同时又可以是电台的服务对象。二是企业，既包括生产市场信息、出售信息设备及提供信息服务的部门，如电信业、金融业、保险业，也包括需要形象策划、文化传播、公关服务等的中小企业，很多企业正处在一个适应商品竞争需要而改进内部经营管理方式和调整外部经济关系的时期，需要有效的产、供、销信息。三是家庭和个人，随着商品经济的发展，各种各样面向个人的如提供医疗保健、法律咨询、就业介绍等信息服务受到欢迎。

同企事业单位合办、联办节目是广播媒体开展信息服务和经营的一种重要方式。合办节目一般是指政府部门、社会机关团队、企事业单位出资与电台联合举办的特定专题节目，有合办单位出资的有奖征文、征答、知识竞赛等内容，也可视为合办节目。③ 改革开放后，政府机构、教育机构、相关社会组织等纷纷与广播媒体联办、赞助、特约播出节目、栏目，并支付一定费用。从20世纪80年代中期开始，随着国家改革开放的深入发展，电台与机关、团体和企事业单位合办节目以及在节目中开展有奖征文、知识竞赛的活动越来越多，在湖北等地联办节目已由少数几个台发展到95%以上的台，④ 与每个台联办节目的单位也是逐年增多，合办节目费用逐渐成为电台的重要创收形式之一。随着信息服务在全国范围内的广泛发展，电台开始组建横向的广播电视协作网，拓宽信息源，发挥群体优势。1988年前后，参加省会电台《经济信息联播》的成员台已发展到23个，年信息发稿量近300件，营业收入近100万元。⑤ 在加强各类信息传播的同时，电台通过举办新闻信

---

① 余统浩，朱砚.试论广播电台的信息经营[J].中国广播电视学刊，1989（2）：21.
② 余统浩、朱砚认为，信息经营的主要方式有：一是单纯的信息有偿广播，如"某地有某种产品出售，规格……，型号……，价格……，需要者请跟本台信息部联系"。这类信息中的"某地"是省略不提的，需要到电台查询才知道。二是广告，很多电台只把它作为信息经营的特例。三是深一层的信息经营，"红娘式"的牵线搭桥，帮助需求者将技术、资金、劳力、原材料等组合在一起，形成现实生产力。四是再深一层的信息经营，是在传递信息、促成生产要素结合的基础上，电台直接介入经营或生产活动，成为生产者或经营者中的一员。资料来源：余统浩，朱砚.试论广播电台的信息经营[J].中国广播电视学刊，1989（2）：21-22.
③ 2003年《广告管理实施细则（试行）》.北京人民广播电台年鉴2003[R].北京：中国广播电视出版社，2006（1）：113.
④ 金志敏.开发信息资源 加强传播服务[J].中国广播电视学刊，1989（6）：92.
⑤ 吴汝连.省会城市电台、电视台《经济信息联播》取得成效[J].中国广播电视学刊，1989（4）：76.

息发布会、信息交流会、对一些产品组织群众评比等活动,成为企业与民众信息沟通的桥梁。1988年全国广播电视厅局长会议明确指出"为了满足社会各方面的特殊需要,各级广播电台、电视台要主动为各界提供方便,开辟集资合办节目、有偿服务等合作渠道"①,从政策上肯定了"合办栏目"的地位。

二、广播音像企业的出现

广播与唱片业一直有着密切渊源。20世纪70年代以前,我国仅有一家生产唱片的音像出版公司,其出版的我国第一批唱片主要供广播电台使用。改革开放以后,一些广电机构瞄准了当时还未开发的国内磁带市场,纷纷开办音像出版机构。广东电台现有下属企业广州太平洋影音公司成立于1979年1月,②是国内最早涉足中国音像产业的企业,主要开展录音、复制、磁带生产、录像等业务。1980年是该公司生产的磁带投放国内市场的第一年,年总产量93万盒,1983年达到540万盒,该公司生产的录音带以"云雀"作为商标,后又以此名举办"云雀奖"给获奖演唱者和演奏者发奖,对我国音乐事业的发展贡献巨大。③1982年国务院批准并颁布了《录音录像制品管理暂行规定》,指出"发行销售的音像制品,必须由国家批准音像制品出版单位出版"。中央电台遂于1983年出资成立了中国广播录音出版社,④这是中央电台开办的第一家企业。该出版社于1988年9月变更为"中国广播音像出版社",其主要业务是"出版、发行中央人民广播电台自行录制的音乐(包括歌曲)、戏曲、曲艺、文学、教育、科技、理论及播音业务、录音技术等与广播有关的录音带"⑤。

本章小结:"综合台"时期的广播经营

改革开放之初,广播频率资源比较匮乏,大多数电台只有一套或少数几套频率,且大都为中波台,当时"频率"概念还不突出,主要是以"套"来代称电台节目情况,如"一

---

① 这次会议纪要形成了广播电影电视部1988年1068号文件。转引自:张建国."以节目养节目"之路初探[J].中国广播电视学刊,1990(6):52.
② 太平洋影音公司最初隶属于广东省广播电视局.
③ 金志敏.开发信息资源 加强传播服务[J].中国广播电视学刊,1989(6):91.
④ 刘继迎.中央台传媒产业发展解析[J].广播电视信息,2011(7):20.
⑤ 赣勇.从中国广播音像出版社的出版特色看广播与音像密不可分的关系[J].中国广播电视学刊,1998(4):25.

套""二套""三套",每套节目在内容上没有明显的区分,大都是大而全或小而全,呼号都是"××人民广播电台",即所谓的"综合台"。这一时期的广播媒体是典型的大众传播媒体,各个频率的目标对象是面向社会各年龄段、各职业人群,对象宽泛。当时,电台还没有系列台,只有各个节目部,是以节目性质划分部门的,比如新闻部、农村部等,这些部门负责所有频率与之相关的内容。

多年来,广播一直靠国家拨款过日子,始终为经费不足所困扰。广播经营的恢复使这种状况有了一定的改善,成为广播"自己走路"和"走自己的路"的重要标志。从1979年到1988年,在上海、广东、北京等地电台的率先示范下,中国广播广告走过了原始积累期。这段历史虽然没有创造出惊人奇迹,但却坚定了经营的方向,培养锻炼了一批经营人才,并逐步建立起广告经营体系,为今后广播经营的发展奠定了基础。1983年我国广播广告的营业额仅为1 806.9万元,到1988年营业额达到6 383.7万元,广播广告经营单位达到442户。

表2.2:1983～1988年中国广播广告营业额及增长情况

年份	营业额(万元)	同比增长(%)	占全国比重(%)
1983	1806.9	——	7.7
1984	2323	28.6	6.4
1985	2670.7	15	4.4
1986	3564	33.4	4.2
1987	4721.2	32.5	4.2
1988	6383.7	35.2	4.3

根据《中国统计年鉴》数据,1978年我国广播电台仅有93座。1983年,广播电视部召开第十一次全国会议,做出"四级办广播电视"的重大决策,除中央和省一级广播电台以外,凡是具备条件的省辖市和县也可以根据当地实际情况开办广播电台,此后五年间全国普遍兴起办广播、电视的热潮,中国广播媒体开始了数量和规模上的大发展,每年增幅达30%以上。[1]截至1988年,我国广播电台有461座,比1982年增长2.9倍,收音机的拥有量为2.6亿台(见表2.3)。在这几年里,调频广播的发展也相当快,调频广播电台从1982年的124座发展到1988年的465座,基本上形成了全国的调频广播网。农村的有线广播经过整顿,到1988年全国农村有线广播的通播率保持在71%以上。[2]

---

[1] 赵玉明,艾红红.中国广播电视史教程[M].北京:中国广播电视出版社,2009:145.
[2] 赵玉明.中国广播电视通史[M].北京:中国传媒大学出版社,2006:386.

表2.3：电台的发展和收音机社会拥有量的增长表[1]

年份	广播电台（座）	社会拥有收音机台数（万台）
1978	93	57 546
1980	106	11 910
1985	213	24 181
1986	278	25 390
1987	386	26 067
1988	461	26 197

广播媒介的变化不只是数量上的增加，更重要的是经费来源、管理体制和内部的组织结构发生了深刻的演变。在计划经济体制下，广播一直属于"事业单位事业型管理"，和政府机关一样，一切费用依靠政府财政拨款，实行全额预算管理，不从事任何盈利性质的商业活动。1979年以来，电台在一定范围内进行盈利活动。最开始经营创收仅仅是弥补国家经费不足的一种补充，但到80年代中期以后，经营创收很快成为电台的一项重要经济来源，各项新技术的装备以及办公设备都不同程度得到创收资金的支持，电台从单纯依靠财政拨款向财政拨款和自我积累相结合的方向转变。1982年5月，国务院部委机构实施改革，宣布撤销中央广播事业局，成立广播电视部，随之各省、自治区陆续改设广播电视厅，直辖市设广播电视局，在职能分工上，部、厅、局主要负责宣传和事业管理，电台直接承担宣传任务。全国广播系统陆续改变了长期实行的局台合一的管理体制，电台有了更多的经营自主权，很多地方以"财务包干"为由实行独立核算。以北京电台为例，1988年1月北京电台与北京市广播电视局签订了一份为期三年的承包合同。合同规定，电台今后实行财务包干，政府第一年拨款210万元，以后年递增3%，年支出差额由计划外收入补偿。"一切费用依靠政府财政拨款的日子，从此宣告结束，电台从此进入新的发展阶段。"[2] 从1979年到1988年，电台内部的机构设置发生了一些变化，突出的表现是部门不断增多，以北京电台为例，1979年电台内部设有一室七部，到1988年增加到四室十部一台（见图2.1和图2.2）。

---

[1] 刘英华.广播广告理论与实务教程[M].北京：中国传媒大学出版社，2006：12.
[2] 北京人民广播电台.大音京华：纪念北京人民广播电台建台60周年[M].北京：中国广播电视出版社，2009：61-62.

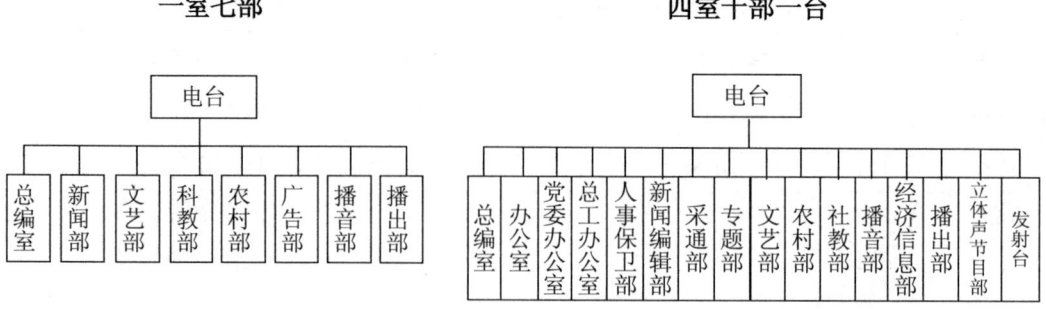

图2.1：1979年北京电台内部机构设置　　　　图2.2：1988年北京电台内部机构设置

不过，这一时期，广播广告的经营基础是薄弱的。1979～1982年的四年间，国家尚未实行广告行业数据统计制度，但从多个公开渠道搜集的单个电台的经营数字大可窥见当时的广播广告经营境况。从1979年3月成立广告部到当年年底上海电台实现广告创收25万元；1980年1月，中央电台正式开展广告经营活动，当年收入63万元；1980年5月，河北电台开始接受广告，主要依靠上门来的广告，到1980年底年广告收入才600多元；广东电台1980年的广告创收为35.7万元；北京电台1983年广告收入只有15万元。到1988年，全国广告经营额为14.93亿元，其中报纸广告营业额为5.01亿元，占比33.5%，电视广告营业额为2.56亿元，占比17.07%，期刊广告营业额为0.71亿元，占比0.46%，广播广告营业额最低，为0.64亿元，占比4.3%。

总的来看，广播经营的恢复期有以下几个特点：

第一，广播经营在商品经济复苏的大环境下得以恢复。十一届三中全会以后，随着国民经济的调整和各项改革的深入，我国的商品流通市场逐渐得到了恢复。小商品价格的逐步放开，促进了贸易货栈、各种联营商店、小商品批发市场、农工联合企业等多种经营形式相继出现，城乡农贸市场有了很大发展。1981年，全国各类经济类型的商业、饮食业、服务业网店达到329.9万个，比1978年增长了1.5倍。除了国营商业以外，集体和个体商业也都发展起来，成千上万各种性质的新企业的诞生催生了对于市场供求信息的沟通需要，对企业的调查表明，他们亟须通过媒介宣传自己的产品，同时也希望获得市场变化趋向等信息以指导商品生产，普通大众也急切地需要借助媒介获得各类生活讯息，供需双方信息需求的存在为广播经营活动的开展奠定了基础，广播广告和有偿信息服务就是在这样的大背景下顺势而生，初步发挥"生产者的助手，经营者的参谋，消费者的知音"功能。①

第二，广播经营改革与新闻改革几近同步。顺应国家工作重心的转移，十一届三中全会召开不久，多家电台快速反应，做出了复播广告的决定。此后不久，随着广播宣传要"自己走路"的方针提出，广播媒体旋即开始了以新闻为突破口的宣传改革。此后几年中，广播媒体一面进行新闻宣传工作的创新，进行节目层面的改革，同时推进广告经营的探

---

① 曾广星.广播功能的总体发挥和广播的整体效益[J].中国广播电视学刊，1988（S1）：36.

索。从节目层面的"单项改革"进入以整套节目为对象的"整体改革"用了大致八年的时间，广播广告的经营也经历了极其艰苦的市场开拓过程。当各类信息服务节目被贯穿到整套节目布局之中时，广播经营由此进入有偿信息服务的新阶段。

第三，经营形式以广告和有偿信息服务为主，其他还比较少。无论是广告经营还是信息经营，都属于"广播节目内的经营"，它们的出现使以往属于上层建筑的广播获得了某种经济基础的性质，除了喉舌功能以外，释放了广播的服务功能、娱乐功能、教育功能和信息功能，但是受限于当时的社会条件，这些功能的开发还停留在比较浅表的层面。

第四，广播媒体初步树立市场意识和客户服务意识。

第五，广播经营活动的开展与地域条件有着紧密联系。广播广告的复兴肇始于有着深厚广告传统的上海，紧接着是率先对外开放、商品经济发展迅速的广东，然后才传导到北京。中央电台和其他地方电台是在国家有关部门出台政策，默认广告的合法地位以后才开始播出了广告。由此可见，不同地域的地理位置和社会形势与广播事业的发展有着密切联系。

第六，在广告运作方面，电台的广告经营还处在比较原始的状态。广播广告复播大都是在没有周密计划的情况下临时上阵，很多电台的广告部都是在广告播出之后才得以组建，最初的广告经营人员都是从其他岗位临时抽调的，对广告没有太多专业认识。20世纪80年代，无论是广告理念还是运作方式还处在比较传统的阶段，业务员就广告谈广告，还没有整体形象和具体节目推销的概念，这一状况直到20世纪80年代末期才开始发生改变。

第三章
探索：经营能量的释放及第三产业兴办热潮

20世纪80年代末，电视的崛起给广播发展带来很大冲击。适应竞争需要，广播电台走上了专业化改革的道路，由"综合台"向"系列台"的体制转变，经营体系随之发生改变，广播历史上从此出现了以频率为单位的广告经营范式，个体能量不断被激活。社会主义市场经济体系的建立和逐步完善为中国广播的经营提供了环境和制度的前提，而对广播功能与属性的逐步廓清又为广播经营提供了思想和观念的基础。广播电台在国家政策允许的范围内，积极开展多种经营活动，掀起了第三产业兴办的第一次热潮。

第一节 广播生存环境的变化及"系列台"的创建

1990年前后，是中国广播电视事业发展道路上的一个"交汇点"和"分水岭"。从大的背景来看，1992年春天邓小平同志"南方讲话"发表后，中国改革开放的步伐在进一步加大；从小的背景来看，此时的中国广播电视事业正在发生着一场深刻的变革。[①]就广播而言，电视的崛起对其生存产生了强烈冲击，而内部事业发展的需求与经费不足的矛盾不断扩大，竞争与生存的激烈对撞迫使广播再次探索自身规律，走上了资源开发、开办系列台的道路。

---

① 张斌. "自己走路"三部曲：从中央台看中国广播改革创新的历史沿革[J]. 现代传播，2007（4）：55.

一、时代背景：竞争与生存的激烈对撞

20世纪80年代末，广播的生存环境发生了显著改变。电视的迅速普及，直接冲击了广播收听市场。据商业部和中央广播事业局统计，1975年底，我国各地电视机仅有46.3万台，到1991年底，全国电视机已达2亿台。全国省级电视台全部开播，各直辖市、地市级电视台也纷纷成立。1989年全国电视台已达410座，到1994年全国兼营广告业务的电视台已高达1985座。在北京，1983~1988年短短五年，电视就超过了广播的覆盖人口。1984年9月底，北京郊区新建电视差转台100座，全市人口的电视收看率达到98%。看电视，成了人们生活中不可缺少的内容，甚至形成了习惯。① 电视对广播带来的影响首先是听广播的人少了，热播电视剧引发的"万人空巷"取代此前几年全家听"戏匣子"的场景；其次是广播媒体的地位被削弱，从风光无限的"小喇叭"变为少有人问津的弱势媒体；最后就是人才流失，许多优秀的广播人才转投电视。

此时，广播事业发展的内生需求激烈爆发。经过上一段时间的积累，广播在电台数量和频率资源上达到了一定程度，而随着内设机构和人员数量的不断增多，电台的办台成本陡然上升，各地电台面临着人、财、物等多个方面的缺口，事业发展所需经费越来越多，财政拨款不足日益成为广播发展的掣肘。1991年以来，有的地方逐渐对广播电视实行差额预算管理，财政拨款与广播事业支出"剪刀差"逐年扩大，差额不足部分越来越大。地方财政拨款增长有限，只能勉强维持人头费增长的开支，导致广播事业发展的补充资金捉襟见肘。在江苏等地出现了广播电台靠借贷过日子的现象。在天津，电台每年的事业经费不足日常开支经费的1/5，还要承受事业发展、节目录制中心建设的沉重压力。在北京，当时北京市财政局每年向电台拨款仅200万元，只能勉强维持人力支出，1991年起北京电台入不敷出，开始举债，到1992年共负债170万。外有电视竞争，内有发展后劲不足，广播面临严峻的生存危机。

进入改革开放后的第二个十年，市场发生着潜移默化的改变，由最初的产品匮乏、供不应求逐渐过渡到物质种类丰富、供需平衡甚至供过于求，市场主体间的竞争明显起来，企业的营销需求不断释放。1992年，中共十四大确立了社会主义市场经济体制目标，中国经济进入了自改革开放以来的又一次大开放时期。国家政策的放开为企业发展创造了机会，私营企业和外商投资企业迅速崛起，来自企业界的营销传播需要随之不断增长。在这种背景下，媒体的传播价值不断凸显，成为广告市场的稀缺资源。报纸媒体掀起了第二次扩版热潮并大幅度提高广告价格，1994年起中央电视台推出了全国首创的"黄金广告资源竞标活动"。媒体竞卖现象的出现不但激发了媒介竞争，而且创造了深化媒介经营的整体氛围。

从1988年到1993年，中央和地方各级电台纷纷掀起了兴办调频广播的高潮，到1990年以后，全国已经有调频立体声电台30多座，主要用来开办音乐、文艺、交通等节目。

---

① 汪良.广播改革三十年[M].北京：中国广播电视出版社，2013：61.

新技术革命来得正是时候，恰好给处于困局之中的广播带来了一次难得的发展机遇。①

二、从"局部调整"到"整体布局"：广播系列台的创建

陷入艰难境地的广播开始在夹缝中寻找出路。效仿"珠江经济台"，筹建经济电台成为一股热潮，在此基础上多地电台开始不约而同地选择筹建多层次、多功能的系列广播电台，进行全台所有频率的整体布局。

（一）经济台的发酵

在珠江经济广播电台的带动下，全国掀起了兴办经济电台的热潮。从1988年到1991年，短短几年的时间全国已经有了14家经济广播电台。②大多数经济台都受到广大听众的热烈欢迎，同原来的大综合台相比，收听率大大提高，约有1/3的台还出现了"轰动效应"。经济台不但通过播送广告取得收入，还开展咨询服务、信息经营、实业开发等活动，电台变成经营者或者生产者中的一员。随着节目收听率的提高，许多台的广告收入明显增加，经费基本自给或全部自给，从而为电台走自我发展道路探索出了一条通道。比珠江经济台晚几年出现的各地经济台不仅在宣传业务方面进行了改革，而且对人事制度、分配制度、财务制度、行政后勤工作也进行了相应的改革。"经济台的创建是适应市场经济的发展应运而生的，而它的诞生，又为广播宣传如何服务市场经济，作为第三产业的广播传播媒体本身如何走向市场经济提供了宝贵经验。其他分台借鉴经济台的经验，从办节目到经营管理，都步入了一个新的天地。"③

（二）系列台的创办

在成立经济台的基础上，一些拥有多个频率资源的地方电台，办起了不同定位的台，形成了"电台系列"。"系列台"的概念最早由广东电台提出，1985年广东电台开始着手以"台"为单位的总体节目改革，改革的目标是：经过五年或者更多一点时间逐步将广东台的六个台（即六套节目）办成多层次、多功能的系列电台，例如，办成综合台、经济台、艺台、教育台、外语台，等等，以满足不同类型的听众多方面的需要，同时也使听众在同一时间里可以选择收听不同内容的广播。作为办系列台的重要一步，广东电台首先把

---

① 张斌.“自己走路”三部曲：从中央台看中国广播改革创新的历史沿革[J].现代传播，2007（4）：55.
② 14个经济台的正式开播时间：珠江台是1986年，上海台是1987年，天津、长江、楚天、郑州、重庆、沈阳6个台是1989年，北京、河南、浙江、辽宁、南京五个台是1990年，四川重庆台是1991年。其中，珠江（广东）、浙江、上海、天津、北京、辽宁、河南、楚天（湖北）、四川九个台是省一级经济广播电台，重庆、长江（武汉）、南京、沈阳、郑州五个台是市级经济广播电台。资料来源：何光.拓宽广播改革的思路：在《全国经济广播电台研讨会》上的总结发言（摘要）[J].中国广播电视学刊，1991（5）：4.
③ 宋银章.蓬勃发展中的天津广播电视：适应市场经济发展 走一市多台的广播改革之路[J].中国广播电视学刊，1993（8）：94.

广东二台改办为珠江经济广播电台。在广东电台的启示下，天津电台从1987年3月起对广播节目进行宏观的、整体的改革，按照系列布局的原则，将四套中波、一套调频节目分别设置为五个分台。五年多来，又经过四次较大的节目调整和管理体制改革，到1993年共设有新闻、经济、文艺、教育四个中波台和音乐、文艺两个调频台。① 上海于1987年6月推出了一局五台三中心的新体制，初步实现了系列台的构想，到1993年上海人民广播电台先后成立了新闻综合台、文艺台、音乐台、市场经济台、交通信息台、外语教学台、英语台、浦江之声八个系列台。②

其他具备条件的少数省、市纷起效仿，开始酝酿开办系列台。相比广东、天津、上海，北京电台的系列台筹建工作起步较晚，但行动迅速，1990年开办了经济台，随后从1993年起相继创办了新闻台、音乐台、儿童台、交通台，1994年又开办了文艺台、教育台，"用不到两年的时间一口气"完成了系列台布局，形成七套播出频率七个专业台的播出格局。广东电台虽设想较早，但布局形成略晚，到1995年初步建成含珠江经济台、音乐台、卫星台、文艺台四个台以及羊城交通台、教育台和股市台在内的系列广播格局。

"我们的广播要为市场经济体制的建立和发展服务，要满足新形势下不同职业、不同层次听众的多种多样的需求，就不仅需要不断调整或增办一些节目、栏目，也需要开发利用广播的多种社会功能，增办一些专业性或专向性服务的台"③，建立专业化的系列台，表面看只是宣传改革，但实际上它为传统的社会主义计划经济体制的广播向着社会主义经济体制的广播转变奠定了基础。④ 频率资源是电台的宝贵财富，"作为电台的最大优势、最大财富、最大的开发恐怕莫过于频率的开发"，此时我国的广播电台大都是大而全或小而全的办台结构，系统内部重复劳动现象严重，面对广播发展的低谷，必须加强对自身资源的开发和利用。系列台的创建使得广播播出面貌焕然一新，广播节目越来越丰富，形式越来越生动，在多地引发热烈的社会反响。新华社刊发报道称"似乎一夜之间，北京平添了许多广播迷，京城广播火了起来"，新闻出版报发表了《京城广播东山再起》的长篇报道，指出"1993年，京城广播迎来了一个明媚的春天"。一时间，经济广播、新闻广播、音乐广播的节目成了首都新闻媒体和热心听众热议的话题。1994年的社会调查说明，在首都北京，天天收听广播的人达到了83%，1993年国内外有70多家新闻媒体报道了北京台，这在历史上是没有过的。⑤ 北京电台的社会效应是当时各地电台改革引发强烈反响的一个缩影，在很多地方，广播复苏的迹象显现，受到民众的欢迎。广播播出时段资源得到丰富，

---

① 宋银章.蓬勃发展中的天津广播电视：适应市场经济发展 走一市多台的广播改革之路[J].中国广播电视学刊，1993（8）：93.
② 除了上海人民广播电台的改革，在浦东开发开放形势的影响下，上海市第二家省级电台：上海东方广播电台于1992年10月成立，形成了与上海人民广播电台的同城竞争，被称为"东方旋风"现象.
③ 宋银章.蓬勃发展中的天津广播电视：适应市场经济发展 走一市多台的广播改革之路[J].中国广播电视学刊，1993（8）：96.
④ 吕浩才.在加快"两个转变"中谋求发展[J].中国广播电视学刊，1996（12）：69.
⑤ 吕浩才.关于广播改革的几点思考[J].中国广播电视学刊，1994（10）：39.

日播音时间实现翻倍增长，很多广播频率实现了 24 小时播音，更多的节目由录播改为直播，热线电话广泛应用到节目中，广播节目从内容编排到传播形式都发生了显著的变化。广播体制的初步转换，广播频率资源的初步优化，广播规模的初步形成，为电台实现经济增长方式的转变和创造规模效益创造了条件。[①]

第二节　广播广告经营机制改革：分频经营模式的确立

强化频率的地位和作用，按广播频率分工，建立系列台仅仅是广播全方位改革迈出的第一步。系列台的不断完善和发展是与管理体制的改革紧密相连的，系列设置的各分台要赢得听众、走向市场，必须有一个相对独立的发展机制和经营实体。各地创设系列台后相继启动对人事、财务、管理等方面的改革，探索全新的运行机制、用人机制、竞争机制、激励机制和约束机制。很多电台在建立专业化系列台体制的同时，稳步推进管理体制的改革和创收机制的改进。

一、经营机制改革：下放经营自主权

在系列台出现以前，电台实行的是"大一统"式的广告经营模式，即由专门的广告部统筹经营全台的广告资源。随着形势发展，一个个系列台成立，如何发挥这些节目内容相对独立的部门的能动性，促进创收水平提升，成为摆在电台面前的难题。"统一经营"和"分频经营"的意见之争在多家电台内部出现。在较早创建多个系列台的上海电台和天津电台，实行了内部的分散经营。如上海电台设立新闻、文艺、经济三个编辑室，在各台内部实行经济承包责任制，天津电台创设新闻台、经济台、文艺台三个系列台后实行三台广告部同时承担创收的方法。1992年起，北京电台在借鉴兄弟电台经验和教训的基础上，经过周密考虑，进行经营体制改革：改变由广告部统一经营的体制，赋予刚刚成立的系列台以独立运营权，实行"统一管理、分别经营"的政策。1995年，广东电台确立了"统一管理、分级经营"的模式，把经营任务分解到各个系列台，形成二级广告经营结构，除总台层面的经营部门以外，各个系列台也建立了自己的广告经营队伍。有的电台虽然尚未实现完全的专业化改革，但也效仿先进经验，在内部推行目标责任制。1994年，山东电台出台《目标责任制实施方案》，要求各部室分别签订宣传和创收目标责任书，把创收工作落到实

---

① 吕浩才.在加快"两个转变"中谋求发展[J].中国广播电视学刊，1996（12）：69.

处，各部门可以自己联系广告，也可以承接广告部介绍的广告，完成上交任务后的剩余收入归部门所有。

这种以频率基层单位为经营主体的机制极大地解放了个体生产力，给广播经营带来极大活力，广告收入急速攀升。改革推行后的第二年，北京电台全年广告创收同比翻番，此后保持快速增长，到1997年全台广告创收达到1.1亿元，成为全国第一个广告收入过亿的电台。同样的情况出现在广东，1995年广东电台的广告创收比1994年翻了一番多，达到3 760万元，1996年再翻一番，达到6 360万元，1998年突破亿元界点，达到1.022亿元，[①]成为第二家广告创收过亿的电台。

分频经营的重要意义还在于使节目与广告之间的联系得到强化。在此之前，由于实行广告部"统一"经营，"做节目的不去考虑广告经营，负责广告经营的也不能干涉节目制作"[②]。广告经营与节目制播两张皮，现实当中产生矛盾，负责广告的人提议为了广告经营设置某个节目，节目可以不理会，广告经营状况如何与负责节目的人也没有什么直接、必然的联系，由此带来广告经营缺乏内在动力。系列台建立后，拥有相对独立的节目管理权和经营自主权，由于各自都担负着实现社会效益和经济效益的双重任务，因此他们力求节目内容更加贴近生活，经营方面转变了"等、靠、要"观念，主动出击，比如在节目中穿插硬、软广告以及点歌等经营性节目，受到企事业单位的青睐。[③]

二、分频经营后的不同选择：自营与广告代理制的出现

以建立系列台为龙头的全方位改革不仅使广播的宣传优势得到了发挥，而且推动了电台内部管理体制和运行机制的转换。在以频率为单位开展广告经营的过程中，广播电台的经营方式出现分化，自营和代理两种经营模式先后涌现，难分伯仲。

（一）广告自营机制的确立和发展

在获得经营自主权后，相当一部分广播频率按照既往经验，通过建立业务员队伍的方式开展广告经营。以北京电台为例，以音乐广播为首的多个专业广播在内部设立公关部，通过社会招聘、内部分流等方式组建广告销售队伍，承揽广告。1993年音乐广播成立当年就实现了经营收入600万元人民币，为了激励业务员，音乐广播内部制定了"多劳多得"的创收激励政策，在"强烈的利益刺激"下好的业务员一年能承揽400万广告。在上海，一名叫宋洪仁的员工1996年个人完成了1 001万的广告创收，成为广播广告全国创收的第一人，当时领导奖励了他价值40万元的一套房子。[④]随着广播频率及广告自营机制的确立，

---

① 丁俊杰，黄升民.中国广播产业报告：产业发展与经营管理创新[M].北京：中国传媒大学出版社，2005：213.
② 汪良.竞争与博弈[M].北京：新华出版社，2007：41.
③ 赵多佳，许秀玲.内容 受众 传播：广播专业化概论[M].北京：中国国际广播出版社，2008：19.
④ 金亚.忆往昔 峥嵘岁月稠：改革开放后的上海广播广告[J].中国广播，2012：75.

从事广播广告经营的人员数量不断增加。以广东电台为例，1994年前全台广告经营人员不到30人，1994年之后为了加强广告经营，陆续抽调一大批有经营才能的人才充实到广告经营队伍，到1996年各系列台建立专门的经营队伍，全台各级经营人员发展到近百人。从全国来看，1990年全国广播广告从业人员有2 630人，到1998年达到7 526人。

表3.1：1990~1998年我国广播广告从业人员情况①

年份	广播广告从业人员（人）	同比增加（人）
1990	2 630	——
1991	4 318	1 688
1992	5 033	715
1993	5 480	447
1994	7 236	1 756
1995	6 771	-465
1996	7 664	893
1997	9 979	2 315
1998	7 526	-2453

（二）广告代理制在广播界生根发芽

早在1992年，广播界就已经考虑实行广告代理制的可行性，很多电台也想借鉴电视、报纸等其他媒体的先进经验，但又怕广告经营权因此丧失，因此通过自己成立广告代理公司来进行试验，如南京电台于1992年5月成立雷迪欧广告公司实行代理制，但因为内部利益分割问题，这种近亲繁殖式的广告代理制难以实施。到1994年，广告代理制才正式在广播界生根发芽。

1993年12月，北京交通广播开播，自建台之初就决定采取代理制来开展广告经营业务。1994~1996年，交通广播采取独家代理的方式，将广告经营权委托给一家广告公司。两年后，鉴于经营中碰到的问题，放弃独家代理的模式，推出多家联合代理政策，并对广告代理公司提出了目标任务和奖励政策。自1994年实行广告代理制开始，五年时间里交通广播广告收入从318万元增至1 833万元，年均增幅60%，效益增加显著，但与同期电台内部其他频率相比，尚未体现出整体优势。1998年，北京音乐广播广告创收4 500万元，是北京交通广播的三倍（见图3.1），创造了全国广播单频创收的最高值。

音乐广播在20世纪90年代的辉煌得益于多种因素的推动。北京音乐广播在始创初期就是个性明确的专业台，其节目设置、节目内容都与其专业台的定位一致，并且每年都根据市场的发展和收听率的变化，不断地调整节目设置和经营策略。音乐广播一心在音乐

---

① 根据现代广告杂志社所编《中国广告业二十年统计资料汇编》数据整理。

领域耕耘，而围绕音乐广播的公关活动则有力提升着品牌形象。北京音乐广播用十年打造《中国歌曲排行榜》，使之成为中国原创歌曲的名牌栏目，推出并举办的"北京国际音乐节"在国际乐坛产生了较大影响。有了节目和品牌的基础，他们实施推出灵活的广告经营策略，最终实现了社会效益和经济效益的双丰收。

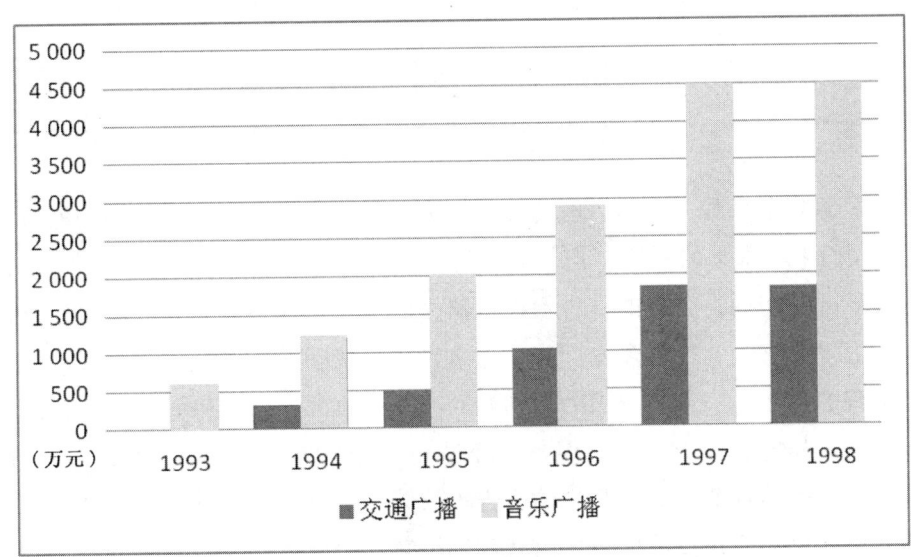

图3.1：1993~1998年北京音乐广播与交通广播广告收入增长情况①

三、客户来源、广告价格及经营规模

这一时期，我国国民经济消费继续呈现结构性的变化，直接反映到广告投入上。自1990年起，我国广播广告总投入呈现逐年增加的趋势（见表3.2），生活资料广告在广告总投入中的占比最高，年平均维持在62%以上，自1995年起在70%上下浮动。生产资料广告投入占比不断下滑，自1996年起降至10%以下。其他投入占比逐渐超过生产资料投入占比，达到30%左右，成为广播广告投入的重要来源。

表3.2：1990~1998年我国广播媒体广告投入情况②

年份	广告总投入（万元）	生产资料占比(%)	生活资料占比(%)	其他占比(%)
1990	8 641.6	19.20	66.78	14.02
1991	14 049.2	30.84	50.97	18.19
1992	19 920.4	34.43	44.74	20.83
1993	34 944.3	32.96	45.49	21.56

① 根据各类公开出版物数据整理。
② 范鲁彬.中国广告30年全数据[M].北京：中国市场出版社，2009：78-79.

续表

年份	广告总投入（万元）	生产资料占比(%)	生活资料占比(%)	其他占比(%)
1994	49 569	15.28	67.59	32.41
1995	73 769	14.32	71.94	28.06
1996	87 267	7.97	71.03	28.97
1997	97 406	10.82	70.13	29.87
1998	133 036	9.87	69.01	30.99

从具体客源分布来看，食品、医药和家用电器是广播广告投放比较集中的行业（见表3.3）。随着人们生活水平的提高，化妆品广告也不断增多，1995年起医疗服务广告投放逐年增加。改革开放初期，客户的广告投放策略大多还停留在感性认识阶段，对于是否应该在某个媒体上投放广告、投放多少广告、怎么投放这些问题大多凭借主观经验。各地音乐广播最初出现的几年，广告客户因为看到调频广播优质的声音效果和音乐节目的雅俗共赏性，热衷于在音乐电台投放广告。但是，经过几年的发展，特别是20世纪90年代中期以后，随着广播频率的日渐增多，客户的广告投放策略开始趋于理性，不断加强对媒介广告效果的研究。客户往往在投放广告之前就详细了解某个媒体的收听率、欣赏指数和受众构成等诸多情况，用量化的数据使自己的广告投放更加科学化。①

表3.3：1994~1997年广播媒体广告投入情况（单位：万元）②

类别 \ 年度	1994	1995	1996	1997	1998
食品	7 697	11 630	10 877	12 824	15 564
医药	6 030	9 020	11 455	11 858	14 692
化妆品	5 050	6 240	6 105	9 566	12 361
家用电器	5 630	7 746	15 348	12 608	16 065
医疗器械	1 525	5 019	4 908	3 667	5 641
医疗服务	——	2 855	6 342	7 249	14 356
生产资料	7 573	10 561	6 953	10 542	13 130

从广告形式来看，随着个体经营能量的释放，广播频率在开展广告经营的过程中不断调整广告产品和价格。这一时期的广播广告已经细分出"常规广告"和"特殊广告"两种类型。"常规广告"以15秒和30秒广告为常见形式，全天按时间先后划分为A、B、C、

---

① 丁俊杰，邵军.寻找广播榜样：北京音乐广播十年历程的理论关注[M].北京：北京广播学院出版社，2003：91.
② 范鲁彬.中国广告30年全数据[M].北京：中国市场出版社，2009：78-79.

D、E、F等若干时段版块，不同的版块不同价格。以1996年北京交通广播的广告价格表为例，A段常规广告包括9:10、9:30、10:00、10:30四个点位，30秒广告价位为1 200元一次，15秒广告价位为700元一次。F段常规广告含18:55、19:30、20:10、20:30四个点位，30秒广告价位为500元一次，15秒广告价位为300元一次。"特殊广告"分为挂牌广告、报时广告、台标广告、企业直播、现场直播、有奖竞猜、合办栏目等，价格通常按月计算。

第三节　20世纪90年代的第三产业兴办热潮

改革开放犹如一股浩荡的东风，催开广播电视的"产业之花"[①]。1992年国家把广播电视列入需要加快发展的"第三产业"行列。随着国家对媒介政策的调整，广播电影电视部对下属广播电视媒介提出了"事业单位、企业化管理"和"社会效益和经济效益并重"的指导政策。各媒介在国家政策允许的范围内，积极开展各种经营活动。20世纪90年代初，各地电台纷纷加入开办第三产业的热潮，开办了各种各样的公司。

一、信息经营的进一步发展

在广播经营历史上，曾经出现过少有的几次其他收入大于广告收入的情况，这些收入大都是合办栏目收入。20世纪90年代之前电台的主要的创收来源是广告，90年代以后很多电台确立了"两条腿走路"的创收思路，广播广告创收作为主渠道不变，同时发挥电台编辑记者人多路子广、与社会关系密切的优势，做好合作和合办节目，尽可能争取社会对广播的投入。[②]天津电台采取三台广告部和三个编辑部均搞创收的办法，三个编辑部均有创收节目，[③]使创收数额有了较大幅度提高。湖北电台开办《市场短波》节目，除了采用多种体裁发布信息外，还与康佳集团、海尔集团、中国银行等单位举办知识问答、有奖收听活动及征文活动。这些活动最少时有六个省份的听众参与，最多时有13个省、市、自治区的听众答卷。山东电台曾于1994年实行创收目标责任制，与各部室签订宣传和创收目标责任书，除广告以外，各部门可以直接办理合办栏目。江苏电台曾与省级有关部门联合举

[①] 李向阳.抓住机遇，发挥优势，加速广播电视事业的产业化进程：在全省广播电视系统经营创收工作座谈会上的讲话[J].视听界，1993（S2）：10.
[②] 吕浩才.广播经营创收之我见[J].广播电视信息，1996（5）：9.
[③] 宋银章.搞好服务创收是进行广播宣传工作改革一个重要方面[J].中国广播电视学刊，1990（6）：54.

办"经济法律法规广播教学"节目，仅用很少一点人力，却获得了可观的经济效益。1988年起，北京电台的自主创收已经超过财政拨款，成为电台收入的经济来源，①而自主营收的主要构成就是合办栏目和广告收入两部分，其中合办栏目收入大于广告收入。由于内部政策刺激，北京电台合办栏目收入从1992年的280多万元，猛增到800多万元，足足增长了三倍还多（见表3.4）。在合办栏目实验成功的基础上，部分电台坚定了改革经营体制的决心，改变统一经营的局面。

表3.4：1992~1993年北京电台收入分布情况②

年度	合办栏目收入（万元）	广告收入（万元）	总收入（万元）
1992	280	653	933
1993	878	650	1 528

到这一时期，广播信息经营的概念和范畴不断扩大，很多电台结合社会需求扩展信息服务，并从中实现盈利。在电台节目中，为股民提供股市行情和股市分析的服务节目不断涌现，城市交通中的路况信息被纳入节目版块，征婚交友、物品交换节目开始出现，讲卫生、保健、衣食住行各方面知识渗透到多种多样的版块节目中。南京交通电台以正点、半点交通信息为节目骨架，及时播报听众最关心的天气、股市行情、银行汇率、房地产行情、期货交易、招工招生、文化娱乐等信息，既有社会效益，又有经济效益。镇江经济电台开办《货比三家》节目，专门播报全市各类商品最低价，并创办《镇江产业信息报》，开办镇江房产交易信息咨询中心。③北京电台开设《空中鹊桥》栏目，通过与婚庆公司合作，并收取报名费等形式，在为听众提供贴身生活服务的同时获得经济收入。栏目自1990年8月开播到1993年底共播出征婚启事15 000多条，收转信件30多万封，有2 000多对大龄男女通过节目结成良缘。1993年，湖北电台依托广播创办了一个BP机传呼台，以向公众提供新闻快讯、气象消息、车船航空时刻、股市行情、商品信息、电视电影节目预告等日常信息传呼为主要业务，两年的时间用户达10 000多家，年创收200万元，不仅收回投资，还形成约300万元的固定资产。④

在新的历史时期，广播信息服务大大超出为生活服务的范畴，涉及社会生活的诸多方面，信息经营也突破节目时段的概念，延伸到创办企业实体这样的线下形式。"社会信息需求增加，进而形成巨大的信息市场，这种向信息属性的发展促使传媒本质的回归……导

---

① 1988年北京电台的财政拨款为289万元，经营创收达327万元。资料来源：北京人民广播电台编.北京人民广播电台志1949-1993[Z].内部印刷，1999（7）：177.
② 相关数据根据汪良所著《竞争与博弈》（2007年）及北京人民广播电台所编《岁月如歌：纪念北京人民广播电台建台60周年》（2009年）整理.
③ 李向阳.抓住机遇，发挥优势，加速广播电视事业的产业化进程：在全省广播电视系统经营创收工作座谈会上的讲话[J].视听界，1993（S2）：7.
④ 张发龙.拓展广播功能，兴办信息产业：访湖北人民广播电台"中广新闻传呼台台长康壮志"[J].中国广播电视学刊，1995（7）：6.

致对大众媒介功能的重新定位……中国传媒已逐渐成为相对独立的信息传播机构,而不再仅仅是依附于政治权力的'工具'和'喉舌'。"① 信息经营日益成为创收的热点,有希望发展成为与广告宣传并驾齐驱的创收手段。②

二、三产公司的创办

1992年初,邓小平南方讲话强调"发展是硬道理",明确肯定改革开放以来的方针政策,号召人们进一步解放思想,"胆子再大一点""步子再快一些"。当年底,党的十四大确立了建立社会主义市场经济体制和加速发展经济的大政方针,从而掀起中国经济发展的第二次浪潮,③ 各行各业都在探索新形势下的发展新途径,广播也不例外。各地电台积极行动,开办了各种各样的以"中心""公司"等形态出现的第三产业实体(见表3.5)。

20世纪80年代末,人们对于英语学习的需求越来越大,外语教学广播节目受到听众欢迎。在举办面授辅导班的基础上,北京电台于1989年开办外语学校,招收学员开展外语培训,平均每年入学学员约有2 500人次,到1993年底约有1 500多人获取结业证书,在取得显著社会效益的同时,为电台增加了收入。在开办外语学校的同时,北京电台还开辟了外语讲座教材和录音磁带的自办发行工作。1989年,北京电台还开办墨岚画馆,画馆以展示中国当代画家作品、举办画展为主业,到1993年底举办各类画展32次。

表3.5:20世纪八九十年代广播电台创办的公司列表

年份	公司名称	所属电台	公司定位
1989	外语学校	北京电台	外语教学与培训
1989	墨岚画馆	北京电台	画家作品展示,中外文化交流
1992	中广达广播发展总公司	中央电台	文化公司和经济贸易公司
1992	雷迪欧广告公司	南京电台	广告经营
1992	华美国际广告(有限)公司	北京电台与美国华美国际广告有限公司	广告经营
1992	镇江房产交易信息咨询中心	镇江经济台	房产交易服务
1993	广电广告公司	黑龙江电台	广告经营
1994	北京华夏之声广告公司	中央电台	广告代理

---

① 陈素白.转型期中国城市居民广告意识变迁研究[M].厦门:厦门大学出版社,2011:57-58.
② 李向阳.抓住机遇,发挥优势,加速广播电视事业的产业化进程[J].视听界,1993(S2):10.
③ 余虹,邓正强.中国当代广告史[M].长沙:湖南科学技术出版社,2009:引言第3页.

续表

年份	公司名称	所属电台	公司定位
1993	北京广播发展总公司	北京电台	经营广播电视器材、立体声副讯道的技术开发工作及广告设计制作、广播器材维修等
1993	播知音像书店	北京电台	发行教材、录音带、录像带等
1994	太阳文化传播公司	北京电台	经营高级音响器材、录音带和高级汽车音响安装等业务
1993	中广新闻传呼台	湖北电台	信息传呼

在江苏地区，"广播电视作为新兴产业的一些基本特征已经或正在显现出来"，"由广播电视部门或单位独资或合资办的物资公司、材料公司、贸易公司、公关服务公司乃至房地产公司、旅游服务中心等犹如雨后春笋，不断涌现……"①1992年5月，南京电台成立了技术服务中心，对外开展技术服务，如为兄弟电台购买国产设备并提供售后维修，面向社会开展家电维修业务。8月，南京特种印刷股份有限公司成立，这家公司是南京首批股份制企业之一，由南京电台与南京七里印刷厂各占50%股各投115万元成立，这家企业年产值可达2 000万元，②每年的经营利润十分可观。继此之后，南京电台又成立了雷迪欧房地产公司，还曾考虑成立雷迪欧节目制作中心。

在北京，1993年3月北京广播发展总公司正式开业，它隶属于北京电台，主营广播电视器材、开展经济信息咨询服务、进行调频立体声副讯道的技术开发工作及广告设计制作、广播器材维修等，注册资金150万元，当年上交电台收入50万元。1993年，各系列台成立后也相继开办自己的"三产公司"，如北京音乐广播依托自身优势，开办太阳文化传播公司，经营高级音响器材、录音带和高级汽车音响安装等业务，当年开办，当年受益；教育广播创办北京播知音像书店，于1993年5月8日正式开业，全面发行北京、中央广播电视播出的各种教学讲座教材、录音带、录像带，同时代售其他教材和工具书等，年利润在十万元以上，1993年北京交通台成立后，开办了一所汽车驾驶学校，但由于经营不善，不久即卖出。③

国际电台的多元化经营在1995年就已经起步，从成立图书出版社到成立书局、文化艺术中心和翻译联络部，多元经营势头一度很好。由国际电台主办的《世界信息报》于1992年7月9日在北京正式创刊，曾在市场上产生巨大反响，带来了可观收益。

20世纪90年代初，各地电台纷纷成立一批广告公司，比如南京电台拨出五万元启动

---

① 李向阳.抓住机遇，发挥优势，加速广播电视事业的产业化进程：在全省广播电视系统经营创收工作座谈会上的讲话[J].视听界，1993（S2）：6-7.
② 蔡革文.发展中的南京电台经济实体[J].视听界，1992（2）：15.
③ 吕浩才.广播经营创收之我见[J].广播电视信息，1996（5）：9.

资金，动员九名编制内人员组建雷迪欧广告公司，不局限于代理本台的广告业务，还涉足户外广告、电视广告等各种媒体的广告业务。1992年6月，北京电台与美国华美国际广告（有限）公司合资创办"中国华美国际广告（有限）公司"。1992年12月，中央电台出资成立了中广达广播发展总公司开展经营活动。黑龙江电台于1993年成立广电广告公司，从事广告经营业务。

1992年8月，上海东方明珠股份有限公司成立，向社会公开发行股份融资。它的大股东之一就是上海人民广播电台。其经营范围包括广播电视传播服务、电视设施租赁、五金交电、日用百货、服装鞋帽、针纺织品、工艺美术品、金属材料、文体办公用品、建筑装潢材料、家具、实业投资等。①

以广播事业为核心，实行多种经营的产业集团雏形出现。在广东，1991年建台的广州电台成立时正值媒介经营改革热潮，广州电台经营意识一步到位，一开始就主动面向社会，积极开拓市场。它确定了"宣传经营型"的方针，并于1995年提出"以广播为龙头的立体传媒，多种经营的产业集团"的发展目标，这是广播媒体第一次提出"产业集团"概念。利用广播经营的优势，广州电台创建了发展中心、艺术中心、广播新技术公司、广播公司、电视制作公司等若干企业，积极开拓外围经营阵地，并在1996年委托院校进行经营战略的系统研究。

三、"产业化"概念的提出和发展

除了开展形式多样的经营实践以外，这一时期广播业界围绕广播经营开展了热烈讨论和深入思考，一边实践一边进行思辨，不断明确广播开展经营创收的政策依据和发展方向，为下一阶段广播经营的飞速发展奠定了思想和经验上的准备。主要体现在四个方面：一是对广播媒体属性的探讨，二是肯定经营创收的重要意义，三是提出了"产业化"的概念，四是业界实践和思考得到学界的理论回应，"媒介产业化"理论由此诞生。

1990年，天津广播电视局的孟小林撰文指出，"广播电视的功能不仅仅是作为党、政府和人民的喉舌，而且成为社会主义商品经济中一种新兴生产力，推动着商品经济的发展"，他认为"广播电视系统开展经营创收工作，是社会主义商品经济发展的必然结果，也是广播电视改革的重要成果之一""如何解决事业要发展而经费又不足的矛盾？除了积极争取增加财政拨款外，还应开辟财源、开展经营创收活动，增加预算外收入"②。天津电台台长宋银章对有偿服务节目的意义做了阐述，他认为"加强经济宣传、开办有偿服务节目是广播宣传工作改革的一项重要内容"③。1993年，江苏省广播电视系统举办了一场经营

---

① 付三军.1978—2008年中国广播传媒经营管理演变探究[D].华中科技大学硕士论文，2008（6）：50.
② 孟小林.经营创收工作是广播电视系统的一项重要改革[J].中国广播电视学刊，1990（12）：49-52.
③ 宋银章.搞好服务创收是进行广播宣传工作改革的一个重要方面[J].中国广播电视学刊，1990（12）.

创收工作座谈会，会上详细讨论了广播电视作为第三产业的经济属性，达成了"发展广播电视事业，不能只靠国家，也要靠自己"的共识，有人提出"以前把经营创收看作副业，现在应列入主业之中"。在这次会议上，时任江苏广播电视厅副厅长的李向阳提出了"加速广播电视事业的产业化"说法，他认为"广播电视作为新兴产业的一些基本特征已经或正在显现出来""走产业化、社会化的道路，才能适应当今广播电视系统改革与发展的基本潮流"。1994年，北京电台台长吕浩才在《关于广播改革的几点思考》中提出，"就广播的产业属性来说，要注意按市场经济规律办事，增强产业意识和竞争意识"，他预言"广播的产业化趋势将会越来越明显……事业单位的广播电台将加快向企业化管理过渡"，此后他又单独撰文阐述广播经营创收问题，发表"广播经营创收，是整体的一部分，是改革的重要一环……应因地、因台制宜……努力把创收搞上去"的观点。

北京广播学院广告学系的研究团队在1996年对广州电台的经营研究中提出了"媒介产业化"的概念，即"媒介产业化"是指从事单纯的文化、精神生产事业的媒介单位沿着经营合理性的轨迹向企业状态过渡的一种现象。该理论的提出是对包括广播在内的媒介经营行为的归纳，标志着广播产业属性得到广泛认可。"媒介产业化"的提出适应我国传媒业的改革趋势，正是它的提出为中国传媒业在面对新一轮的技术革命和外资注入时的进一步改革提供了坚实的理论基础。

本章小结："系列台"初创期的经营实践思考及阶段特征

同20世纪60年代的美国广播一样，我国广播在激烈的媒介竞争中意识到"分众"的重要性，以内容资源分野为依据将频率进行了划分。系列台的面世是广播媒体走向"分众传播"的标志，从原来没有明确的受众指向，内容上什么都有、什么都做，到集中于某一领域，每个专业台确立各自的专业定位，各具特色。系列台初创时期，节目的主要特色是突出服务性。以经济报道为例，"占有经济报道或者节目相当比重的信息类内容以其独特的服务功能为广大受众所接受。这些报道的服务功能集中体现在为企业开展经营、了解市场动态、方便百姓的衣食住行上""一些有针对性的市场分析、新闻述评、企业经营的诀窍，帮助百姓解决生活难点的消费热线、生活热线等"都将广播节目的服务性体现出来。① 这一时期的系列台布局中，各地电台大都采取了保留一个综合台，然后发展多个专业台的方法，如新闻台是"从事新闻宣传的综合台"，教育台是"从事教育宣传的专业台"，

---

① 赵多佳，许秀玲. 内容、受众、传播：广播专业化概论[M]. 北京：中国国际广播出版社，2008：31.

交通台是"专门从事交通宣传的专业台"等，一方面保证主要的宣传功能，另一方面构建多层次、多功能的系列电台。从对珠江经济电台的简单模仿到构建多层次、多功能的系列电台，广播系列台的创建满足了不同类型的听众多方面的需要，同时也使听众在同一时间里可以选择收听不同内容的广播。

广播专业化改革的推进为广播媒体经营创造了良好的条件。国家工商行政管理总局统计数据显示，1989年我国广播广告营业额为7 500万元，到1998年广播广告营业额达到13.3亿元。短短十年间，广播广告经历了破亿、破十亿的增长，年均增长率为36.8%，其中1993年广播广告营业额的增长率高达75.42%（见表3.6）。以广播事业为核心实行多种经营的产业化思路浮出水面，"立足本行，开拓市场""办企业，搞实业，抓好三产促事业""围绕事业办实业，办好实业促事业"等理念被很多电台接受。"产业集团"雏形初现，如上海广播电视发展总公司已涉足国际经营，北京广播发展总公司逐步发展成为拥有七个分公司、固定资产和实有资金超过1 500万元的企业，南京市电台雷迪欧经济发展总公司的业务涉及广告、特种印刷、房地产、技术开发、信息经营等方面。

表3.6：1989~1998我国广播广告营业额及增长率

年度	营业额（亿元）	增长率（%）
1989	0.75	16.86
1990	0.86	15.84
1991	1.4	62.58
1992	1.99	41.79
1993	3.49	75.42
1994	4.96	41.85
1995	7.38	48.82
1996	8.73	18.3
1997	10.58	21.21
1998	13.3	25.77

广播电视系统内的财政状况出现了"具有战略意义的历史性转折"，经营创收开始超过财政拨款，成为电台收入的重要来源。1992年南京电台的经营收入是财政拨款的四倍，被列为江苏省观点系统创收典型。1994年北京电台创收毛收入达到2 800万元，是1990年的七倍。电台依靠自身实力的增长，不断更新技术设备，提高发射功率，到20世纪90年代中期，我国广播的技术装备与发达国家广播业的差距不断缩小。电台从一个行政事业单位成功地向市场经营单位过渡，"逐步把电台由单纯的宣传事业型变为事业经营型""把电台逐步纳入事业单位企业化管理的轨道"这样的提法不断被强调。

"在经济领域由双轨并行向单轨运行过渡的同时，广播电视的转轨变型也在悄然进行，呈现出产业化、社会化的趋势。""从政府的'怀抱'扑向'市场'的海洋",是对这一时期广播经营主线的生动描绘。1989年以来,顺应广播传播架构的改变,广播媒体在经营上有如下进展:第一,广告经营进入新的阶段,创立了新的经营机制和经营方式;第二,"以节目养节目"的方式在全国范围内展开,合办栏目成为多地电台创收的重要方式;第三,信息经营突破时段资源开发的局限,进入创建企业实体的阶段,印证了上一时期业界对有偿信息服务前景的预言;第四,依托电台主业创办的"三产"企业是电台投身市场经济的初步尝试,为下一步经营积累了宝贵经验;第五,广播系统内部对经营创收的认识达到新的层次,意识到"搞好经营创收是社会主义广播电视的基本职能,是题中应有之义","只有搞好经营创收,才是广播电视系统从根本上实现自我生存、自我武装、自我发展的必由之路"。在电台内部,产业意识逐步形成,宣传、事业、经营创收一起抓的观念得到普遍的认同;第六,从单个电台来看,北京电台由于社会形势等多种因素,系列台布局启动较晚,但充分吸取了广东、天津、上海等地的经验和不足,进行了充分论证研讨,所以系列台布局推进迅速,且"权力下放"最彻底,在其他台成立编辑部或编辑室辖管系列台时,北京电台设立"台中台"制度,用"台长"取代"编辑部主任",使其从负责单一宣传任务变为宣传、经营、管理多手抓,极大地解放了生产力,为此后其十几年的快速发展奠定了基础。

如果说上一阶段广播改革主要目的是服从于国家战略的转移,以服务经济建设宣传为主要目标,这一时期的广播媒体则在生存压力和政策导向等多重因素的推动下,一边探索履行宣传职责的路径,一边积极投身市场,走上了介入商品经济的道路,努力寻找社会效益和经济效益的结合点。"社会主义商品经济的观念、规律已渗透到广播领域",经济台、音乐台、文艺台等系列台的出现,使电台全面介入社会经济活动和人民大众生活。无论是广告的深入,联办、赞助节目等有偿信息服务的发展,还是第三产业实体的创建都是广播媒体适应、反映、服务商品经济的体现。

第四章
跃升：广告运营模式与多元化经营的纵向深入

经过20多年发展，世纪之交的中国经济由卖方市场转为买方市场，广播媒体赖以生存的市场环境和媒介环境都发生了显著的变化。随着市场经济不断深入，粗放的经营方式已经受不起市场的考验。在将专业化改革推向深入的前提下，广播媒体在经营机制和经营方式上进行了新的探索，广告代理制得到广泛应用，广播广告创收提速。多元化经营在纵向延伸和横向拓展上都取得了新的进展，广播节目市场萌生，频率品牌资源价值得以挖掘，而跨地域、跨媒体、跨行业的尝试让广播媒体进入更广泛的经营领域，事业和产业剥离的意识萌发，并出现吸纳社会资本的现象。鉴于广播媒体蓬勃发展的势头，2003年被广电管理部门确立为"广播发展年"，广播经营从整体上进入了新的层次，我国广播迎来了黄金发展期。

第一节 广播专业化改革的全面推进

世纪之交，广播媒体的生存环境发生进一步的变化。一方面，深化文化体制改革被提出，市场化、集团化成为广电发展的主题词；另一方面，广播媒体的专业化改革在地理范畴和改革深度上均有不同的拓展。面对作为第三产业的广播媒体如何走向市场经济这一课题，各地电台着眼于满足不同听众的多样化需求，推出不同定位的系列台，类型化电台开始涌现，目标听众被提出。在这一波专业化改革的潮流中，以交通广播为代表的广播频率快速崛起，成为广播业发展的一个标杆。

一、时代背景

20世纪90年代中期开始,世界媒介行业发生了一系列重大变化,全球化和市场化成为重要趋势,广播电视业呈现出集中化和规模化的特点。1999年初,美国排名前25位的广播电台控制了全国所有电台收入的19%。① 与此同时,中国媒介行业也在经历自身的变革,"国际化、集团化、数字化"成为世纪之交传媒行业发展的关键词。

中国经济经过20多年的成长,已经由物质经济转向文化经济,巨大的消费空间产生在文化消费、精神消费领域,文化需求在数量上的扩张和质量上的提升,成为推动文化改革最强大的社会驱动力。20世纪90年代末开始,中国传媒业的各项改革到了一个发展的瓶颈期,也进入一个战略转型期。②1998年3月,国家财政决定对包括广播电视在内的大多数事业单位实行三年"断奶"计划,③提出逐年减少拨款的1/3,三年后媒体完全实现自收自支,这意味着,广播电视事业将被全面推向市场。一方面,随着2001年中国正式加入WTO,外资广告集团开始在中国内地战略性布局,中国广告业进入整体调整阶段,市场结构开始变动;另一方面,互联网发展进入空前活跃期,打破了传统媒介一统天下的格局。数字化浪潮席卷全球,广电系统面临从模拟技术走向数字技术的转变。媒介竞争不断加剧,传媒业的集中化趋势开始显现。2000年11月,国家广电总局下发了《关于广播电影电视集团化发展试行工作的原则意见》,确定电子媒体在以新闻宣传为中心,以繁荣创作为重点的前提下,"可兼营其他相关产业,逐步发展成为多媒体、多渠道、多品种、多层次、多功能的综合性传媒集团",这是我国全方位深化媒介改革的一个重要文件。2000年12月,我国第一家省级广电集团——湖南广播影视集团正式挂牌运营,中国广电产业集团化的序幕就此拉开。到2004年,五年时间里共成立了20多家广电集团,广播电视行业的整合开始步入高潮阶段。"集团热"背后反映了媒介经营者对于重新配置自身资源和强化竞争优势的焦灼心态。2002年11月,中共十六大明确提出了"积极发展文化事业和文化产业"的战略决策,要求深化文化体制改革,我国的文化体制改革进入了一个新的历史阶段。

二、广播专业化改革的全面深入

系列台初创仅仅是在整体上完成专业化的布局,根据广播的不同社会功能,将各类节目按频率进行了分类,频率总体突出服务功能,但是无论是从频率定位还是节目设置来说

---

① 希利亚德,基思.美国广播电视史[M].秦珊,邱一江,译.北京:清华大学出版社,2012(7):304.
② 黄艳秋,杨栋杰.中国当代商业广告史[M].郑州:河南大学出版社,2006:137.
③ 1998年,第九届全国人民代表大会第一次会议通过国家机构改革的方案,确定了国家减少财政拨款的时间表,即从1998年起要逐年减少拨款的1/3,三年后媒体完全实现自收自支。此次会议决定,国家今后对包括广播电视在内的大多数事业单位,将逐步减少拨款,三年后这些单位要实现自收自支。资料来源:黄艳秋,杨栋杰.中国当代商业广告史[M].郑州:河南大学出版社,2006:141.

还没有完成细分。早期的"系列台"并不是严格的专业台概念,而是稍有侧重的专业台,它的变革,形式大于内容。①世纪之交,广播媒体的专业化改革在全国范围内不断向纵深推进,表现在"专业台"概念的强化,专业化改革在地理范围和改革深度上的双向拓展。

（一）既有系列台定位的调整和完善

率先完成系列台布局的电台不断针对各台运行中的问题进行调整。一是将频率间的差异化定位进一步区分,明确各自的目标定位,如1999年北京电台提出"红绿灯"原则,严格界定各专业广播的所属领地,2001年又提出"绿地理论",协调各专业台主打内容和协调内容的比例关系。二是根据社会发展的需要,适时调整频率定位,如江苏电台在原有新闻综合台、经济台、文艺台等系列台的基础上,开设健康频率和旅游频率,北京电台先后把儿童台合并到教育台,把教育台改型为首都生活台,撤销生活台,建立体育台,持续优化频率资源配置。1998年,开播已经八年的经济广播在竞争中渐渐失去优势,北京电台曾尝试以财经为核心内容,聚焦股市汇市以吸引中小业主和投资者,2003年根据"绿地理论",缩小财经内容,扩大综合节目比例,但收听率仍不理想。2005年3月,经济广播改为城市服务管理广播,改变了频率定位,激活了频率资源的价值。

（二）国家电台"破冰":"频率专业化、管理频率化"改革推出

一直以来,国家电台肩负着传递国家大政方针、引导舆论的重大责任,对节目采取谨慎改革的态度,此外由于覆盖全国,听众群大,危机感不强,距离天津、上海、北京等地省级电台进行系列台布局十几年后,作为国家电台代表的中央电台才开始"破冰",开启了专业化改革大幕。2002年起,中央电台实施"频率专业化、管理频率化"为核心的改革,完成了原有节目的重新定位,陆续推出了九套专业化频率,第一套是新闻综合频率,呼号"中国之声";第二套为经济信息频率,呼号"经济之声";第三套是以流行音乐为主的音乐频率,呼号"音乐之声";第四套是城市生活服务频率,呼号"都市之声";第五套是以新闻为主的对台湾广播频率,呼号"中华之声";第六套是以方言和文艺为主的对台湾广播频率,呼号"神州之声";第七套是用普通话和粤语对港澳和珠江三角洲地区广播频率,呼号"华夏之声";第八套为少数民族语言广播频率,呼号"民族之声"等,对节目进行重新定位的目的是使其服务对象更明确,节目更有针对性。紧随其后,国际电台也陆续推出了轻松调频、劲曲调频和环球资讯广播三套专业广播。2003年1月,全国广播影视工作会议将当年确立为"广播发展年",要求加快广播频率专业化、节目对象化步伐,省级以上电台要按照频率专业化的要求,推出具有特色的专业频率品牌,同时每个频率都要打造出两个以上叫得响的特色节目品牌,力争广播收听率有一个较大提高。"为促进这

---

① 丁俊杰,邵军.寻找广播榜样:北京音乐广播十年历程的理论关注[M].北京:北京广播学院出版社,2003:19.

项工作，要改革现有广播评优办法，不但要评优秀节目，还要评选优秀频率。"[1]此次会议前后，广播频率专业化改革在全国迅速铺开，广播频率布局和节目形态发生了比较大的变化，广播的贴近性进一步得到体现，收听率不断提高，影响力逐步扩大。

（三）类型化电台的出现

频率专业化进一步向纵深发展，还表现为类型化电台的出现。2002年，中央电台推出的音乐之声称得上是内地第一家类型化的格式化音乐电台，它以播放流行音乐为主，音乐和主持人语言有严格的比例限制，节目以两小时为一个段落。自此之后几年时间里，国内涌现出大连音乐台等20多个格式化音乐频率。格式化编排起源于受众需求，也借鉴了国外的成熟经验。格式化编排不仅出现在音乐类型台，同时出现在新闻频率当中。2005年开播的国际电台环球资讯广播属于全新闻广播定位，采用了格式化的编排方式，以一小时为单位，每小时又分为若干内容版块，全天即时滚动播出最新鲜的新闻资讯。国内其他一些打出全新闻广播旗号的电台也都根据自身情况对这种编排方式进行了借鉴，采取了半格式化的编排方法，如上海东广新闻台、杭州新闻广播和江苏全新闻调频等。

（四）"目标听众"的提出

市场细分理论是20世纪50年代由美国市场学家温德尔·斯米提出的，它是指根据购买者对产品或营销组合的不同需求，将市场划分成不同的顾客群体。市场细分理论对传媒的重要影响是使传播者开始关注被传播者，在关注受众需求的过程中对受众做出分类。当电台开始对内容生产进行专业化的分工后，受众细分理念也开始进入广播业的视野。

1999年，"目标听众"概念在广播专业化办台的过程中被提出，频率的目标市场定位越来越明确，如北京电台经济广播最初确立以炒股、炒股汇的人群为频率的目标听众，2000年又将目标听众更加明确定位在中小投资者。随着广播收听市场的竞争进一步加剧，受众细分由原来的以时段、栏目为单位转移到整频率布局，各频率根据目标听众的生活习惯、出行规律、口味偏好进行节目设置、编排和风格打造，如音乐广播明确以18岁到35岁为目标受众群，交通广播以司机和乘车人为目标听众，体育广播的目标听众是体育爱好者、体育迷、球迷。对受众市场、受众行为的追踪和研究被提到前所未有的高度，广播电台开始借助第三方市场调查公司的力量开展广泛深入的受众调查，从最初开展不定期的定性调查转向一年365天的实时监测，"收听率、市场占有率备受关注"，听众构成越来越受到重视。电台内部开始设立专门的节目研发和数据分析部门，通过定期分析为频率定位和节目编排提供服务。随着频率专业化的不断发展，部分电台开始借鉴企业经验，将广播节目视作产品，进行系统化的流程改造，改变过去"节目制作——节目播出"的简单生产

---

[1] 中广网.回顾2003广播发展年[EB/OL].（2004-01-07）[2016-12-01].http：//www.cnr.cn/tbtj/200401070358.html.

模式，将广播节目生产划分为"节目研发—节目生产—节目质量控制—广告销售—听众服务—市场监测和研发"的循环模式，节目的标准化生产链条不断廓清。

三、交通广播的崛起

这一时期，随着我国经济持续增长，道路建设加强，汽车保有量迅速增加并走进家庭，各地出现开办交通广播的热潮，并"由东部沿海地区向西部地区推进，由经济发达地区向欠发达地区扩张"[①]。据相关机构统计，1994年之前成立的交通广播频率占所有交通广播频率总数的27%，1995年至1998年间成立的占33%，1999年之后成立的占40%，规模最小的交通频率仅16人，最大的达116人，"同城火拼、同城竞争"成为全国交通频率的总体格局。2003年至2006年，交通广播的收入总额分别为6.6亿元、9.6亿元、12.1亿元、15.2亿元，2006年的收入总额比2003年增长了约120%。[②]"交通广播的重要意义不仅仅在于多了一个赚钱的专业频率，而且使中国广播从固定媒体转变为移动媒体，受众接收方式发生巨变，为广播发展打开全新思维空间。"[③]《一路畅通》是北京交通广播一档贯穿全天的主打栏目，它以交通信息为主，集生活、娱乐为一体，自2000年元旦开播以来，无论是早间版还是傍晚版在各项收听指标上都一直保持着较高水平，呈现逐年上涨的态势，早间版市场份额一度达到32.7%，晚间版达到了36.6%，良好的收听表现为其经营创收奠定了基础。

第二节 广告运营模式的渐进探索

随着广播专业化的深入，各地电台在广告经营机制上不断调适，寻求资源整合和经营的最佳方式。全国电台各自所处地域不同，发展阶段和面临的实际情况不同，在经营机制和方式的选择上出现了不同倾向，广播广告运营模式由此出现多样化延伸。

---

① 谭天，赵敏.中国广播亟待第三次升级转型：破解广播发展困局的思考[J].新闻记者，2012（10）：39.
② 赵多佳，许秀玲.内容 受众 传播：广播专业化概论[M].北京：中国国际广播出版社，2008：157.
③ 谭天，赵敏.中国广播亟待第三次升级转型：破解广播发展困局的思考[J].新闻记者，2012（10）：39.

一、广告经营机制的三种动向

由于实行频率专业化改革的时间有先后,不同电台处在不同的发展阶段,这一时期不同的电台采取了不同的经营机制。从趋势来看,主要有三种动向(见表4.1)。

一是从"分"到"合",即从分散经营走向统一经营,代表性电台是北京电台、天津电台。1999~2003年间,北京电台依然保持各频率独自经营的政策。到2003年,北京电台推行"分散经营、统一管理"的政策过去十年,最初的"权力下放"提高了系列广播的经营积极性,使得电台广告收入突飞猛进,到2002年底北京电台广告收入达到2.1亿元,成为全国广播行业创收标杆。然而随着形势发展,频率负责制的弊端逐渐显现,系列广播之间的矛盾和恶性竞争造成全局性效益损失,并在一定程度上损害了广播经营秩序。2004年,北京电台进行改革,将下放给各频率的广告经营权统一收回,整合全台资源,推行"集中操作、分别核算"的广告经营策略。在2004年的经营策略调整中,北京电台开创性地提出"搭售"措施,规定签订任何交通台常规段位广告合同须同时签订其余六台中任意一台或多台的常规广告或特别广告,充分挖掘核心资源价值,并发挥整合效力。2005年,天津电台也对运行多年的"各频率分散经营,总台统一管理"的广告经营模式进行改革,改变之前以频率为单位的经营模式,把广告集中起来,成立广告经营中心,统一经营,统一管理。

二是从"合"到"分",即从统一经营走向分散经营,大多数电台处于这种阶段,代表性的有上海电台、国际电台、广州电台等。2002年上海文广集团对广播频率进行专业化重组,广告经营权由原来两个电台的两个广告部下放到各个频率,①从此开始分散经营。2003年前后,随着专业频率不断推出,国际电台也开始采用分频率运营模式,广告部不再负责具体的广告经营。2004年黑龙江电台改变原有的"全员皆兵式"经营模式,在全台范围内实行"分频分行业代理机制",每个频率根据自身情况选择相应广告策略。同样的趋势也在市级电台呈现,广州电台自2002年开始酝酿新的改革,2003年正式将广告经营权从广告部下放到各套频率,改革后旗下各套频率收听率和广告创收均有明显提升,分频经营使局部功能得到最大限度发挥。

三是从"合"到"分",由"分"聚"合",从统一经营到分散经营,再由分散经营回到统一经营,代表性电台有江苏电台、中央电台。江苏电台于1999年进行经营机制改革,转变经营主体,推行频率负责制,与各频率总监、广告部主任签订目标责任书,2007年重新调整广告经营政策,取消此前的频率分散经营模式,实行全台广告的统一经营。中央电台的经营路径与江苏电台大致相仿,2002年以前中央电台以内部统一经营为特征,采取驻各地办事处(包括记者站和公司)为主、广告部自我经营为辅的销售体系,2002年之后改

---

① 2001年4月,上海文化广播影视集团成立,上海人民广播电台和上海东方广播电台作为两个平行的电台被纳入,上海文广集团取消了电台建制,直辖各套频率,十套广播频率分六个部门进行管理。

为分频率经营的模式，经济之声、音乐之声、都市之声成立后，将广告经营权外包，中国之声成立后选择自主经营与代理相结合。到2008年，中央电台重新调整经营机制，将中国之声、文艺之声、华夏之声、民族之声等频率的广告经营权统一收归，进行集中经营。

表4.1：1999～2008年部分电台广告经营机制

电台	经营机制
北京人民广播电台	2004年从分频经营到统一经营
广东人民广播电台	二级结构，统一经营与分频经营结合
上海人民广播电台	2002年从统一经营到分散经营
中央人民广播电台	2002年由统一经营到分频经营，2008年部分频率集中经营
中国国际广播电台	2003年起分频经营
江苏人民广播电台	2000年由统一经营到分频经营，2007年由分频经营到统一经营
浙江人民广播电台	分频经营
黑龙江人民广播电台	2004年从全员经营到分频经营
辽宁人民广播电台	分频经营
哈尔滨经济广播电台	全员经营
佛山人民广播电台	统一经营
深圳人民广播电台	统一经营与分频经营相结合，医疗广告统一经营
广州人民广播电台	2003年从统一经营到分频经营
沈阳人民广播电台	统一管理，分频经营
杭州人民广播电台	频率负责制，分频经营

二、广告经营方式的演绎深化

在北京电台的示范效应下，各地电台纷纷尝试引入广告代理制，但在具体应用中碰到各种困难和阻碍，因而进行了不断的策略调整。总体来看，这一阶段的广播媒体在具体经营方式上主要有三种类型。

第一，推行广告代理制，以北京电台为典型代表。1999年到2001年，在率先推行广告代理制的北京交通广播，代理制得到不断的改进和完善（见图4.1）。1999年底，鉴于客户的积极踊跃，北京交通广播对2000年的广告时间采取了公开招标的形式，将热点时间通过拍卖的形式销售，广播界的黄金时段招标由此诞生。2001年起，北京电台在全台范围全面推行广告代理制，音乐广播、新闻广播、经济广播等相继有了各自数量不等的广告代理公司，这些公司虽然大都是由原先的广告业务员成立的，但客观上为下一步改革做了必要的准备。2004年，北京电台在全台推行分行业代理制度，将广告客户划分出33个行业，由近40家公司竞标争取相应行业广告代理权。通过调整经营策略，聚合广告资源，2004

年北京电台实现广告收入3.8亿元，比上年增长1亿，同比增幅31%，再创全国广告创收新高。① 到2008年，北京电台广告收入达到6.2亿元（见表4.2）。

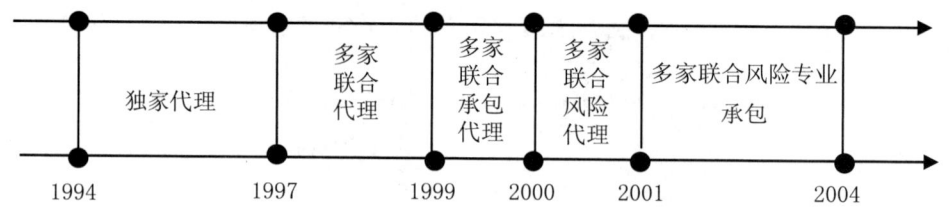

图4.1：北京交通广播经营方式的变化

表4.2：1999-2008年北京电台广告收入及增长率②

年度	广告收入（亿元）	增长率（%）
1999	——	——
2000	1.79	——
2001	1.85	3.4
2002	2.1	13.5
2003	2.8	33.3
2004	3.8	35.7
2005	4.6	21.1
2006	5.1	10.9
2007	5.6	9.8
2008	6.2	10.7
年均增长		35.7

第二，试水广告代理制后的自营选择，以浙江电台为代表。2005年，浙江电台开始在音乐和文艺两个频率进行广告行业代理制的试点，2006年交通频率也将广告客户分为13个行业，进行代理制试验。为了避免独家代理产生广告经营风险，浙江广电集团2007年曾下达政策，各频率广告必须由两家或两家以上的广告公司进行代理。然而由于市场不成熟，浙江电台各频率广告代理制推行不畅，很多频率的广告经营基本还是由内部完成，以交通频率为例，其90%以上的广告由内部人员完成。经过广告代理制的尝试，浙江电台最终回到各频率广告自营的状态。

第三，自营与广告代理制并存的混合制模式，大多数电台采用这种模式。以江苏电台为例，在效仿北京电台实施广告分行业代理的过程中，遇到各种各样的障碍，最终采取分行业代理与自营相结合的模式。到2007年，江苏电台50%的广告由广告中心自营，另一

---

① 汪良.广播改革三十年[M].北京：中国广播电视出版社，2013：200.
② 数据来源：根据各类公开出版物整理。

半由广告公司代理。其旗下某频率曾经延伸出六种广告投放模式：一是广告主直接投放，二是通过非行业代理公司投放，三是通过行业代理公司投放，四是节目制作人制，五是主持人拉广告，六是区域广告代理。

在代理制的具体划分方式上，不同电台也有不同的标准，如广东电台提出"内代理""外代理"，频率层面有的实行行业代理，有的实行额度代理，上海电台内部有的频率则区分出套播总代理、栏目总代理、项目总代理等，还有的提出额度代理、软广告代理、套播广告代理等，有的则直接全权代理。广东电台交通频率、中央电台都市之声、广州电台金曲频率则发展出二级代理制，有一家公司总代理，然后将广告任务承包给其他广告公司（见图4.2）。沈阳电台交通频率则采取品牌广告分行业代理，专题广告自营的机制。适应市场竞争的变化，2008年北京电台广告经营政策进行过一次较大调整，不再设立行业独家代理公司，而是对签约代理公司进行"项目保护"，由"行业代理制"转为"项目代理制"，加大广告代理公司之间的竞争，加大客户开发，广播广告代理制度再次延伸发展。

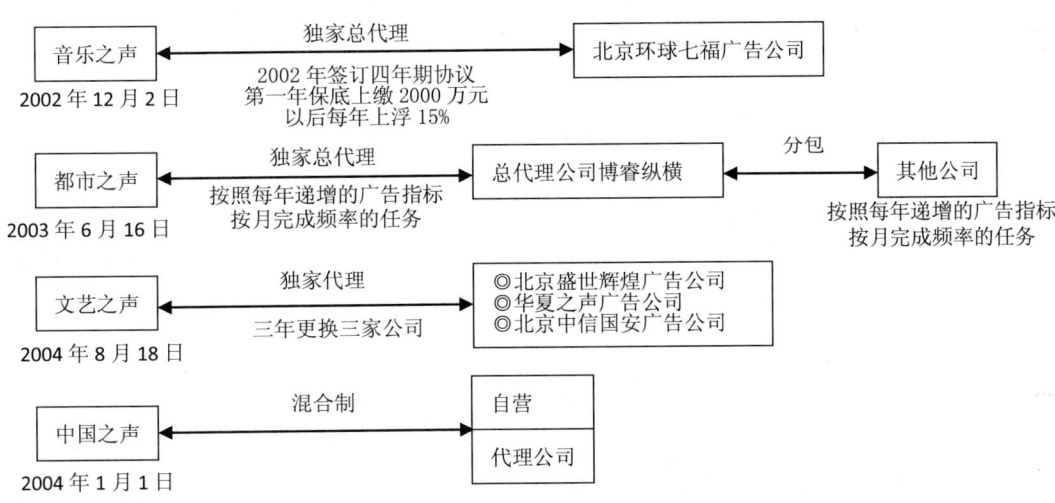

图4.2：2002~2008年中央电台主要频率的经营模式

总体来看，这一阶段的主要特征是广告代理制被中国广播界广泛应用，几乎所有电台都开始认识、接受并进行广告代理制的尝试。尽管有的电台最终回到自营策略，但其中也进行了代理制的试验。从单一依靠电台内部力量转向充分利用社会资源开发广告市场，广播广告经营的市场化程度不断提高（见表4.3）。从经营机制来看，分频经营经过一段阶段后必然走向全部或部分的集中，比如北京电台、江苏电台、中央电台，这一趋势在接下来的阶段继续得到印证。

表4.3：1999~2008年部分电台广告经营方式

电台	经营方式
北京人民广播电台	2001年推行代理，2004年全台分行业代理，2008年推出项目代理
广东人民广播电台	内代理、外代理、自营三种方式并存
上海人民广播电台	全盘代理、部分代理、自营多种形式并存
中央人民广播电台	多元模式并存：自营+多家代理、独家代理等
中国国际广播电台	独家代理
江苏人民广播电台	分行业代理遇到困难，后自营与分行业代理结合
浙江人民广播电台	代理制试水后的自营战略
黑龙江人民广播电台	2004年分频率分行业，交通台医疗广告自营
辽宁人民广播电台	因频制宜，行业代理、全频代理、自营等多种经营模式并存
哈尔滨经济广播电台	自营
佛山人民广播电台	内代理
深圳人民广播电台	多条腿走路，50%自营，25%本地公司代理，25%外地公司代理
广州人民广播电台	尝试分行业代理
沈阳人民广播电台	自营、行业代理、独家代理等并存，交通台专题广告自营
杭州人民广播电台	2003年以前自营，后代理、自营、自营+代理三种俱存

三、客户结构、广告产品及定价

经营机制决定经营方式，在这两者的前提下，客户结构、广告产品、广告价格、销售方式等发生不同的变动。

20世纪90年代末，我国正式进入过剩型经济阶段，买方市场来临，企业营销方式发生理性变化，品牌意识不断增强，广告需求开始"由量的需求向质的需求变化，市场对有效广告的需求越来越迫切"。企业在进行广播广告投放时，越来越多以量化的数据为主要的参考指标。广播因其价格优势赢得了部分行业广告主的青睐，商业及服务型行业、娱乐休闲、食品行业的广告在广播媒体的投放出现了较大增长。央视市场研究公司（CTR）的广告监测数据显示，2005年全国广播广告投放额居于前五位的行业分别是：商业及服务性行业、娱乐及休闲行业、邮电通信行业、食品行业、房地产/建筑工程行业，广告主以当地客户为主，[①]广播媒体的地域性传播特征突出。不同地域之间呈现出广告投放行业上的差异性，如上海广播广告投放较多的是食品、超市等快速消费品行业，而在北京地区投放额度最大的则是房地产、家居装修等行业。不同类型的广播频率吸纳的广告客户类型也不相同，如音乐频率以促销类产品居多，以快速消费品和电器品牌为主，交通频率的广告客户则多以金融、电信、交通行业为主。把握医疗广告的"度"成为这一时期整个广播

---

① 汪良.竞争与博弈[M].北京：新华出版社，2007：101-102.

行业的棘手问题。2000年前后，医疗广告在广播电台大量涌现，广告量占到了总体比例的20%~25%，有的电台甚至达到了40%~50%，为了防止对节目收听造成不良影响，各地电台纷纷采取措施，通过压缩时段、调整时间、采取提价等方式降低对医疗专题广告的依赖，有些交通频率直接取消了小专题和直播形式的医疗和保健品广告。各地交通广播迅速成长，成为电台广告收入的支柱频率。以江苏电台为例，2003年全台广告创收为8 160万元，其中交通频率占到1/4，由于广告客户较多，仅在2003年江苏交通频率就五次上调广告价格，其价格是江苏文艺频率的10倍，仍然吸引了4A公司的全国性广告客户。

这一时期，广播广告的产品类型增加了很多，从常规广告来看，虽然依旧按A-F六个段位来分，以15秒和30秒广告最为常见，但时间点位发生了变化，原来更多的是以整点和半点来简单划分，这一时期则增加了25秒、55秒等时点，广告开口增多，由原来的四个增加到五个、六个到十几个，套播广告的种类不断增加，由几种增加到十几种，而且出现了单一频率内套播和不同频率间套播的多种组合形式。常规广告价格呈现稳步上升的趋势，以30秒A段广告为例，由最初的700元/次增加到1200元/次，然后到1600元/次、1700元/次。根据收听调查和客户反应，广告段位不断调整，低价的段位向高价的段位移动，使得同样的广告时间含金量增加。特殊广告的品类同样不断增加，以知识性内容介绍为主、企业冠名的3分钟、5分钟"小专题"开始大量出现，挂牌广告依据不同栏目和资讯版块进行了进一步的划分和定价，相较于上一个时期，这一阶段的特殊广告价格出现较大涨幅，有的电台最多的涨幅达到50%。

第三节　多元化经营的纵向深入

"媒介产业化这个话题已经热了七八年，早几年它像大清早的太阳离我们较远，眼下它是夏季里正午的阳光，烤得人发慌。"[①]2003年前后，随着"广播发展年"的确立，广播的经营成为热点和焦点，业界行为活跃，学界掀起研究热潮，出现广播经营历程中的一段实践与理论交相呼应的高潮。广播多元化经营呈现外向扩张、多点散发的特征。

一、声讯业务开发

随着固定电话和手机的普及，声讯市场蕴含极大潜力，广播电台通过开发相关栏目和

---

① 汪良.传媒产业化之我见[Z]."第二届中国传媒业博览会暨传媒峰会"发言，2004年11月5日.

节目，积极与移动运营商合作，开辟新的收入来源。从热线电话到短信再到彩铃、手机广播、IVR语音互动，广播媒体在声讯业务开发上步步推进，虽然创收数目相对不大，但却是非广告收入的重要尝试。2003年前后我国电台相继建成并运行短信平台，通过节目形式创新积极开展听众互动，短信收入很快成为电台收入的一个来源。2003年北京电台文艺广播、中央电台都市之声相继推出《短信江湖》《拇指英雄》等节目，每日参与短信互动高达数十万人次。沈阳电台积极开发房产、征婚、二手物品、求职类节目，带来可观的短信收入。从2004年开始，上海990新闻频率开始同上海热线合作开发短信业务，用户可以通过短信订阅990新闻，所得收入双方各取一半。短信经营是深圳音乐频率的重要业务，其短信收入主要有两种来源：一是点歌互动，二是听友会社区，听友会社区有6万名虚拟会员，可以参加明星见面会，互相交友。有家社会公司还购买了深圳音乐频率的部分时段，做成《同城同乡会》小专题，时长1~2分钟，用短信进行交流。深圳音乐频率的短信收入与SP服务商（清华声讯）分成，一年收入达到100万元。据统计，2003年前后北京音乐广播短信收入达数十万元，2004年上海电台六组频率短信收入四五百万元，其中动感101的短信收入曾达到300万元，占到六组频率整个短信收入总额的70%左右。2005年前后是广播短信收入的高峰时期。

二、节目市场的培育和开发

随着市场意识的增强，广播媒体逐渐意识到广播节目也有市场化的空间。"广播即产品"的理念逐渐诞生，一些电台开始将节目拿出来售卖，也从市场上购买自己想要的节目，广播节目交易市场出现。2001年，首届全国广播节目交易会举办，现场节目交易量达到7 400小时，中央电台、黑龙江电台和上海电台交易或达成意向的分别为1 800小时、1 720小时、700小时，占了总交易量的60%。第一届和第二届交流会累积成交量2万多小时。2003年第三届全国广播节目展销会共签订销售及交换节目意向数量达2.5万小时，交易额比前两届有所突破。

自2001年起，旨在促进广播节目交易的全国广播节目展销会举办，全国交通频率也开始举办交通广播节目展销会。2003年12月由国家广电总局主办的"广播产业发展高层论坛暨全国广播节目展销会"在广州举行，全国各级电台、广播节目制作公司、广播设备经销商等47家单位参加现场展销，参展交易节目共454套，现场节目交易量达到2.5万小时，交易金额约101.5万元，内容包括小说、广播剧、评书、音乐等各种类型，除广播节目外，参展公司还带来广播技术设备、音源设备及收听率调查软件、广播广告管理软件等产品。①

20世纪90年代中期，在市场经济的推动下，广州和上海等地的广播节目制作公司相

---

① 丁志文，张燕梅.如何有效经营广播产业：2003年"广播产业发展高层论坛"[J].中国广播电视学刊，2004（1）：25.

继出现。1994年广州电台的主持人陈涛率先成立至尚传播公司，接着金碟娱乐制作公司成立。不久，上海申巴音乐制作公司成立，1999年北京创艺声媒公司成立。这些公司通过与电台的业缘关系承揽节目制作业务，经常通过贴片广告、置换时段等方式与电台进行节目交易。由于当时广播节目市场发育不成熟，仅靠节目和发行难以维持公司的运营，在生存压力下，很多节目制作公司走上了代理广告的道路。

部分电台认识到节目生产社会化的价值，积极将台内节目推向社会，扶持内部人员成立工作室，优化内部节目生产机制。2000年天津电台成立了刘杰工作室，专门从事广播节目的市场化运作，管理上隶属于电台，经营上自负盈亏，该工作室当年制作的节目卖给了六家电台，到2003年底，制作销售八档全年节目。2003年山东电台成立八个品牌工作室，分布在五个专业频率，大都依托节目或主持人命名。辽宁生活娱乐频率推出的《娱乐双响炮》在广播节目市场颇有名气，每年制作市场化节目近400小时。北京电台也成立了六个主持人工作室，用以扶植优秀主持人生产优质节目。

随着市场化意识的增强，部分电台开始在内部推行制作和播出"分离"的尝试。2002年，上海文广集团在体育电视频道设立广播部，由电视体育频道制作广播体育节目，成为体育节目制播分离的试点。2006年北京电台成立节目制作中心，将节目的制作和播出分开，除新闻性专题以外的节目人员全部进入该中心，设立节目招投标机制，采编播人员通过竞标获得相应频率相应节目的制作权。2008年9月，在节目制作中心的基础上，北京电台成立了银龙广播电视节目制作有限公司，将电台的节目制作业务剥离到该公司，在实现电台制播分离的基础上，建立面向市场的节目制作与销售平台。2008年，该公司拥有130余名员工，生产节目100余档，以向北京电台输出节目为主，并向外地广播电台销售了3 000多期1 000多小时的节目。

继北京电台之后，全国其他电台以不同方式推进内部制播分离，如黑龙江电台在2008年前后推出三个工作室，分别是叶文工作室、于霞工作室、凯淇工作室；吉林电台创建青雪工作室，依托节目开展包装销售、线下活动，进行栏目市场化和产业化运作探索。

三、音乐广播和交通广播产业的形成

依托频率品牌，深挖行业资源，实现广播外延拓展，拉长产业链条，成为各地电台的选择，例如，以经济频率为平台搭建投资培训、理财咨询等相关产业，以生活服务类广播为平台发展日常商业零售、家电维修等相关产业，其中最有代表性的是音乐广播产业和交通广播产业。

各地音乐广播纷纷探索以广播为中心、向上下游扩散的音乐产业发展道路。主要的路径有：举办音乐节，依托排行榜举办演出活动；介入演出业，获得活动冠名、商业广告、赞助等收入；开展主持人经纪或艺人经纪，通过举办歌手大奖赛等选拔活动实施造星计划，代理艺人的商业活动；打造艺人型主持人，与广告公司合作开发音乐上下游产业链等。北京音乐广播创办的《中国歌曲排行榜》通过全国卫星音乐协作网在全国22个城市联盟落地，借助开展大量的演出活动，组建歌迷俱乐部、发烧友俱乐部、"五一"交响乐团等，树立了独特的品牌形象。北京电台旗下中歌嘹亮音乐文化传播有限公司、广东电台旗下天天精彩有限公司、江苏电台旗下东品公司都是依托音乐频率资源成立的产业公司，通过制作音乐节目、从事与音乐有关的演艺产业、组织音乐节等进行多元化创收。上海动感101旗下"东方风云榜"已成为具有相当影响力的品牌活动，由该活动产生的收入2014年达600万元，2015年进行了冠名权的招标。①广东音乐之声《音响世界》节目及延伸出来的"广州国际音响唱片展"影响力较强，广州及珠三角地区已形成浓厚的音响文化氛围，由此衍生的音响会展活动已成为广东电台的名牌产品。

全国首家交通广播是成立于1991年的上海交通频率，2002年江苏交通广播网率先进行产业化尝试，注册成立交广汽车俱乐部，通过发展会员收取会费为其提供不同类别的汽车生活服务，到2005年江苏交广网旗下已拥有十几家公司，涵盖汽车用品、汽车美容装潢、汽车文化旅游、传媒等业务领域。据不完全统计，到2006年全国地市级交通频率50余个、省级交通频率超过25个。②交通广播迅速发展，成为各地电台创收的支柱性频率。交通广播的品牌影响力折射到产业化运营上，北京、江苏、安徽、河南、辽宁等地电台相继建立了汽车俱乐部进行产业化探索，组织自驾游、团体旅游等大型会员活动，围绕汽车和广播，立足汽车后服务市场，整合多方资源，延伸产业链条。

2004年10月，辽宁交通频率依托自身优势，成立了汽车俱乐部，面向社会广泛发展会员。2007年，该俱乐部会员超过13 000人，为会员提供代缴养路费、代办新车注册、上门送火车票、飞机票以及免费全车检测、洗车等服务，还与沈阳当地驾校合作，为会员提供驾车培训业务。2007年，该汽车俱乐部已实现300万元的经营收入，利润为10%左右。北京交广汽车俱乐部有限公司成立于2006年3月，整合交通广播的优势资源，进行产业化探索。到2012年发展形成汽车服务、广告、二手车、活动拓展、信息技术、新媒体、易通卡七项核心业务。七大块业务借助不同的资源优势，开展实体业务运营，会员服务体系是所有业务的整合中心，通过为目标受众（会员）提供多种类型的产品及服务项目，对会员体系进行维护和会员价值深度开发。天津交广广播传媒有限责任公司与相关行业合作，举办汽车模型展、汽车展、汽车俱乐部等活动。沈阳交通频率成立的986汽车俱乐部有限公司2007年5月开始运作，整合沈阳交通市场资源，搭建汽车和交通服务产业化的经营格局。无锡广播电视发展有限公司成为室内专业车展的主承办单位，每年举办的无锡国际汽车博览会开创了当地室内高端专业车展的先河，列入"无锡太湖博览会"的主体项目。该台一年拥有车友嘉年华、婚博会、家电节、车博会等多个会展，还开展了各种大型

---

① 相关情况和数据由调研所得.
② 李丹.依托媒介资源 开拓交广产业[J].中国广播，2006（12）：8.

活动,如跨年新年音乐会等。交通广播产业链条的开发和延伸是广播频率品牌资源最大化使用的典型案例。

四、广播媒体的跨地区、跨媒体、跨行业经营

为开拓广播市场,寻求产业运作空间,跨地域、跨媒体、跨行业的"三跨"概念被提出并广泛应用到广播经营实践中,有条件的广播媒体相继开展跨地域经营、跨行业扩展和跨媒体发展的尝试。

(一)实行跨地域经营

实行跨地区经营的形式主要有两种:一是建设和运营各类广播联盟或广播协作网,整合处于分散状态的广播资源,实现地方电台在节目、广告等方面的资源共享,提高影响力和知名度,同时提升经济效益。2001年11月18日,由北京音乐广播发起,全国16家省市电台在上海成立了"(全国)卫星音乐广播协作网",这是广播媒体成立的一家跨地域联营的利益共同体,此后相继出现经济广播联盟、交通广播、城市广播联盟、快乐广播联盟、私家车广播联盟等各类广播联盟。联盟形式的广播协作体往往以业务交流、节目交换、品牌提升为主,经济效益不太明显。二是以承包或合资的形式进行地方广播节目制作或广告运营,这种形式往往以支付定额承包费或利润分成的方式开展。2002年前后,已有一些电台和公司通过与外地电台以承包、代理的形式开展跨地域广播运营,山东电台与北京展鹏公司达成合办音乐台协议,江苏电台承办盐城地区一套音乐节目,苏州电台承包下属区县一套广告节目,北京环球七福广告公司公司承包四川电台音乐频率,台湾远传公司在江浙等地代理了10余家电台的广告。2004年,北京电台开展"广播市场及跨地域合作调研",走访全国41家电台,对相关地区电台的合作需求、合作意愿进行了充分摸底。2005年1月,北京电台与凤凰卫视共同出资组建北京同步广告传播有限公司,开展广播跨地域经营业务。该公司在四年时间里先后建立贵阳、海南、青岛、潍坊、武汉、珠江六家分公司,以合资和承包经营的形式开展跨地域节目制作和广告经营,年营业额6900万元。2005年9月28日,黄山电台同浙江广电集团交通之声、旅游之声共同组建了跨省广播频率——黄山交通旅游广播频率。皖浙两省广播采用资金入股合作的方式进行公司化运作。浙江广电集团专门成立了"黄山浙江交通旅游传媒有限公司",浙江广电集团相关人员担任公司总经理,负责黄山交通旅游广播的广告、活动经营以及频率的内部管理,黄山交通旅游广播相关人员担任频率总监,负责节目和宣传管理并对节目进行终审。2006年初,西湖之声和余杭电台合作打造省内第一家女性电台FM102.1丽人广播,双方约定丽人广播所得广告收入余杭电台七成、西湖之声三成。2005年10月,经国家广电总局批准,辽宁电台大连分台作为国内第一家广播异地分台成立,该频率利用FM90.6面向大连地区提供广

播信息服务。广东电台在深圳开办针对当地的频率，与广西电台合作成立广西交通旅游频率，双方按股份制形式成立一家公司，所有收益按股份分配。2009年，黑龙江电台与三亚广播电视台联合推出"天涯之声"电台，黑龙江电台抽调骨干力量组建了"天涯之声"工作团队。十几年间，广播的跨地域运作遇到一些障碍，但仍存在市场需求，由台湾民间资本创建的品位音乐广播联盟在石家庄、长沙、张家口、乌鲁木齐等地通过承包方式进行广播频率的市场化经营。

（二）探索跨媒体发展

除跨地域经营以外，广播媒体积极进入广播以外的其他媒体领域，最典型的就是报刊领域、电视领域、互联网领域、数字广播领域等。

报刊领域方面，很多电台进行了积极尝试。如上文提及早期国际电台创建的报社、出版社，这一时期更多电台尝试拓展媒体领域，如北京电台投资《北京娱乐信报》《百姓TAXI》《百姓AUTO》等报刊，并于2004年依托音乐频率创办《音乐娱乐周刊》，2005年成立北京蓝火花音乐文化传播有限公司，以《音乐周刊》为主体，整合资源，进行报刊为主的跨媒体运营。2005年，西湖之声形象宣传刊物《声·色》创刊，利用直投广告进行自我形象宣传和品牌推广。2007年7月辽宁乡村频率与中国联通辽宁分公司合作出版《乡音》杂志，杂志由乡村频率采编内容，联通出资印刷，探索与企业合作、进行经营创收的新模式。

电视方面，主要有以下几种形式：一是制作电视节目内容，如2002年1月24日中央电台电视节目制作中心成立，主要负责电视节目制作和音像制品的出版发行工作，中国广播音像出版社并入制作中心管理；2007年10月，黑龙江电台成立龙脉影艺公司，内设广播制作部、动漫电视制作部等部门，除广播剧、广播节目制作外，从事电视剧制作、动漫后期影音制作等业务，其制作的电视剧《文化站长》被全国多家电视台购买，产生上千万经济效益。二是运营数字电视频道，如2003年北京音乐广播整合音乐视频内容，独立运作有线数字电视"动感音乐频道"。重庆经济广播电台经过近半年的筹备，推出数字电视财经频道，成为当地第一个广播办电视的电台。2006年北京电台成立翔龙广视文化传媒有限公司，主营网络电视和数字电视，负责制作"动感音乐"数字电视频道的节目，同时承接电视节目制作项目。哈尔滨人民广播电台运营数字电视"天鹅购物频道"经营状况不错。三是电视广播联姻。2004年12月5日湖南经济电视台创办的广播媒体——"金鹰之声"（FM95.5）试播，这是国内首家由电视台创办的电台。上海五星体育广播、第一财经广播均是广播、电视联动的多媒体平台。

互联网方面的跨媒体运营尝试主要表现为：这一时期全国各地电台开始积极创建自己的网站，开通论坛、博客等专区与听众互动。有的电台还开始与商业网站展开合作，如北京音乐广播与Tom.com合作开设频率网页，期望借此打造出一个音乐、娱乐、商业网站。

（三）尝试跨行业经营

异业运营通常指的是广播媒体通过一定方式进入其他行业领域。上文提及的音乐广播和交通广播产业延伸都有此类尝试，较为典型的案例还有2005年10月西湖之声进军旅游业，以品牌形象入股钱塘江第一游轮，沈阳电台利用自身闲置的物业资源开办茶座式广播书场，深圳电台与《深圳晚报》合办婚介所，哈尔滨电台进行哈尔滨剧场院线运营等。

五、广播公司的出现及社会资源的引入

在推动广告经营走向市场化的同时，为进一步加大产业开发步伐，部分电台开始按照市场发展规律，对现有产业经营体制和机制进行调整，以全面提升经营能力。

2001年，北京电台召开内部大会，提出接下来要开展的12项重要工作，其中"做好投资扩张的前期准备工作，成立北京广播公司"被列其中，电台领导层提出成立的广播公司"应该具备国际性，囊括的范围很大，经营的内容很多"，以后各系列台所属的第三产业、小公司、小机构统一归到广播公司。2002年，北京电台对原三产企业北京广播发展总公司进行重组增资，注册资金2.74亿元成立全资国有的北京广播公司，作为"产业化运作与管理平台"。2003年3月《北京广播公司下属企、事业单位机构与人员管理办法（试行）》公布，该办法明确指出北京广播公司负责原电台兴办的一切经济实体的管理工作，原电台及各部门兴办的一切经济实体，自本办法执行之日起，通过法定程序，在限定时间内将所有资产、经营项目及人员划转到北京广播公司管理。在发展广播产业的过程中，电台积极引入社会资源，如2002年9月，北京广播公司将和北京大学新闻传播学院合作成立广大联合文化传播有限责任公司，注册资本金为100万元，北京广播公司持有其40%的股份，经营各类策划和培训工作。2004年初，溢价引入中信文化体育产业有限公司投资，创办《音乐周刊》；8月，数字付费频道《动感音乐》正式开播；9月，引入凤凰卫视投资，合资组建北京同步广告传播有限公司，注册资本3 000万元人民币，北京电台方面占55%，凤凰方面占45%；2004年年底，网络电视"北京网视"开始试运营。同年，阳光资产管理集团投资3 000万元人民币，与北京广播公司合资成立数字广播公司。这些投资不仅带来了资金，还带来了新的资源和先进管理经验。有分析人士以此为例，指出"在业界广告增长的示范效应下，外部资金从来没有像在2004年那样如潮水般涌入广播业""广播电台的经营方式发生了巨大的、革命性的变化"[①]。此后几年间，北京电台通过与社会公司合作的形式又连续创办了几家新的公司（见表4.4）。

---

① 马涛.广播业：静悄悄的革命[J].媒介，2006（1）：44-47.

随着全国文化体制改革的不断深入，继北京电台创办广播公司五年之后，2007年底中央电台也确定了事业产业分开发展的思路：以改革经营体制为切入点，将可经营性产业从事业中剥离出来，建立统一经营平台，面向市场，开发产业。2008年，中央电台对央广传媒总公司进行了史无前例的授权：一是授权央广传媒发展总公司代理部分频率广告；二是将各类广播节目制成品及在播节目的经营开发权授予了央广传媒发展总公司；三是将已开播的数字音频广播频道及以后新增的数字音频广播节目的经营开发权，以及有线数字付费电视、手机电视的节目制作与经营权均授予央广传媒发展总公司，使央广传媒发展总公司具备了经营开发的资源基础。与此同时，完成了对央广传媒董事会、监事会的改组，厘清了中央电台对央广传媒的监管思路。

表4.4：2002~2010年北京广播公司引资情况

时间		主体	注资/合作方	注资方向	注册资本/融资额度	其他
2002年		北京广播公司	北京大学新闻传播学院	广大联合文化传播有限责任公司	100万元	广播公司持股40%
2004年	年初	北京广播公司	中信文化体育产业有限公司	创办《音乐周刊》		
	9月	北京广播公司	凤凰卫视	合资组建北京同步广告传播有限公司	3000万元	北京电台占55%，凤凰占45%
	9月	北京广播公司	阳光资产管理集团	成立数字广播公司	投资3000万元	
2007年		同步广告传播		实现融资		
		交广汽车俱乐部	北京灵图软件技术有限公司	成立1039信息技术公司	1039万元	
2008年		中歌嘹亮	美都传媒	——	融资357万元	完成股权转让并引进新股东
2010年末		北京广播公司	北京飓和传媒投资管理有限公司、北京星尚传媒有限公司	北京芭其乐文化传媒有限公司	——	——

本章小结:"专业化"深入期的规模扩张

专业化是广播媒体在适应社会变化、深入认识广播传播规律的过程中做出的选择。[①]伴随中国消费市场的深刻转型,市场营销模式产生重大变革。20世纪90年代末,消费者市场进入"细分"时代,分众的趋势越来越明显。整个消费市场正在从"大众"继续向"分众"而后"碎片化"发展。广播专业化的深入推进契合了消费结构转型的大背景。广播频率的细分化越来越细致,不仅仅是内容上的区分,更多地体现在传播的形式,即使是同一类型的电台,其定位也千差万别。

经过前20年的探索和积累,这一时期的广播经营进入了发展成熟期,广播专业化改革的成效得到体现。从广告经营来看,自2000年开始中国广播广告创收重新提速。2000年全国广播广告营业额为15.2亿元,同比增长21.6%,2001年全国广播广告营业额为18.28亿元,同比增长20.28%,超过报纸、电视等媒体广告的增幅,2001年广告过亿元的电台已有三家,有的广播频率保持翻番增长势头。广播的快速发展引起国家管理部门的注意,2002年12月国家广电总局在广州召开了全国广播工作座谈会,这是改革开放以来第一次召开的专门研究广播工作的全国性会议。2003年1月,全国广播影视工作会议正式确立2003年为"广播发展年"。"广播发展年"提出后,广播界改革热情高涨。自2000年到2005年,我国广播广告营业额连续六年保持20%左右的增长,2006年的增幅甚至达到41.17%。2003年我国广播广告营业额为25.57亿元,到2008年达到68.3亿元,完成"五年翻一番"的预期目标(见表4.5)。

表4.5:1999~2008年我国广播广告营业额及增长情况

年份	营业额(亿元)	增长率(%)	占全国比重(%)
1999	12.52	-6	2.0
2000	15.2	21.6	2.1
2001	18.28	20.28	2.3
2002	21.9	19.83	2.4
2003	25.57	16.76	2.4
2004	32.93	28.8	2.6
2005	38.86	17.99	2.8
2006	57.16	41.17	3.6
2007	62.82	9.9	3.6
2008	68.3	8.8	3.6

---

① 谭天,赵敏.中国广播亟待第三次升级转型:破解广播发展困局的思考[J].新闻记者,2012(10):39.

具体到单个电台，各地电台均迎来了电台广告经营的高峰。以江苏电台为例（见表4.6），自1999年起广告创收进入了一个飞速发展时期，1999年全台五个频率的广告创收仅为1 956万元，2000年创收达3 200万元，增幅63%；2001年，广告收入猛增到4 256万元，比2000年又增长了33%；2002年，广告经营实际完成6 236万元，比2001年增长47%；2003年广告创收增至8 160万元，增幅31%；2004年广告收入超亿元。[①] 自2000年到2008年，北京电台广告收入经历了从1.79亿元到6.2亿元的增长，年均增长率17.3%，最高达到35.7%，创造了广播发展的奇迹。

表4.6：1999~2004年江苏电台广告收入增长情况

年度	广告收入（万元）	增长率
1999	1 956	——
2000	3 200	63%
2001	4 256	33%
2002	6 236	47%
2003	8 160	31%
2004	10 000	22.50%

与广告蓬勃发展的势头相呼应，这一时期广播媒体迎来了多元化经营的又一次高潮。从节目时段价值的开发到节目市场的培育，再到利用频率品牌资源开展产业延伸，并积极开展"三跨"经营，广播媒体的经营探索突破传统的广播范畴和地域局限，开始有意识地进行跨界合作，并积极利用社会资源，标志着其经营理念和经营水平上升到新的高度。

广播的产业化运营成为焦点，学界对广播的关注达到高潮，业界从业者也开始进行实践总结。《八千里路云和月——北京交通台广告经营实录》（汪良，2002）、《寻找广播榜样——北京音乐广播十年历程的理论关注》（丁俊杰、邵军，2003）、《广播的创新与发展》（胡正荣、曹璐、雷跃捷，2004）等一批理论著作相继问世，研讨广播发展和经营问题的论文数量在这个时期也出现数量上的激增。除了业界举办的各种研讨会，学界也开始就广播发展进行专题研讨。北京广播学院广播电视研究中心联合北京广播学院新闻传播学院于2003年9月26~28日在北京举办了"广播创新与发展"研讨会，来自全国各地几十家广播媒体的代表共聚北京，就广播的创新与发展展开研讨。2000年，北京广播学院广告学院进行了"电波集团化"课题研究，访问了北京、上海、广东等地150多名媒介经营主管，同时向全国省市级的无线电视、有线电视以及广播电台的经营台长发放了"关于广电媒介经营发展战略的问卷调查"，2002年完成《中国广播产业报告》，2005年出版《中国广播产业报告——产业发展与经营管理创新》。在电台内部，开始密集讨论广告经营、制播分离、

---

① 丁俊杰，黄升民.中国广播产业报告：产业发展与经营管理创新[M].北京：中国传媒大学出版社，2005：195.

跨地域运作以及资本进出等产业经营问题。2002年以后的三年间，北京电台开展了《中国传媒行业的现状与资本运作分析》《各地电台节目市场以及合作意向》《广播市场及跨地域合作调研报告》《国内广播节目工作室现状调查》《广播的制播分离与产业化发展》系列调研论证，并于2004年推出国内广播界首个产业发展五年规划。

1999~2008年这十年是我国广播发展的黄金时期。一方面，广播专业化步入了成熟发展期，各地广播市场不断细分，"目标市场"概念被广泛应用到传播实践中；另一方面，广播经营厚积薄发，迎来了创收规模和经营范围的不断扩展。总的来看，这一时期的广播经营呈现如下特点。

第一，广播专业化的深入推动广告经营模式的调适和改进，与此同时带来广告创收的迅速攀升。第二，这一时期，广播多元化经营呈现出强烈的规模化倾向，经营实力和经营范围逐步扩大，开始向产业集团过渡。第三，多元化经营的性质发生改变，事企分离的意识萌发，原来的台属企业、台属公司、各系列台所属的第三产业、小公司、小机构统一归到广播公司，由原来的"事业办企业"变为"企业办企业"。第四，各地电台经过多年的摸索，已不再简单效仿其他电台的经验和做法，而是结合本台的具体实际做出适合当地市场的经营策略选择。第五，前有业界行为活跃，优异市场表现，后有国家重视，学界掀起研究热潮，广播经营成为焦点，形成产业实践与学界研究交相呼应的一段高潮。第六，广播进入激烈竞争的时代，这种竞争不再是简单的节目内容、节目形态以及主持人之间的竞争，而是达到了更高的层次，即栏目品牌与频率品牌的竞争。这一时期，各地电台相继启动品牌工程建设，各专业广播围绕频率定位开展品牌推介和营销活动，打造频率品牌形象，基于频率品牌资源产生的音乐广播产业和交通广播产业是品牌化经营的典型案例，品牌化经营是频率专业化发展到一定阶段所产生的一种更高层次的经营理念。

第五章
调适：媒体融合中的商业模式探索

随着网民规模的不断扩大，网络信息消费急剧增长，越来越多的传统媒体意识到网络的巨大影响力，纷纷走上与网络互通共融的道路，广播也不例外。从20世纪90年代创建网站开始，各地电台在网络应用方面进行了多种尝试和探索。网络资源的开发扩大了传统广播的传输渠道，由此带来内外部多种变革，生产传播流程得到改造，内容形态不断丰富。更为重要的是，在数字化转型过程中，传统广播的营销理念和经营方式发生着潜移默化的改变，融合发展成为传统广播介入新业态、新产业的机会，各地电台相继进行网络营销、网络创收的尝试。顺应新的形势，广播广告经营进入新的阶段，多元化经营的业态也发生着变化。

第一节 时代背景：台网融合与市场细分

经过30多年沉淀，借由无线电波传输的开路广播迎来新的时代，其传输通道借助互联网有了新的突破。这一时期，广播与互联网的融合有了阶段性积累，表现在广播电台推出的一系列互联网产品以及对各类社会网络资源的积极利用。在积极推进网络融合的过程中，广播行业本身继续进行着专业化、细分化的探索，基于新的市场细分需求的个性化频率不断出现。

一、广播与网络融合的脉络轨迹及其影响

2009年以来，互联网发展进入快速通道，中国网民规模持续增长，互联网普及率以平均每年4.1%的速度增长（见图5.1）。截至2018年6月，我国网民规模由2009年的3.8亿增加到8.02亿，其中手机网民规模达7.88亿人，互联网在我国的普及率已经达到57.7%，不到两个人中就有一人接触互联网。随着网民规模的不断扩大，越来越多的传统媒体加快与网络的融合步伐，广播媒体也不例外。广播与网络的融合有两个维度体现：一是自发办网，创建电台自己的网络传播平台；二是向外借力，寻求与其他社会网络媒体的合作。内外两种网络资源的开发和利用使广播与互联网的融合程度不断加深。

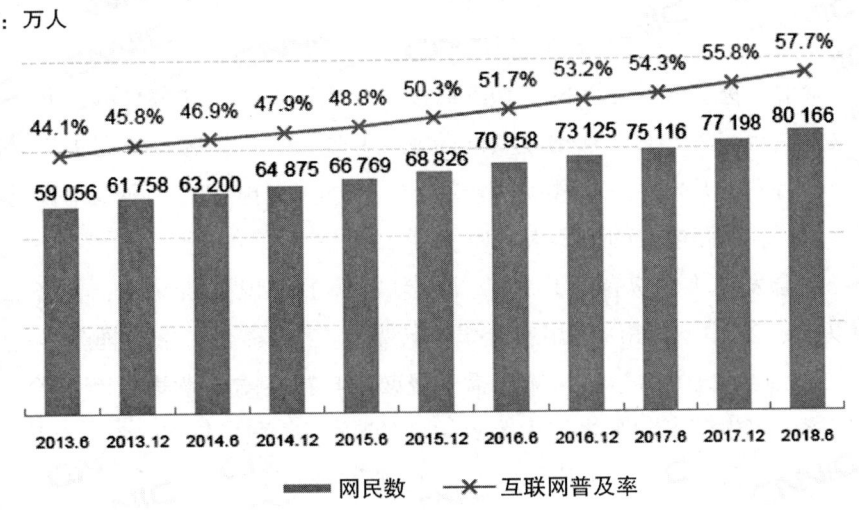

图5.1：2013~2018年中国网民规模和互联网普及率①

（一）网络传播平台的创建

国内广播与网络的融合始于20世纪90年代，经过十几年的发展，由最初建立简单网页、实现在线直播和点播，到创办网络电台、进行音视频共做，再到跟进移动互联网、开发客户端应用，广播与网络的融合循序渐进，步步深入。

第一阶段，着手建立专属广播网站，实现在线直播和点播。20世纪90年代，随着互联网的发展和普及，传统广播开始利用网络进行传播渠道的扩充，从此掀开融合发展的大幕。1996年前后，我国出现了最早的广播网站，经过十几年的发展，广播网站建设渐成规模，到2009年省会城市以上的电台基本上都建立了广播网站。各地电台不断完善网站的架构和功能，并进行定位上的梳理。以中国广播网为例，自1998年建网20多年

---

① CNNIC.第42次中国互联网络发展状况统计调查，2018（6）.

的历程里相继完成十多次大型改版，推动广播资源向立体化、多元化、图文视频化展现升级。

第二阶段，创建网络电台，试水网络音频。继广播媒体提供在线直播和点播服务后，国内涌现了一批音频播客、网络电台、音频论坛、音乐流媒体等互联网广播平台，传统广播是其中的主力军。2005年，银河电台、国际在线网络电台、青檬网络电台陆续开通，标志着传统电台开始试水网络广播业务。之后，北京电台的Netfm（外语调频）、大连台的彩虹网络电台，以及安徽网络电台等十余家主流广播媒体的网络电台相继诞生。这些网络电台不同于传统广播，它是针对网络用户生产和传播内容的媒体形态，有专业的频道设置、独立的节目单和互动方式，是传统广播进入网络音频领域、开拓新用户市场的一次尝试，一度引发业界学界广泛关注。2011年8月，北京广播网菠萝台上线，成为全国首个支持多路节目混排的"个人化电台"，支持用户自选自定义节目。

第三阶段，进军移动互联网，相继研发移动版网页、移动客户端，并利用微信、微博等社交媒体平台。近年来，移动互联网的发展和普及为广播融合发展提供了新的机遇。多地电台积极行动，开发了一批移动客户端产品，如上海电台的"阿基米德FM"、北京电台的"听听FM"、浙江电台的"蓝天云听"等。

随着融合发展推向纵深，广播媒体对新媒体的认识不断深化，业务布局不断完善。2010年以来，多家电台相继提出"全媒体转型""多媒体化"发展理念，将新媒体业务提升到战略发展层面，并行推进传统广播升级改造与新媒体业务发展。中央电台提出"实现从单一广播内容生产者到全媒体内容提供商的转变"，积极打造"3台+3网+5社"的资源架构，即传统广播电视台、央广网络广播电视台、央广手机台并行发展。多家广播电台的新媒体业务已涵盖网络、手机、车载等多个领域，形成网络广播、网络电视、手机广播、手机电视为依托的新媒体业务格局。

（二）与商业网络平台的跨媒体联动

除了积极建设自己的网络平台以外，我国广播顺应传媒发展趋势，有意识地通过与商业网络平台进行多个层面的合作联动，将优秀、优质的音频节目推向移动互联网传播。

广播与商业网络平台的渊源可以追溯到互联网发展初期。进入2009年，随着商业网站在中国的成长壮大，广播与这股新兴力量的接洽融通不断增多。广播与商业网络平台的合作主要有以下几种模式，一是播出渠道的合作，借助商业网络平台进行广播内容的传播；二是播出形式的合作，通过与商业网络平台合作实现重要节目或活动的视频直播；三是互动功能利用，借助商业网络平台的用户人气实现广播节目或活动的广泛互动；四是内容制作，与商业网络平台就某一领域或专题进行资源共享，商业网站可以参与到节目主题策划、节目录制、互动拓展等多个层面；五是宣传推广，借助对方平台进行电台品牌宣传，尤其是举办品牌活动时，往往通过与商业网络平台的合作进行传播和造势；六是战略合作，如2009年8月河南电台与新浪网共同出资3 000万元推出新浪河南网，2015年蜻蜓FM与郑州广播电台联合成立河南倾听文化传播有限公司。广播与商业网络平台的跨媒体联动不仅指双方有意识的合作，还包括作为普通受众或机构使用对方平台和资源，如对BBS、QQ、MSN、开心网、博客、播客、微博、微信等社交工具和媒体的利用。从当前与广播电台合作较多的商业网络平台来看，广播电台在选择网络平台或网络工具时，主要考虑网络平台与自身需要的匹配度、对方的信誉、成长性等因素。

（三）广播与网络融合的影响

在向数字化、网络化转型的过程中，广播电台尝试从多个层面、多个角度与网络进行多种形式的互动，出现了一批较有影响力的台网共做节目、台网互动报道、台网联合活动。这不仅是广播和网络两种媒体互动的结果，更是广播与受众互动、受众与受众互动的结果。在数字化转型过程中，广播和网络的关系不断调整变化，由此也带来内外部多种变革，受众角色和地位发生转变，内容生产传播流程得到改造，产品形态不断丰富。更为重要的是在融合互动的过程中，数字化转型悄无声息地重塑着广播的用户理念和管理模式。

第一，传播通道的拓展。广播与网络融合带来的最直接影响是传播渠道的拓展，由原来的调频、中波等传统渠道增加了网络收听渠道，网络收听不受地域限制，不受信号覆盖影响，所以对广播而言互联网不仅带来收听方式的丰富，潜在中也无限扩大了广播的覆盖范围。一方面，网站、客户端等网络平台的开发，给电台资源整合提供了极大的可能性，频率资源、节目资源、主持人资源、活动资源都被统一整合到网络传播平台之上；另一方面，全国各地甚至世界各地的广播爱好者都可以通过网络了解和收听某一家地域电台，广播受众得到了扩展，极大地弥补了传统收听渠道的不足和局限性。

第二，工作流程改造。台网融合对广播内容生产传播流程的影响主要体现在，促进采编人员的转型，创新报道方式和报道手段，创建全媒体制播平台，打通前端采编和后端制作播出的各个环节。随着融合不断深入，广播节目制作人员积极调动网民力量，争取和采纳他们的有益意见，充实节目内容。在节目策划环节，通过话题预告、征稿征文、素材征集等方式，大力发挥自有平台和社交平台的作用，向听众、网友征集他们对节目主题的建议。在节目制作环节，突破以往单一的音频采录模式，尽可能集视频采录、图片拍摄、文字撰写于一体。在传播过程中，广播和网络共享内容产品，对节目进行整合、重构，对不同的信息形态进行转换，进行信息互动。而在技术支撑环节，各地电台纷纷构建融媒体平台，如上海电台的"@Radio广播全媒体制播平台"融合传统媒体和新媒体技术，打造"零边界直播室"；中央电台的"中国广播云平台"面向全国广播电台、行业机构、个体用户开放资源共享和定制化服务；湖北电台的"长江云融媒体新闻平台"支持广播记者以文字、图片、音频、视频全方位立体呈现采访信息。

第三，内容形态的多样化。网络的介入使广播节目的内涵发生了深刻变化。传统意义上的广播节目往往单指某次节目的播出，广播产品通常表现为音频资源。在台网融合背景下，节目产品一次生成多次发布，借助网络平台，电台产品内涵得以延伸，拓展为包括音频、视频、文字、图片等多种形态的产品链条，节目微信、客户端互动社区等都可以视作节目的一部分。

第四，受众地位的演变。在台网融合进程中，不仅广播受众构成发生了显著变化，在原有听众基础上新增了网上用户，而且受众地位也发生了改变。从被动接收到自主收听、建言献策到作为评委，甚至参与节目策划制作，受众位置从幕后到台前不断前移。在传统的广播流程中，听众只是线性传播过程的终端接受者，被动接受节目信息。节目上网，实现点播，使听众获得了自主选择权，可以根据自己的时间安排、收听喜好选择喜欢的节目，不再受时间和空间的限制。而各种网络互动平台的出现使受众可以便捷地表达对节目的见解和感受，网络投票和评选等活动则使受众从幕后走到台前，担当起评委和裁判员的角色。而随着移动客户端的建设完善，受众可以参与到节目的策划环节，为节目提供素材点子，甚至参与节目的制作播出。在当前台网融合进程加速的情况下，广播节目影响范围不仅表现在传统广播收听效果上，而且进一步衍生到各种不同承载形态的广播节目效果上。网友在发表节目感受、点评主持人表现、推动节目改进方面发挥着越来越大的作用。频率或节目若能在网络上产生相当的影响力，也是其传播价值的一种呈现。

二、广播市场受众细分

频率专业化的理论依据多来源于经济界对于市场细分的成功实践。但是，从传媒经济学的角度来看，媒介目标市场营销至少可以细分为两种方式：内容细分和受众细分。[①] 早期的广播专业台大都是以内容作为划分标准，如音乐频率、新闻频率、文艺频率等。随着广播竞争的不断加剧，基于受众需求的细分频率不断出现，其中最有代表性的是针对移动人群的市场细分。一些省级广播电台和城市广播在继续发展交通广播的同时，开始重点关注私家车群体的收听习惯，在内容与形式上进行了针对性的调整，私家车广播应运而生。经统计，截至2013年，我国省级广播电台设立私家车广播的一共有12家，分别为福建、河北、广东、广西、重庆、湖南、湖北、浙江、江苏、陕西、新疆、黑龙江；在省会城市中，有10家城市广播拥有私家车广播，如杭州、长沙、南昌、南京、昆明、济南等；另外，一些经济发达的重点城市，如深圳也设立了私家车广播。[②] 在交通广播占据收听市场最大份额的当下，私家车广播以一种更加细化、专业、高端服务等新型汽车广播形式获得了都市听众的信赖。在广播类型化改革的过程中，故事广播的阵营不断壮大，到2015年底全国故事广播频率已接近50家。此外，以女性为传播对象的对象性广播节目不断涌现，

---

① 夏陈安，赵瑜.专业化生存：浙江教育频道的创新策略[M].北京：中国传媒大学出版社，2004：27-28.
② 严文明，孙鹿童.国内私家车广播的现状与发展[J].新闻前哨，2013（9）：67.

有近十家省市台开设了女性广播频率。还有与产业开发相结合的旅游频率也在一段时间内集中出现。2009~2016年，北京电台研究中心每年都对全国60家省级和省会城市电台进行跟踪调查。统计显示（见表5.1），八年间60家电台共有170个新增或改变的频率，有101个频率的呼号或定位发生改变，新增频率69个。新开频率与定位改变频率，是各地电台对专业化布局的调整与完善。

新的频率定位注重契合互联网时代的信息接收习惯，在目标受众、平台创建、内容编排等方面都呈现出一些新的特点。如2015年2月2日，上海电台东广新闻台全新改版，致力于"打造互联网新闻广播"，频率整体主要受众目标将由传统广播听众调整为互联网和移动用户，搭建全新的业务平台，逐步创建以东广新闻台直播节目、互动为主的App、官方网站等，同时完善现有新媒体合作平台、官方微博、微信等，形成互联网新闻广播产品集群。

表5.1：2009~2016年广播频率定位改变或新增情况①

年度	更名或改版（个）	新增频率（个）	总计
2009	6	13	19
2010	9	10	19
2011	6	10	16
2012	17	7	24
2013	13	7	20
2014	16	6	22
2015	20	11	31
2016	14	5	19
总计	101	69	170

第二节　新媒体平台的盈利方式探索

按时间顺序来看，广播与网络的融合大致经历了"桌面互联网"和"移动互联网"两个阶段。在"桌面互联网"阶段，广播媒体重点进行了广播网站的建设和开发，并利用网站资源进行了网络营销和经营的粗浅尝试；在"移动互联网"时期，广播一方面加强对社

---

① 据北京人民广播电台广播发展研究中心历年《全国广播跟踪调查报告》整理.

交媒体的利用，并在与线上节目的互动中探索部分盈利模式，另一方面通过开发自有的移动客户端应用产品，进行新的运营模式的探索。

一、桌面互联网阶段的融合经营试水

"桌面互联网"是指以桌面电脑为主要连接终端的互联网，主要以网站为代表性形式。国内广播网站始建于20世纪90年代，各大电台纷纷推进台网融合、台网互动的进程中，网站不仅深度参与内容传播，在宣传报道、品牌活动、节目互动等多个环节不可或缺，而且也为广播经营创新提供了条件。

（一）广播网站建设与发展情况

1996年12月，珠江经济广播电台成为我国第一家实现上网播出的电台。两年之后，中央人民广播电台和中国国际广播电台相继建立了官方网站，此后广播网站建设呈星火燎原之势。经过十几年的发展，广播网站建设渐成规模，到2009年省会城市以上的电台基本上都建立了广播网站。根据《中国广播电视网站研究报告》（2009年8月），[①] 当时我国共有广播电视网站397家，其中广播电台网站131家，广播电视综合网站104家，综合起来共有235家广播网站。2009年笔者曾抽取我国两个中央级电台、31个省级广播电台（含直辖市、自治区，不含港澳台），以及27个省会城市台等共计60家广播电台进行调研，发现直接或间接建有广播网站的电台占到调查总体的80%左右。

根据创建主体的不同，广播网站大概有几种情况：一是由当地广播电视总台（集团）创建，集广播、电视网站于一体，如火凤网（湖北广播电视总台）、山西视听网、武汉广电网；二是由电台创建专门的广播网站，比较典型的有陕西金号网、安徽广播网、湖南网络广播、龙广在线、合肥广播在线，北京广播网也属于该类别；三是由分频率独自建网，总台没有统一网站。

从网站的主体架构上看（见图5.2），大部分广播网主要由音频、视频、互动专区、增值服务、频率和节目以及主持人的展示几部分构成。绝大部分网站实现了广播节目的直播和点播，少部分开始进行视频内容的建设、音频资源的整合。基于网络的传播双向性，网站不同程度地设计了交互功能。2009年底以来，国内广播网站发生了一些新的变化，部分尚未建立广播网站的地方电台实现网站上线，一些网站实现改版扩容，还有一部分广播网站整合升级。广播网站的作用受到各地电台重视，网络编辑部都在既有条件下努力开发网站发展的新路径，积极开发视频播出服务，推出特色版块。部分地区通过统一协调统合全台频率资源、内容资源、品牌资源，集中在网站呈现，全力保障网络发展，还有一些地方的网络内容实现广播落地。

[①] 本报告由CSM媒介研究与中国电信传播研究中心联合发布，2009年8月.

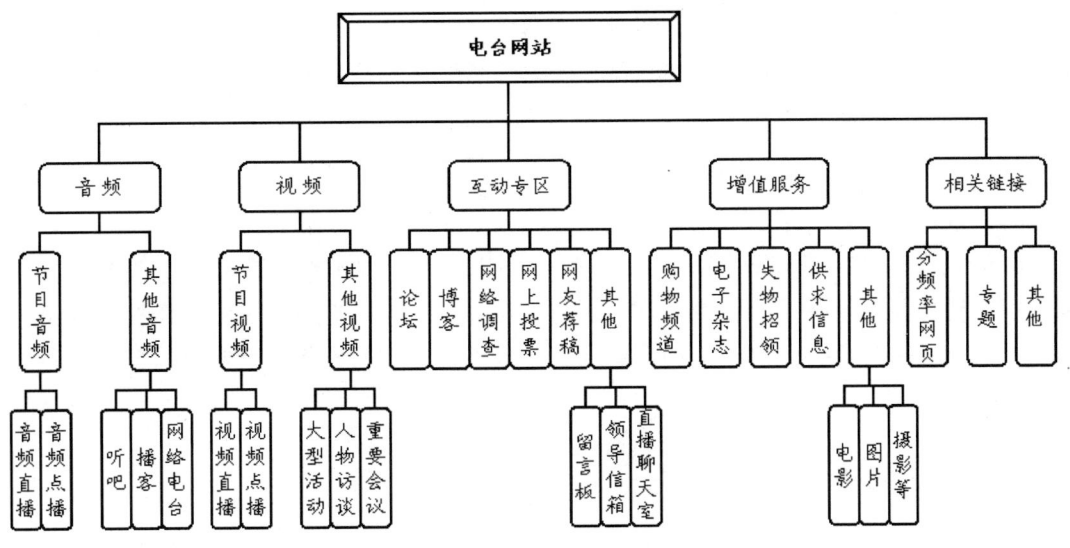

图5.2：电台网站的主体架构

（二）广播网站在广告经营中的价值分析

首先，广播网站整合了电台资源，使得传播价值可视化。以往，企业选择投放广告前主要依靠代理公司介绍、电台品牌推介会以及相关宣传资料获知有关频率和节目的信息。广播网站的出现，给电台资源整合提供了极大的可能性，频率资源、节目资源、主持人资源、活动资源都被统一整合到广播网站这一平台之上，客户只要打开网站即可获得有关电台的全面信息，也可根据需要选择适合的频率、时段或活动。广播网站实现了电台资源的可视化，给广告营销工作带来极大便利。2010年，对近50家广播电台网站的调研发现，大部分广播网站均有"广告服务""广告经营"一栏，除对广告部进行简要介绍以外，各频率简介、节目时间表、广告价格表一目了然。黑龙江人民广播电台的"龙广在线"更是独辟蹊径，曾尝试推出"广告查询"服务，只要按"系列台""广告类别""播出月份"等输入检索要素，即可点击收听广告。截至2010年4月，该版块已收集黑龙江电台七个系列台不同时期的广告4 721条，[1]方便了企业跟踪自身广告投放进度及效果。

其次，广播网站可轻松实现品牌再传播，放大广告效益。通过网站栏目的设置规划，可以对已播或再播广告进行二次宣传，提高广告投放附加值。有的广播网站以"经典案例""荣誉客户"等形式，对企业进行网络宣传。湖南网络广播经济频道开设"我要投广告"专栏，不仅对电台广告分类按行业、时段、节目等进行了详细介绍，而且专门开设"投放广告分析"专区，对中国工商银行、上海大众等客户进行已投广告分析，在"电台

---

[1] 该数据统计日期为2010年4月20日，根据龙广在线"广告查询"栏目下的相关数字计算得出。

广告文案"专区则对光大银行的系列广告文案进行了展示。不得不说，上述客户在获得传统广播广告传播的同时，也获得了网络传播机会。

此外，由于不受时间和空间的限制，网络广告和广播广告能够形成目标受众、表现形式、投放地域等方面的互补，如广播适合在本地集中投放的广告，网络更适合全国性的、低成本的广告，两者定位不同，可以优势互补。既能为广告客户提供增值服务，也能增强彼此的广告竞争力。

值得一提的是，网站在吸收广告方面有着自己独特的优势。借助专业的网络统计软件，用户特征易于掌握，能够增强广告投放的针对性；通过广告点击量、浏览量监测，能够及时跟踪和衡量广告效果；多种广告形式可供选择，交互性强。这些特点都是传统广播广告无法企及的。

（三）广播网站经营形式及特点

中国广播网、国际在线两大中央级电台网，以安徽广播网、北京广播网为首的省级广播网、部分省会电台网陆续进行了广告经营的尝试，并配合网站的升级改版加大了广告营销推进力度。

从经营方式来看，广播网站广告经营主要存在两种途径：一是自营，由广播网营销部门与客户直接接洽，完成从销售到创意、制作、挂网等一系列过程。据安徽某广播网站负责人介绍，他们的广告业务主要来自客户主动联系网络部；二是沿用广告代理制，委托专门的公司代理网站广告，如北京广播网选择专业的网络广告公司代理广告，北京飞线互动通信技术有限公司即为其2009年度代理商。[①]值得注意的是，广播网站广告的创意制作大都由网站自己完成，根据客户要求提供专项定制服务。

广播网站的广告主要有以下几类：一是常规网络广告，包括横幅广告（通栏、半通栏）、旗帜广告、文字链接、按钮广告、画中画、视频等；二是特殊网络广告，如赞助、冠名（频道冠名、BBS版块冠名、活动冠名）；三是植入广告，即内容合作，将产品信息与网站内容有机结合，以文字、游戏、节目等多种形式呈现。另外，部分网站还推出有效增值服务，如中国广播网推出邮箱广告。以上广告类型又因位置不同区分出优劣与否，如首页、一级频道、二级频道、内容页等。优势广告资源多集中在流量大、点击率高、互动踊跃的版块，以北京广播网为例，"广播回放""实时广播""听吧""论坛""博客"等频道被列为一类广告资源。因网络广告发挥空间较大，不同广播网站的广告类型不尽相同。

从广告价格的制定来看，受到广告类别、位置、尺寸等多个因素影响，并与网站对自身价值的评估密切相关。从时间单位来看，广播网站的定价也没有统一的标准，同样类别的广告有的以天计价，有的以月计价，有的则按小时计价。以首页横幅广告为例，国际

---

① 李晓辉，陈博. e网情深[M]. 北京：中国广播电视出版社. 2009：151.

在线以天计价，北京广播网以周计算，安徽广播网则按月收费。国际在线规格为975×85（Pixels）的首屏通栏广告定价为3万~4万元/天，湖南网络广播规格为778×100（Pixels）的首页通栏广告定价为3 388元/天。规格不一，提供的服务或有差别，因而广告价格也没有统一标准。

总体而言，广播网站广告有三个较为鲜明特点，一是广告类型沿用网络媒体的广告形式，自身创新的不多，网络媒体盛行的富媒体广告在广播网站还不多见；二是缺乏系统规划，大部分网站只有简简单单的一张价格表，对网站广告经营的规则和程序缺乏介绍。在这方面，湖南网络广播做得比较好，它曾以专题页面的形式分"用户分析""广告优势""广告形式""广告报价"等六个方面对该网站的广告经营进行了全面展示，尤其是有针对性地提炼了湖南网络广播的独特优势；三是鉴于广播网站的影响力相对较小，广播网站广告定价明显低于门户网站和新闻网站，如新浪网、新华网。

二、移动互联网时期的营收尝试

"移动互联网"是指以智能手机、笔记本电脑、iPad等移动设备为主要连接终端的互联网。2012年以来，随着移动互联网的发展，广播媒体融合发展的方向发生转移，出现两大选择：一是积极利用微信、微博等社交媒体，开展与受众的线下互动；二是研发音频客户端，打造内容传播、用户互动的平台。相较于桌面互联网阶段的初步探索，移动互联网时期广播与网络的融合呈现多元深入的特征，在盈利模式探索方面也出现一些新的尝试。

（一）广播微博的发展及其对商业模式的影响

微博自2009年上线，经过两年多的积累，到2011年发展日盛，各电台、频率、节目、主持人纷纷开设微博，借助新浪微博、腾讯微博等阵地很多电台还开设了微电台。截至2013年1月7日，全国共有406个广播频率在新浪微博上开通微电台，将新浪微博作为广播节目的另一重要渠道。微博在成为节目互动重要工具的同时，也成为广播节目内容的重要来源，如江苏电台的《微博私访》节目下设《微话题》《微调查》《明星微博》《微博排行榜》等栏目，均围绕微博热议的话题及相关服务资讯展开。①

微博的运用给电台带来较大影响，主要体现在四个方面，第一，微电台提供了广播的另一种收听途径，它与网站收听的不同在于能够实现边听边互动，即时性更强；第二，微直播的运用活跃了电台互动方式，一度被多家电台运用，既可以在活动现场实现线上线下同时交流，也可以将留言的画面投影到背板上实现三方即时互动；第三，微访谈的运用，可以与节目实现内容延伸和话题扩展；第四，微投票提供了受众参与电台各类节目调查和活动评选的更多可能，被电台广泛采用。

---

① 郑洁.广播节目与微博融合现状分析及思考：以江苏地区广播节目为例[J].中国广播电视学刊，2013（3）：107.

经过几年积累，到2013年，有的电台微博积累了上百万粉丝。以杭州交通广播为例，其于2011年2月14日开通微博，到2013年4月粉丝数已达到166万。多数电台的粉丝数量集中在几十万，如北京交通广播自2010年开通微博，经过三年运作，粉丝数量达到50万左右。鉴于广播媒体的权威性和影响力，部分影响力较大的电台微博具备了一定的宣传费用吸纳能力，部分社会机构和政府机构通过投放广告和活动联办、资金赞助的方式在一些电台微博投放宣传信息，如某园林绿化局曾与当地新闻广播微博合作，在微博上推介相关业务宣传，如郊野公园活动、农家乐等，受到市民欢迎。合作形式是园林绿化局投放一定宣传费用，新闻广播微博每天发送一套相关内容的微博。但从整体情况来看，微博更多时候是作为广播内容的延伸、互动渠道，能够实现创收盈利的不多见。

（二）电台微信建设情况及盈利探索

微信是腾讯公司2011年1月21日推出的一个为智能终端提供即时通信服务的免费应用程序。其主要功能有：朋友圈、消息推送、微信支付、微信公众号和游戏、漂流瓶、卡包等。微信公众号基本包括三个类型，一是订阅号，二是服务号，三是企业号。企业号最早推出，一些中小企业可以在微信企业号上完成一些内部的交流或者简单的播音。订阅号是企业或个人推出的面向一定人群的功能强大的网络电子杂志，或称"微媒体"，内容囊括文字、图片、短视频、音频。服务号与订阅号的区别在于，服务号可以有一些支付功能。截至2015年第一季度，微信已经覆盖中国90%以上的智能手机，月活跃用户达到5.49亿，用户覆盖200多个国家、超过20种语言。微信公众账号总数已经超过800万个，移动应用对接数量超过85 000个，微信支付用户则达到了4亿左右。[1]

自2012年起微信应用日渐普及，一些媒体机构、个人、企业纷纷进驻，部分电台、频率、节目、主持人甚至部分活动都相继创建了自己的微信公众号。在杭州地区，由于当地电子商务发达，互联网氛围浓厚，包括浙江广电集团和杭州广电集团在内的广播频率纷纷在2012年申请了微信公众号。其他地区的电台则在2013年、2014年才创建微信公众号。创建较早的广播微信公众号大都有一天发布三次微信的权利，后期创建的微信则大都只能一天发布一次。2014年11月，有研究者对27个省会城市、4个直辖市以及5个计划单列市共36个市级广播电台及其下属频率进行研究，共统计到114个微信公众账号，除拉萨和银川广播电台没有开办微信公众号外，其他34个城市均试水当下热门的微信公众平台。[2]

经过几年的积累，部分广播媒体的微信公众号积累了一定数量的用户，具备盈收能力，在一些地区，微信号已经拓展为新的盈收承揽载体。主要的盈收方式有以下几种。

---

[1] 快科技.2015微信用户数据报告：已覆盖中国90%以上的智能手机[EB/OL].（2015-06-02）[2017-01-12].http：//news.ittime.com.cn/news/news_4840.shtml.

[2] 隋欣，孟凡培.传统广播电台的"微生存"研究[J].中国广播.2015（4）：77.

第一，通过广告投放实现微信盈利。

微信公众号的粉丝数和到达率越高，营销价值就越高。2015年10月浙江交通之声公众号"HIFM93"粉丝数突破100万，设有"节目互动""出行利器""车友俱乐部"等栏目，头条阅读数几乎每条都超过10万，广告阅读数平均每条2万多。在推送内容中展示的客户产品信息，根据市场行情与经营需要，每条收费3 000~5 000元不等。除常规的"微信推送"发布商业广告外，还挖掘开发了"微信植入""栏目冠名""微信活动"（包括关键词报名、主题性活动、互动性游戏）等广告产品，实现客户信息的二次传播，提升了营销效果。2015年上半年，频率实现微信广告创收数百万元。[①] 杭州交通经济广播的公众号"交通91.8"同样自2014年起实现盈利，2015年1~10月微信创收已经达到1 083万元。浙江电台旗下浙江之声、私家车广播、城市广播的微信号同样实现年入数百万的盈收。

浙江交通之声、杭州交通经济广播等出台明确的新媒体价格表，其主要的新媒体广告产品有微信推送、贴片植入、栏目冠名、微信活动、微博推送等几种，广告价格随粉丝数的增长而不断调整。2015年10月1日FM93交通之声的粉丝数突破100万，很快将2015年6月1日施行的广告价格表进行调整，广告价格随着提升，平均每条增加5 000元。微信推送图文信息分周一至周三、周四周五、周六周日三个档，按照发布形式（编辑工作量的大小）的不同收取不同价格，周六周日收费最低，周四周五收费最高，周一至周三居中，例如周四周五最低收费为34 500元/条，最高为47 000元/条，周六周日最低收费为25 000元/条，最高收费为37 500元/条，不同发布形式价格相差大，而不同发布时间相差有9 500元。贴片植入按首端植入、末端植入、末端+链接三类，首端植入的头条为20万元/条，二条3万元/条，普通条2万元/条。栏目冠名按天计算。微博推送25 000元/条。

第二，通过策划线上、线下活动，带来直接或间接的创收。

浙江"私家车第一广播"的粉丝数达到62万，日均阅读量达80万次，位居电台类微信全国前三。[②] 2014年下半年以来，该微信号先后推出"微红包""私家车加油站""宝贝去哪儿""萌宝秀""萌宠秀""校园浪漫达人评选"等微信互动游戏或微信活动，吸引千万级人次关注，有效带动了广告主尤其是互联网企业的积极投放。浙江交通之声与中石化共同策划"燃油宝·空瓶创意大赛"，开发微信投票系统，吸引听众参与互动，实现客户品牌的"二次传播"。[③] 在浙江等地，微信已经成为重要的营销辅助手段，浙江广电集团各频率在与广告客户进行谈判时，都将"微信互动推广"作为一个营销卖点，吸引客户打包签订广告协议，音乐调频在微信公众号植入广播广告客户的产品信息，提供增值服务，2015上半年拉动广播广告创收1 000多万元。2015年上半年浙江广电集团各频率微信辅助营销产生的价值在数千万元。

---

①②③ 应钢.浙江广电集团微信广告营销获利千万，他们是怎么做到的？[EB/OL].（2015-10-26）[2017-08-01].http://www.aiweibang.com/yuedu/60058925.html.

第三，针对用户特征进行活动定制。

2015年10月，北京电台文艺广播《吃喝玩乐大搜索》节目利用微信号尝试售卖订制商品，节目开播十分钟，100盒月饼即被抢购一空。浙江经济广播组建股民微信群，举办"牛散实战营"，由导师在微信群中每天对大盘进行点评，对营员的操作进行线上指导，同时推出股民沙龙、投资讲座等系列线下活动，四期"牛散实战营"吸引1 200位股民参加，为广告客户实现精准营销提供了优质的目标人群，创收数百万元。①

第四，尝试微商城等电子商务模式。

多个广播微信号尝试搭建"微商城"，利用广播的传播优势，在线推广客户产品，如西湖之声在线组织"家居节""粉丝节"等活动，短短几分钟内同时在线数万人抢购，导航仪、行车记录仪等产品受到欢迎。浙江交通之声微信号推出"氧气商城"频道，下设"美味食品""汽车用品""旅游休闲""生活美味"等专场，既售卖与车、与生活相关的行车记录仪、空气净化器等产品，也经常组织自驾游等活动。

总的来看，各地广播微信公众号发展水平不等，截至2015年底，除了浙江地区几家电台微信号粉丝数达到或接近百万，其他地方的电台微信号粉丝数突破50万的还不多，因而营销价值不高，虽然有越来越多的电台微信号初步实现盈利，但具体金额相比整个电台的收入而言还微不足道。对这些实现创收的电台微信号来说，各家盈利思路也有不同，在具体的微信广告推送上，不同电台每天微信广告内容占推送总条数的比例不同，杭州交通经济广播微信公众号"杭州交通91.8"的广告比例大约占到25%~30%，其中一半的广告需要加价刊发，加价幅度25%左右。对全国61家电台的调查显示，各地电台微信运营较好的均为交通广播，侧面说明传统广播的用户优势可以转移到新媒体上，但这是否同时意味着新媒体无法弥补广播的短板，还有待持续的观察。②

（三）广播电台客户端的开发及运营

微信的出现给了传统广播"站在巨人肩膀"的机会，借助微信积累起来的庞大用户基础，广播通过构建具有自身特色的公众号就可以实现发展用户、开展活动、实现盈利的可能。但微信毕竟是第三方产品，在使用和操作方面存在诸多限制，一些电台认为只有建立自有的客户端才是重构广播影响力的正确途径，因此一部分有实力的电台走上了客户端开发的道路。

广播的客户端开发大致经历了"一代""二代"的发展演变。以北京电台为例，2012年以来北京广播网陆续研发了北京广播在线、菠萝台、幽默集装箱、欢乐正前方、今夜私语时、北广幽默、北广健康、北广戏剧、北广小说、宝贝故事10个客户端，截至2013年

---

① 应钢.浙江广电集团微信广告营销获利千万，他们是怎么做到的？[EB/OL].（2015-10-26）[2017-08-01].http://www.aiweibang.com/yuedu/60058925.html.

② 资料来源：北京人民广播电台发展研究中心，2015年全国广播跟踪调查报告，2016年3月。

底这10款客户端用户总下载安装量约35万次。这一时期的客户端开发数量多,力量分散,缺乏主线,因此用户数量均未有很大突破。2014年以来,随着对移动互联网认识的加深,广播媒体开始第二轮客户端产品的研发,主要体现为以台或频率为主体,集中力量开发一个客户端。北京、天津、浙江、上海、湖南、深圳等地电台通过自主研发或技术外包的形式开发了各自的音频客户端。从产品定位来说,有的定位于音频聚合平台,有的定位于可提供服务的社交音频平台,还有的定位于本地生活服务平台,尝试以电商、金融等方式进行产业创收尝试,如南京电台与社会公司合办的"广电猫猫"和深圳电台推出的"润生活"。但整体来看,客户端当前实现盈收的不多,小部分收入来自线上广告投放,如上海电台的阿基米德FM部分节目社区有广告盈收。

2014年6月,SMG旗下的东方广播中心进行内部改革,成立了新媒体中心。2014年10月10日,阿基米德安卓版和IOS版同步上线。该产品定位于可以提供服务的社交音频平台,以广播节目为单位,一个节目创建一个互动社区。阿基米德FM有三个职能:第一,提供一个无缝对接传统广播的播出平台,除上海电台所有节目以外,与全国有意向的其他电台展开合作,截至2016年6月已有30家省市电台签约入驻阿基米德FM;第二,为所有节目社区提供全方位的网络收听及互动数据,为节目改进提供数据参考,如节目黏性、收听活跃度、收听节目时长、粉丝数、收听热度、社区热度等。阿基米德FM上线三个月用户突破60万,2015年3月阿基米德平台上出现了第一单广告,金额达到近500万元(不含福利)。这个广告从平台上最大的一个社群"东方风云榜"上出发,派发价值千万的福利;第三,创建广播与网络联动的工作室机制,阿基米德FM通过与各地电台谈判,成为由电台、阿基米德FM和主持人三方在内的工作室,打造广播与网络联动的工作室,激发节目活力,实现经济收益。节目创造的收益四成归节目,六成给电台。阿基米德FM上线的初衷是帮助电台实现多媒体融合,专注于传统广播向移动互联网转型提供系统化解决方案,经过两年的运转,取得一系列突破,如上海交通广播的《欢乐晚高峰》节目通过阿基米德FM平台实现了由主持人备稿向用户供应内容的节目生产流程的改变,第一财经广播的《股市大家谈》原来只是上海本地化的一个财经节目,在传统收听率调查中表现一般,通过阿基米德FM平台实现了打破频点空间限制,网络数据表现优异。阿基米德FM还曾在平台上联合20个节目组做了一次麦当劳新品的首发秒杀,通过大数据判断哪些节目更适合对应的商业产品,实现了原有广播单一音频广告向通过注意力经济变现的内容价值增值。阿基米德FM逐渐构建一个跨平台、跨地域、跨介质的广播生态圈,2016年指定投放阿基米德FM的广告费达到600万元。①

广电猫猫公司由南京广电集团与摩尔猫猫公司合资成立,南京广电占股60%,具体由广播中心负责运营,产品定位于打造南京本土的生活服务平台。其主要业务包括两个方面:第一,为广播服务,配合做好节目宣传和活动推广,根据需要对广播进行全媒体包装

---

① 数据引自阿基米德FM项目负责人王海滨于2016年8月在北京人民广播电台内部的讲座。

推广。第二，获得现金收入，如运营二手车、生鲜、酒水、餐饮等各类生活娱乐线下商业服务，通过会员充值等业务，与银行协商，获得沉淀资金的返佣提成等金融收入。

自2014年起，多地电台相继通过各种方式进行自建客户端的尝试，据不完全统计，2015年全国共有40家电台推出了移动客户端，不少电台拥有多个App，并且电台移动客户端的命名呈现"去广播化"的特点，如甘肃电台的"牛肉面"、宁夏电台的"红枸杞"、湖南电台的"涂鸦"、杭州经济广播的"开吧"、南宁电台的"吃香喝辣"等。不过，除少数电台的客户端有少量创收，如"无线西安"有300万元创收，"红枸杞"有30万元创收外，大部分电台的App并不盈利。鉴于客户端的开发成本、运营维护成本，个别电台表示今后不再开发。① 作为传统广播发展的工具，多数App很难真正在市场上参与竞争。电台与App平台之间除了投资与支持之外，需要建立更长效的节目支撑机制，包括有效对接机制、节目输出和制作的奖励激励机制等。

第三节 变革中的广告整合营销

广播广告从初创积累到高速发展，进入了平稳运行期。2009年以来，中国广播广告增速趋缓，从单个电台来看，翻番增长的势头再难出现。受经济环境、监管政策、市场竞争等多重因素影响，广播广告经营压力不断增大，各地电台进行经营战略和策略上的调整。

一、集中经营的趋势增强

承接上一阶段的趋势，广播广告在经营机制上依然有三种选择：统一经营、分散经营以及介于两者之间的统分结合模式。但整体来看，到这一时期，广播集中经营的趋势增强，多数电台意识到资源整合的重要性，开始走做大做强的集中经营路线。

在实行分散经营七年后，2009年上海广播电台对12个广播频率的广告经营进行统筹管理，实行"统一经营"。② 2009年广东电台同样做出调整广告经营模式的决定，将各频率分散经营聚拢为统一集中经营，组建了统一的经营管理中心。中央电台也是从2009年起开始对广告资源重新进行盘点，于2010年12月成立广告经营中心，与央广广告公司合署

---

① 北京人民广播电台发展研究中心.2015年全国广播跟踪调查报告.2016年3月.
② 2009年10月，经国家广电总局批准，上海广电作为国内首家大型广电传媒集团实现制播分离、整体转企改制的试点，将原来的上海文广集团拆分为上海广播电视台和东方传媒集团。

办公,一套机构、两块牌子,统筹经营中央电台广告业务(见图5.3)。北京电台2009年以来的经营机制没有大的变化,继续沿用全台统一经营的思路。

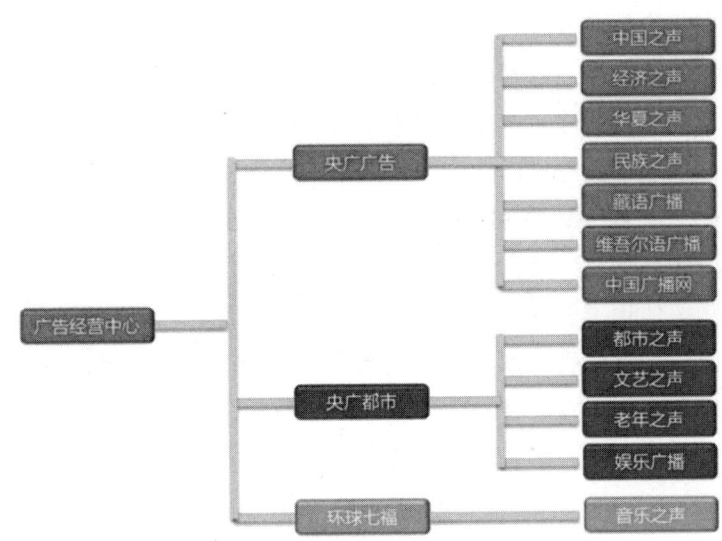

图5.3:中央电台广告经营格局

也有一些电台在经历从分散经营到统一经营的尝试后,重新允许部分广告业务分散经营,实行统分结合的经营模式,比如江苏电台、湖南电台、黑龙江电台。江苏电台自2007年统一广告经营,经过七年的运转,到2014年江苏电台对经营机制进行较大调整,经营主体由原来的一个广告中心调整为四部分,广告经营中心只负责三个优质调频主频率的经营,其余的广告由频率层面负责,统一经营的体量占到60%,频率自营占40%。与江苏电台相仿,2013年以前湖南电台也是所有频率打通经营,到2014年突破统一经营的局面,实行灵活的"统分结合"方式,除三个主要频率由经营中心统一经营外,其余频率实行广告自营。

在一些地区,电台广告经营机制受到广电体制改革的影响,缺乏稳定性。以辽宁为例,2009年12月辽宁广播电台成立后,实行广播电视的一体化经营。2012年1月起,辽沈两台展开战略合作,两台广告资源统一归到辽台广告中心统一经营。由于种种原因,这种模式于2013年底解构,经营权重新划归各频率。

二、广告代理制深入推进,全频代理现象增多

不同于早期的集中经营模式,这一时期多数电台建构统一并且开放的经营平台,以广告经营外包、广告代理制为基本特征,探索自营与代理之间的平衡比例,是更高层次的全新的统一集中。

在代理制具体应用方面,不同电台有不同的选择。2009年上海电台对经营方式进行

精细重构，自营大频率，代理小频率，到2014年年底自营与代理的比例达到3∶2，代理业务主要有汽车行业的行业代理和五星体育频率。天津电台对品牌广告采取分行业代理的方式，对医疗广告进行分频率代理。黑龙江电台实行频率分行业代理，同时采用项目代理制、频率代理制以及电台自营等经营模式。湖南电台交通频率全行业代理遇到瓶颈，后实行指定客户代理的方式，除了汽车和房地产行业，其他行业全部放开，有能力的广告代理公司可以列出可代理行业与具体广告客户清单，与广告中心签订代理协议。

整频代理的现象增多，特别是在广东地区。2015年前后，广东电台采用整频率代理制，旗下大部分频率均整频交由广告公司代理，广州电台四套频率也由两家公司代理，其中车语传媒整频率代理了三套频率。深圳电台以4.05亿的任务整体包给了上海韬略。远誉广告、车语传媒、同瀛广告三家公司成长为广播广告市场规模较大的三家运营商。车语传媒公司代理全国300家广播电台的广告业务，并与十余家电台达成战略合作，进行整频运营或独家垄断式行业代理。远誉广告整频代理河南交通、广东音乐之声等14个频率，独家代理北京电台、河北电台等35家电台或频率的汽车行业广告，兼营省外行业代理，年营业额超过10亿元，超过很多电台的经营体量。

三、销售模式与营销手段创新

纯粹的硬广投放已经很难满足客户需求，线上线下的整合营销成为发展趋势。广播媒体在开展广播经营过程中，逐渐形成了几类主流的广告销售模式：一是招标，二是预售，三是常规销售，四是新产品促销。对黄金时段资源通过公开竞标的方式进行出售已经成为行业惯例，这也是电台广告收入的重要来源形式，各家电台的招标会一般会在上一年的10月举行，每年的12月则集中对第二年的其余时段资源进行预售。2010年以来，上海电台在年度招商的基础上，以季节划分阶段，有重点地开展各频率市场推介工作，加强主要客户间的联动，同时多次组团前往北京、广州、武汉及长三角周边地区拜访客户，在当地召开广告招商会，多通路打开上海广播广告区域销售的局限。[①]2013年，上海电台首创全国广播专题广告竞价拍卖，2015年度汽车品牌广告代理权的招商方式也以拍卖形式进行销售。

在广播广告经营过程中，电台开始注重营销理论的提炼与应用。陕西秦腔广播践行"文化营销"，挖掘自身特色资源，从价格的硬销售向价值的软销售转变，从浅层信息传播到深层理念共建，发掘广告创收的新途径。中央电台充分分析广播特性、归类客户需求，提出甲方数据营销、关键词搜索、工具箱等营销理论，应用长尾营销、事件营销、体验营销，主动推行碎片化经营，允许客户先做短期投放体验，赢得客户极大信赖，广告创收不断增长（见表5.2）。

---

① 金亚，裴建平，范国平.忆往昔峥嵘岁月稠：改革开放后的上海广播广告[J].中国广播，2012（11）：76.

表5.2：2007~2015年中央电台广告收入情况及年度增长率[①]

年度	2007	2008	2009	2010	2011	2012	2013	2014	2015
广告收入（亿元）	2.3	2.6	3.3	4.2	5.78	7.2	7.5	7.63	9.41
年度增长率（%）		13	27	27	37.60	24.60	4.2	1.7	23.3

除此之外，广播媒体加大活动营销、整合营销力度。在浙江，以浙江之声、交通之声、私家车广播、城市之声等频率为代表，每年组织的营销活动在200场次左右，广告与线下活动紧密贴合，为客户提供全方位营销服务。2011年，黑龙江电台自主策划开展系列活动，以雪地温泉节、汽车文化节、家居狂欢节、家居喜乐惠、皮草世博汇、放心食品评选为代表的线下品牌营销活动，全年共为广告经营带来2 500万元的增量，其中作为体验式与口碑式营销的汽车文化节和龙广家居喜乐惠等活动已成为龙广品牌的标志。[②]2014年，深圳广播各套频率总共实施了320多场线下活动，几乎每天一场，为深圳广播直接带来3 000万元的广告创收。广东电台活动收入有8 000万元之多，占全部广告收入的20%，佛山电台的活动收入达2 500万元，在全台占比14%。部分电台的活动收入虽然占比很小，但体量都超过百万，如厦门台823万元、杭州台700万元、广州台200万元。宁夏电台虽然全台广告收入只有2 000万元，线下活动却能占到40%。[③]黑龙江龙广传媒股份有限公司的哈尔滨国际啤酒节已经举办了14个年头，2015年"啤酒节"给龙广传媒带来585万元的活动创收。线上做节目、线下做活动已经成为广播"接地气"的主要形式。

四、客户结构及广告产品的变化

受到经济环境、政策管制等多种原因影响，广播广告的行业结构发生变化，金融保险、电信、交通等传统支柱性行业的投放比例不断缩小，互联网企业、应用软件等新兴客户和行业加大在电台广告投放，成为广播广告新的增长点。CTR媒介智讯数据显示，2015年1~6月软件类产品的电台花费同比增加1.6倍。以上海电台为例，2014年互联网行业广告投放同比增长91%，在电台广告投放行业里排名第六。2015年该行业同比上涨72%，成为上海电台第三大广告投放行业。在2015年七、八月，互联网行业投放已经变成行业第二。在北京电台，2015年互联网行业的崛起填补了因传统行业投放锐减造成的广告损失，新媒体行业越来越成为广播广告的重要客户。

不同地域、不同频率类型之间，广告产品出现分化，常规广告出现了30秒、20秒、

---

① 数据来源：根据中央电台对外公开发布的广告收入数字整理。
② 赵鸿洋.广播广告之"数、理、化"：黑龙江电台广告运营实践心得与解读[J].中国广播，2012（8）：19.
③ 资料来源：北京人民广播电台发展研究中心，2015年全国广播跟踪调查报告，2016年3月。

15秒、10秒、7秒、5秒等多种形式。随着专题广告减少，各家电台加大软性广告研发力度。2011年黑龙江电台推出60余项广告新产品，如频率节目冠名、整点报时、气象提示等，受到代理公司和客户青睐，创收达1 800多万元。陕西电台力求为客户提供定制型广告产品，包括自制剧植入、软性商业主题、节目独家合作、品牌影响力商业论坛、包装节目、大轮盘资讯植入等形式。"广告主往往既有品牌宣传需要，又有促销宣传需求，既要影响活跃的互联网线上用户，又要影响线下的各级经销渠道"[①]，中央电台利用广播特性，推出"碎片化营销"概念，通过多个版本来实现广告主品牌建设、产品促销、渠道拓展等多种营销需求。

第四节 多元化经营进入新阶段

2009年以来，广播媒体加快产业化步伐，多元化经营的业态不断更新，运营机制不断理顺，整体进入新的阶段。

一、整合可经营性资源，创建统一运营平台

以两大国家电台为首，加快了可经营性资源的剥离步伐，按照"企事分开"的原则，创建并巩固产业运营平台的地位。2009年，中央电台对央广传媒发展总公司进行大幅增资，并将全台所属可经营性资源——授权其经营开发，从政策和资金扶持两个方面强化了央广传媒发展总公司的产业平台地位。2010年中央电台再次对央广传媒发展总公司进行重组改制，完成对拟纳入股份公司节目制作业务涉及的设备、资产的清查工作，为未来对接资本市场扫清体制障碍，到2012年央广传媒发展总公司旗下已有15家子公司。2011年1月18日，国广环球传媒控股有限公司挂牌成立，成为国际电台开展媒体和文化产业运营和发展的统一平台。该公司以国际电台可经营性资源为基础，从事媒介资源整合和媒介服务业务的投资开发和经营管理。

省级电台也都迈出机制改革的步伐，整合资源，发展产业。河南电台在做大做实广告创收的同时，针对现有产业资源"小、弱、散"的局面，进行了大刀阔斧的资源整合，于2008年12月31日成立了河南广播传媒有限公司，吸纳全台可经营性资源，发展多元产业，搭建起了河南电台多元化的产业经营发展平台。2009年4月，贵州电台将除新闻节目以外的其他节目、栏目、多媒体数字广播、金州广播网、金州快报、广告部、LED电子显

---

① 周伟.电子商务崛起下的广播广告新机遇[J].广告人，2013（2）：39.

示屏等可经营性资源、资产进行整合，组建由电台控股的"黔西南金腾广播传媒有限公司"，该公司是"台属、台控、台管"的股份制文化企业，其中由电台控股60%。公司利用自身优势，外引内联，开拓了除传统调频广播以外的五个可经营性传播平台，经过八个多月的市场运作，公司各项业务顺利开展，当年实现收入超过100万元。[①]在市场竞争中，增资往往是公司拓展新业务、规划新布局的基础。在最早创建产业运营平台的北京电台，2014年对北京广播公司进行再次增资，使其注册资本从2002年的2.847亿元增加到5.347亿元，壮大了其作为市场主体的实力，为公司产业发展提供了坚实的支持和保证。在江苏、浙江、湖南等地，由于广播电视的一体集团化运作，广播产业被纳入集团产业板块统一运营，如浙江交通之声的交旅传媒公司、杭州西湖之声旗下的传媒公司和旅游公司都隶属于集团统一管理。在广东，2015年，广东电台对产业进行清理，旗下原有的20来家台属企业整体平移到集团，由集团授权给频率进行管理运营。

表5.3：央广传媒发展总公司旗下公司名录

公司名称	成立时间
央广视讯传媒（北京）有限公司	2007年9月
音乐之声（北京）传媒有限公司	2008年12月
北京央广瑞迪科技有限公司	2009年5月
央广都市（北京）文化传媒有限公司	2009年7月
央广幸福购物（北京）有限公司	2009年9月
北京央广众和物业管理有限公司	2009年9月
央广新媒体文化传媒（北京）有限公司	2011年底
央广财经文化传媒（北京）有限公司	2010年5月
央广江通（北京）文化传播有限公司	2010年5月
央广传媒发展总公司广告分公司	2010年9月
央广传媒发展总公司南京分公司	2010年10月
央广之声（北京）文化传媒有限公司	2011年1月
央广投资（北京）有限公司	2012年3月
央广传媒发展总公司广东分公司（筹）	不详
央广传媒产业基金管理有限公司（筹）	不详

二、传统业务向新业务转型

从业务布局来看，国家级电台产业化运作均在尝试摆脱广播单一形态，成为综合性资产性公司。中央电台自2010年确定以传统媒体业务为基础、以新媒体业务为方向的发展

---

① 陈红.坚持科学发展 做出强势产业：黔西南人民广播电台台长张元华访谈录[J].新闻窗，2010（3）：8.

模式，除广播节目制作、广告代理、广播节目版权开发等传统业务外，搭建以中国广播网为运营基础的新媒体产业集群，发展手机电视、互联网电视、车载视听、有声阅读等新媒体业务，并开播电视购物频道，成立投资公司。2013年央广传媒总公司非广告业务收入首次超过广告业务收入，产业结构得到进一步优化。2011年以前，国际电台产业经营以出版社、报社、物业公司、文化传播、培训中心等传统业务为主，经过盘点整合，国际电台产业运营自2011年进入全新阶段。近年来，国际电台在传统广播产业业务的基础上，加快发展新媒体和其他多种业务，形成了广播、电视、新媒体和其他业务四个板块，实现了由单一广播业务向全媒体资源经营的转变。

经过多年运转，以北京电台、广东电台、黑龙江电台等为代表的省级电台的多元化经营布局同样不断调整和完善。到2012年7月，北京电台旗下已有11家全资或控股子公司，2013年下半年起北京电台着手进行产业发展梳理，盘点调整原有经营业务，并探索新的发展布局，2014年以来陆续成立了从事新媒体开发、广播购物、版权购销、基金投资业务的四家新公司。广东电台旗下近20家台属企业，主营业务涵盖广电节目制播及影音产品制售，旁涉广告经营代理、汽车用品零售、自驾游服务、文娱展演等各类活动代理、语音制作、广电人才培训等。黑龙江电台的经营领域拓展到广播剧、动漫配音、文化旅游、电子商务、绿色食品、教育培训、婚庆、演艺会展等新领域，立体化产业格局逐步形成，截至2014年年底，黑龙江电台广告以外的其他产业产值实现1.1亿元。

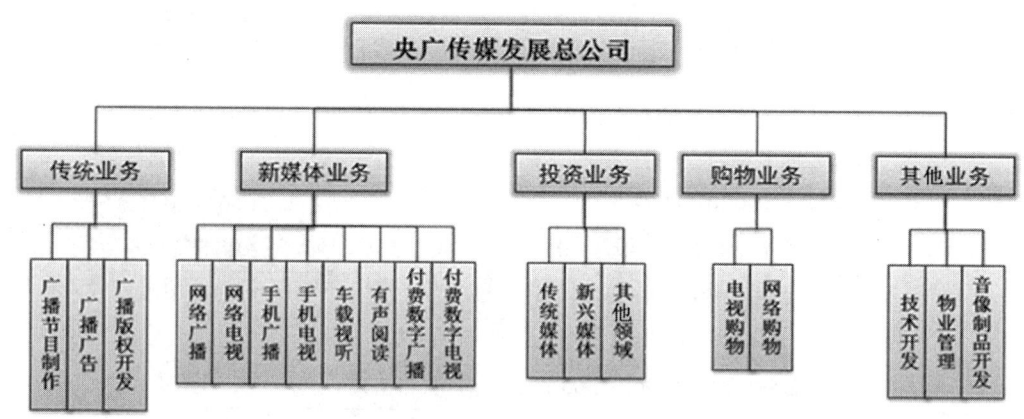

图5.4：中央电台产业业态图

三、广播购物业务兴起

广播购物成为广播媒体在非媒体领域经营的一种全新探索。借助广播线上资源，开发媒体零售业务，将线下的用户培养成线上听众，上下联动。哈尔滨电台文艺频率2009年推出一档广播购物节目《984团购联盟》,该节目改变嘉宾讲座的模式,听众可以拨打热线直接沟通信息,现场预订产品,全天分几个时段播出,经过几年发展,形成了以店面销售为主的销售体系,年产值在4 000万元左右。2010年4月湖南电台开播全国唯一一家广播购物频率"快乐购",尽管在一年后改变定位,但广播界对于广播购物的尝试并未就此停止。黑龙江电台以绿色农产品销售为定位,建立会员制配送渠道,发展线下农产品销售业务。辽宁经济广播经过"线下"尝试,发现围绕经济、消费、市场等资源优势而开设的广播购物项目是实现频率经营转型的可用渠道。陕西广播电视台《超级麦克风》节目推出周边品牌产品超麦T恤,在2012年创下两天内销售千余件的记录。南京广播购物公司曾有过月销售400万的记录。2014年上海电台交通频率开办"东方广播购物"栏目,在短短20分钟时间内销售七辆路虎汽车。江苏电台"江广爱购"节目设居家购物事业部,在两个交通台和一个新闻台进行播出,以应季食品、收藏品等为主。2015年起,北京电台打造《北广购物》节目,以广播为主媒介,辅以网络、手机APP、型录等,打造集宣传推广、组织销售为一体的购物节目和商务平台,该节目在五个频率同时开播,探索新媒体时代传统广播的经营模式。2015年,吉林电台"广电汇"实体店开业,主要是经营广播中的团购类节目产品,以东北特产为主。为了开拓业务,吉林电台与腾讯合作开发线上电子商务平台,通过微商圈促进实体店运营。

四、投融资业务的开展

传统广播开始借助与资本、市场的对接,谋求更大的发展,融资、投资以及基金管理等业务陆续开展。2009年起,中央电台先后获得中国建设银行北京分行30亿元、中国工商银行北京银行50亿元信贷融资。2012年央广传媒发展总公司专门成立投资公司,通过引进和借助社会资本,承担中央电台经营资源配置、股权投资、产业投资的综合功能,开展资产管理、投资咨询等业务,大力培育新兴业务,通过项目投资实现投资收益。央广投资公司的主要投资方向包括广播、电视、平面等传统媒体资源和网络、手机电视、数字广播、数字电视等新兴媒体领域以及与传媒行业相关的其他业务领域,一方面大力培育新兴业务发展,实施产业投资,另一方面实施财务性投资,即对项目投资后择机退出的方式实现资本增值。国际电台近年来加快资本运作步伐,于2013年成立国广环球资产管理公司,从事投资管理、商务信息咨询、企业管理咨询等,该公司是上市公司华闻传媒投资集团有限公司的第一大股东及控股股东。华闻传媒以多个领先的垂直领域业务为基础,以多屏互动为手段,以垂直化、社区化、数字化、国际化为方向,着力打造"互联网平台型传媒集团",为用户提供综合生活服务,为客户提供全案营销服务,其主营业务包括报刊经营、广播广告、留学服务、手机视频、漫画动漫、楼宇广告、舆情监测、燃气经营等。公司自成立以来经营规模不断扩大，并连续实现盈利，2014年实现营业收入39.53亿元。2013年10月，国际电台旗下的国广环球传媒控股有限公司还整体收购中华网。

北京电台于2014年开始发展基金投资业务，成立VC和PE两支基金，一支用于扶持北京电台内部及与北京电台产业发展方向相契合的其他文化创业项目，另一支则放眼于TMT行业优质项目投资，通过吸纳社会资本，开发新的投资领域。黑龙江龙广传媒股份有限公司是黑龙江电台实际控股的股份制公司，成立于2008年，主营广告代理和品牌营销两大业务，近年来经营发展持续突破，成为集广告代理、品牌营销、展会服务、文化推广等业务为一体的综合性现代服务提供商。2015年11月26日，黑龙江龙广传媒股份有限公司在新三板挂牌上市，是黑龙江电台为探索资本市场迈出的重要一步。

五、音频版权购销与运营

随着新媒体技术发展，传输通道不断扩容，音频内容的版权价值不断凸显，整合版权内容，开发版权购销成为当务之急。以中央电台、北京电台为首的多家电台通过成立版权公司的形式，进行音频版权的开发与运营业务。央广之声文化传媒有限公司是手机有声阅读运营商，负责集成国内外优秀音频节目，以手机终端为切入点，整合其他接收终端，通过与运营商、终端厂商合作开拓有声阅读产业。该公司2011年成立，在北京、上海、杭州都设有办公机构。2015年，北京悦库时光文化传媒有限公司成立，全权负责北京电台的版权业务，并面向市场开展业务，该公司定位为音频市场版权投资与版权运营机构，主要有两部分业务，一是版权投资，面向音频版权提供方提供包括版权合作、版权代理和版权引进在内的服务；二是版权运营，面向传统电台渠道、新媒体渠道、海外渠道等音频版权需求方提供音频内容。经过几年的运作，部分电台初步完成既有音频内容资源的分析整理，建立音频版权产品库，并研发、定制符合市场需求的音频产品，取得经济效益。2015年12月，中央电台、北京电台、河北电台等全国28家广播电台发起成立"全国广播音频版权联盟"，签署《全国广播音频版权联盟发起成立倡议书》，呼吁社会各界保护广播媒体音频资源合法权益，充分发挥广播行业的集体凝聚力，通过行业间的合作与自律，共同保护、规范、开发和孵化优质音频资源，确保音频产业健康、有序、良性发展。

六、有形物产和服务经营

"传媒产业目前的一个发展趋势就是,随着竞争的加剧,媒体为了自身的生存和发展,将吸聚越来越多的产业要素、市场因素卷入其中。这种卷入并不仅仅是竞争规模的不断扩增,而且包含着产业结构的扩容整合与优化。"[1] 广播媒体在长期的运行发展过程中,积累了一定数量的事业性固定资产和有形资产,这些资产有的是通过人力、服务的形式存在,有的是通过物化的形式存在,通过对这些资产的盘活使用,能够达到资产变现的目的,比如物产经营和服务经营。

北京广播大厦是北京电台投资最大的资产,其总面积为5.4万平方米,主楼为24层,附楼为11层,具有酒店、写字楼和演播厅三大业态。为更好地经营和管理好广播大厦,北京广播公司独家投资成立了北京广播大厦管理有限责任公司。北京广播大厦自2009年正式营业以来,逐渐成长为北京电台的支柱性产业收入来源。在酒店经营方面,委托第三方酒店管理服务公司进行专业运作,客房、餐饮及停车场销售全面展开。写字楼方面,通过开展差异化竞争策略,出租率逐年上升,常年达到满租状态。在演播厅方面,深度挖掘各行业客户,丰富服务项目,在影视制作行业内取得了良好的口碑,每年承揽大量的栏目录制及活动。根据2016年初数据,北京广播公司全年实现收入近8 500万元,在北京广播公司利润总额中,广播大厦公司一枝独秀,利润占比近七成。

广州电台在新台址基础上建成的广州国际媒体港同样也是传统广播媒体向新型业态经营的典型代表。广州国际媒体港由东塔、西塔、大平台以及周边规划用地等组成,在功能配套上为入驻企业提供了现代、快速、便捷的公共服务,包括节目采集、信号传输、非线性编辑制作、演播室包装、媒体内容资产管理和共享发布等媒体专业技术,国际媒体港在未完全建成之前就已经开始招商。云南电台参与出资成立的云南广电传媒集团不断改变单一广告的经济增长方式,拓展购物、影视剧制作、房地产等经营板块,同样实现了经营的战略性转移。

中央电台在产业经营的尝试中,将后勤工作企业化改革,进行办公资源的开发和再利用,将广播技术产业化,积极拓展业务渠道,着力打造一条从设备研发、采购、安装、调试到设备使用、维护、技术支持及节目制作的产业链,试图将技术转化为生产力,这些举措无论是对开掘事业性资产的价值还是开展多元化经营都意义重大。

---

[1] 喻国明.产品为王:传媒产业竞争的新主旋律[J].当代传播,2008(2):卷首语.

本章小结：数字化转型中的经营升级

广播的数字化转型指的是摆脱过去单纯依靠开路广播的传输方式，借助数字技术、互联网技术等新的手段，积极推动传统广播与新媒体的融合，实现广播传播形态的数字化、网络化，从而推动从内容生产到运营管理的全新升级。受政策、技术等多方面影响，我国数字广播的发展基本处于停滞状态，因而广播的数字化转型往往是指广播的网络化转型。

经过30多年沉淀，借由无线电波传输的开路广播迎来新的时代，其传输通道借助互联网有了新的突破。这一时期，广播与互联网的融合有了阶段性积累，表现在广播电台推出的一系列互联网产品以及对各类社会网络资源的积极利用。推进网络融合的过程中，广播行业本身继续进行着专业化、细分化的探索，基于受众需求的细分频率不断出现，节目与新媒体的联动增强。在台网融合、台网互动的过程中，广播媒体相继进行过网络营销、网络创收的尝试。早期的网站盈利尝试大多停留在探索层面，没有实质收益，进入移动互联网时期之后，部分新媒体运营和经营探索初见成效。

与此同时，互联网和移动互联网的崛起，使得企业的营销传播路径急速扩张，企业的媒体投放预算发生裂变，传统广播广告被分流。应对内外各种不利因素的挑战，很多电台加强了资源整合、统一经营的力度，但也有的电台审时度势，强调基层能动性的发挥，实行统分结合的经营方式。经过十几年的发展，广告代理制在广播界得到广泛应用，但是在具体的代理方式上各地出现了策略不同，迫于经营压力，整频代理和承包代理的现象有所增多。

新媒体对于传统广播的影响不仅体现在传输渠道拓展和传播形态的拓展，而且改变着传统广播的生存业态和产业链条。这一时期，广播媒体的多元化经营业态发生着潜移默化的改变，广播购物、版权运营、新媒体开发、金融投资等新的业态不断出现。经过几年快速发展，多家电台基本确定了以传统媒体业务为基础、以新媒体业务为发展方向的业务发展模式，一条较为完整的传媒产业链基本成型。

电台作为事业单位，长期以来实行事业体制事业化管理，在有效保障工作运转的同时，也存在着体制僵化、机制不活的问题。为了适应多元发展的新要求，更多的电台从建立现代企业制度的角度，努力实现体制机制的合理性构建，通过整合重组资源，实现"宣传与经营分开"，运营机制不断理顺。

总的来看，这一时期，广播经营呈现以下基本特点：第一，中国广播基本结束了以数量增长、规模扩大为特征的粗放式经营发展阶段，逐步步入以资源重组、结构调整和行业改革为核心内容的整合时期。第二，经由30多年的开垦，广播广告经营经历上一个阶段的高速增长后，进入平稳运行期。2009~2018年间，广播广告营业额实现了由71.9亿元到136.66亿元的翻倍增长（见表5.4），但是增长起落出现极大的不稳定性。第三，随着广播多元化经营的不断探索，产业收入形式逐渐从单一的广告、节目制作型收入转换至直接由用户交付产生的收入，如电视购物、视频点播、有声读物付费下载等，电台接触用户的方式在发生转变。[①]

表5.4：2009~2018年我国广播广告营业额及增长情况

年份	营业额（亿元）	增长率（%）
2009	71.9	5.2
2010	77.2	7.4
2011	90.95	17.86
2012	141.06	55.09
2013	141.19	0.09
2014	132.84	−5.91
2015	124.49	−6.29
2016	172.64	38.68
2017	136.68	−20.83
2018	136.66	−0.02

[①] 王求.两轮驱动，良性循环[J].中国广播影视，2012（10）下：10.

第六章 广播经营的特征、规律及影响因素分析

改革开放以来,我国各地电台的经营探索是广播媒体不断"产业化"的进程。"'产业化'最初起源于国家财经拨款减少,媒介自谋生路,进行广告和商业活动,以此解决媒介生存空间、经营规模和竞争实力的问题。"历经40余年的改革历程,"'产业化'议题和使命又重新回到原点"——解决在新的形势下"如何获得更高效率、实现规模和效益两者丰收的问题",我国广播经营取得了长足进步,广播广告实现从万元到亿元的跨越式发展,多元化经营从传统业务向新兴业务演变,广播经营的市场化程度和社会化水平不断提升,广播产业链初见雏形。在推进产业化的过程中,电台的经营活动受到外部媒介环境、经营政策以及内部改革、管理机制等多方面因素的影响。内外部多种因素汇集,使得广播的经营呈现出特定的脉络和曲线。

第一节 广播经营的特征和规律

从广播经营的实践来看,广播经营改革是有阶段性的。广播经营的阶段性,由于各地情况不同、电台之间有差异,阶段性经营的内容、突出的重点也是不同的。各个阶段时间的长短、取得成效的大小,受到当地经济发展水平以及自身物质基础、人员素质、主观努力大小的影响和制约。不管哪种情况和成效大小,全国多地电台改革的实践,大都是由局部到全局、由点到面、由浅入深、由易到难,不断深化的。从产业化实践来看,广播媒体经历了市场化、社会化、多元化三个主要进程,经营与内容传播有规律地联动,经营实践伴随着经营理念同步演进,阶梯式发展是广播经营的一般性规律,同时从经营机制、经营

模式、经营业态等多个方面来看，广播经营具有螺旋式上升的特点，每一次经营尝试都是对广播特性的挖掘。

一、广播经营的数据变化透视

（一）广播广告营业额整体呈上升趋势，市场规模不断增大

与发达国家相比，我国广播广告市场起步虽晚，但发展较快，在过去40年间市场规模不断扩容。自1983年国家有关部门开始统计并公开发布广告行业数据，到2018年共35年的发展历程中，我国广播广告仅在1999年、2014年、2015年、2017年出现过四次负增长的情况，其余年段全部保持增长态势。1983年我国从事广播广告经营的单位达到110家，当年实现广告营业额1 807万元。1993年我国广播广告营业额达到3.5亿元，2003年达到25.6亿元，2013年达到141亿元，30年净增140亿元，年均增长26%，广播广告市场总量整体呈上扬态势，广播广告的市场规模不断扩大（见图6.1）。

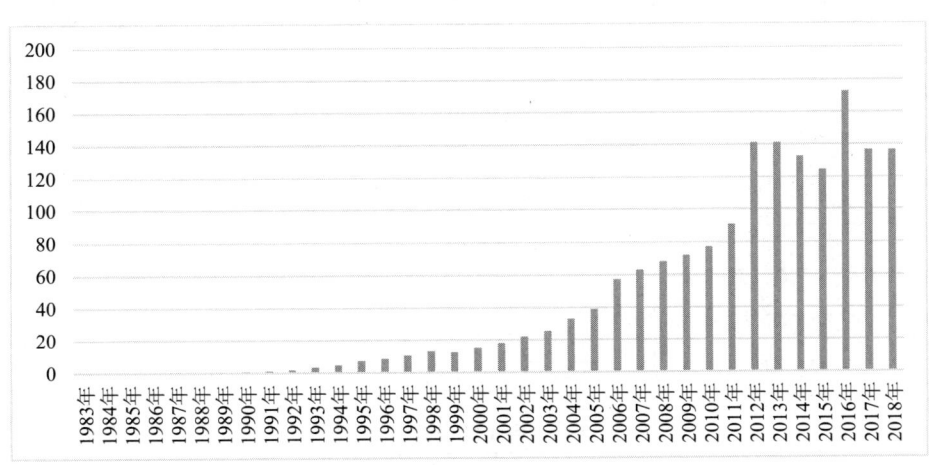

图6.1：1983~2018年广播广告营业额情况（单位：亿元）①

从单一电台来看，由最初一年广告收入仅几十万元到如今年广告创收达到数亿元，电台个体成长与广播市场的整体扩容相联动，广播媒体的传播价值不断得到释放。1997年，北京电台成为第一个广告收入过亿元的电台，广东电台紧随其后在1998年实现广告收入过亿元。据不完全统计，到2015年，全国广告创收过亿元的电台共有41家，其中有3家电台广告创收超过7亿元，5家电台创收超过4亿元，3家电台创收超过3亿元，11家电台广告创收超过2亿元。北京电台成长为年广告创收8.58亿元的电台（见图6.2），上海电台广告收入达到7.96亿元，中央电台达到7.87亿元（见表6.1）。

---

① 根据历年《中国广告业统计数据报告》数据绘制。

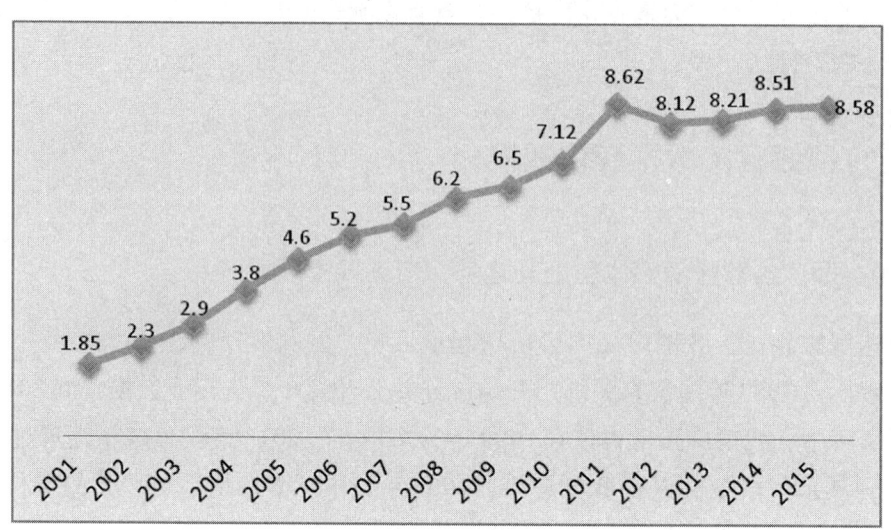

图6.2：北京电台2001~2015年广告纯收入（单位：亿元）[1]

表6.1：2014年全国电台广告创收前十位的电台[2]

广告创收排名	名称	广告创收总额（单位：亿元）
1	北京电台	8.58
2	中央电台	7.63
3	上海电台	7.30
4	天津电台	6.20
5	陕西电台	6.10
6	深圳电台	5.37
7	浙江电台	5.00
8	广东电台	4.11
9	黑龙江电台	3.90
10	湖北电台	3.56

从单一频率来看，2002年北京交通广播成为全国第一个创收过亿元的广播频率，到2015年全国广播单频率创收过亿元的频率已近20个，其中上海电台有3个频率，中央电台、北京电台、浙江电台各有2个频率，北京交通广播的单频广告创收接近5个亿元，频率资源价值得到充分体现（见表6.2）。

---

[1] 郑金诗. 广播广告市场分析与经营创新[EB/OL].（2016-07-01）[2017-08-10].http://www.aiweibang.com/yuedu/128797829.html.
[2] 资料来源：北京人民广播电台发展研究中心.2015年全国广播跟踪调查报告.2016年3月。

表6.2：2014年广告创收破亿元的广播频率（不完全统计）①

序号	频率名称	广告创收（单位：亿元）	占全台广告创收的比重（%）
1	央广中国之声	6.00	79
2	北京交通广播	4.969	58
3	深圳交通广播	3.06	57
4	上海动感101	2.50	34
5	上海交通广播	1.50	21
6	广东羊城交通台	1.23	23
7	上海loveradio	1.20	16
8	重庆交通频道	1.09	52
9	陕西交通频率	1.02	17
10	央广经济之声	1.00	13
11	北京音乐广播	1.004	11.8
总计		24.573	——

（二）多元化经营初具规模，"两条腿走路"的格局初步形成

多元化经营探索让广播媒体接触到广告以外更广的经营领域，通过资源与业务的整合，探索市场化经营、产业化开发的路径。尽管目前并没有对广播产业收入的官方统计，但从单一电台内部的收入数字可以窥见多元化经营的成效。中央电台旗下央广传媒发展总公司旗下分、子公司达到20余家，员工总数1 900多人，拥有广告经营、节目产销、演艺经纪、音像出版等传统广播衍生业务，也培育了新媒体、媒体零售、投资等具有高成长性的新兴业务，初步形成产业集群。黑龙江人民广播电台的经营领域现拓展到广播剧、动漫配音、文化旅游、电子商务、绿色食品、教育培训、婚庆、演艺会展等新领域，截至2014年年底龙广告收入实现4.3亿元，其他产业（不含广告）实现产值1.1亿元，传统广告产业与新兴产业配比调整为4∶1。2015年11月26日，黑龙江龙广传媒股份有限公司在新三板挂牌上市。部分电台开始尝试营销分成模式，直接进入销售环节，比如无锡电台着力推进广播商城，涉足产品销售、仓储物流等领域，常规广告和活动营销收入比例达到8∶2。徐州电台深挖建材、车险、美食等关联产业，通过专业栏目和主持人以及专家团、帮助团，把房地产销售渠道打通，再通过"看房团"把房产消费意向打通，实现利润分红。广播媒体的产业化探索从传统资源开发到新兴产业介入，从文化产业到实体产业，产业经营的范畴不断扩大，经营方式也越来越灵活。通过事业运营和产业化运作"两条腿走路"，推动电台结构调整和资源整合，正成为广播体制改革的趋势和方向。

---

① 资料来源：北京人民广播电台发展研究中心.2015年全国广播跟踪调查报告.2016年3月。

二、市场化、社会化、多元化——广播经营的三个主要进程

广播经营的开展过程是广播媒体不断增强竞争意识，按市场经济规律办事的过程，也是不断引入社会力量进行市场开发的过程，在与市场不断互动的过程中，广播媒体的经营不断向着多元化的方向发展。

（一）市场化：广播经营是广播媒体不断走向市场的过程

改革开放以来，中国社会从上层建筑到经济基础都发生了重大变化，广播媒体置身社会发展的大浪潮也不例外。在原来高度集中的计划经济体制下，电台作为事业单位，实行事业化管理，经费来源主要依靠财政拨款，对电台的管理依靠高度集中的行政命令。改革开放以后，随着电台经营活动的恢复和开展，广播媒体的事业单位属性虽然没有改变，但其产业属性基本明朗，各地电台在实践过程中不断以市场需求为导向，充分配置内外资源，探索合理的经营建制，实现社会效益与经济效益的统一。

从经费来源来看，电台的财务状况经历了几个重大变化。从改革开放前完全依靠国家财政拨款到20世纪80年代通过一定的经营创收弥补"有限的不足"，再到20世纪90年代自主经营创收超过财政拨款，到现在以自收自支为主、国家财政拨款为辅，电台初步具备了面向市场创造效益的能力。广播日常运转的开支相当一部分主要依赖经营创收，广播媒体在把社会效益放在运营目标第一位的同时，把经济效益也放在了一个突出位置上，电台不断增强竞争意识，充分发挥广播的信息传播、文化娱乐、生活生产服务等功能，考虑占有听众市场，加强对听众市场的研究和观察，强化对经营数据的研判和运用。

在此过程中，电台的组织机构发生了变化。我国广播媒体在市场化进程中，逐渐探索出"双轨制"的运行机制。保持电台必要的宣传部门（采编播）和行政技术保障部门不变，所有经营部门（广告经营、节目制作发行和其他台属企业）剥离出来，形成电台和广播集团并行的"双轨制"模式（见图6.3）。这种模式确保节目终审权和播出权掌握在电台，将政策允许经营的资产、资源和业务从事业体制中分离出来，面向市场进行企业转制和重组，按照产业发展方向和现代产权制度、现代企业制度的要求组建公司。在这种模式下，多个电台都搭建了产业运营平台。1979年之前广播媒体多由节目部门和后勤部门构成，随后电台相继成立广告经营部门，再到后来成立专门的产业开发部门或广播公司，目前多数电台已经转型成为含内容、广告、新媒体、产业四类机构并行的结构，从只有几个部门的机构发展成为播出部门、职能部门、产业公司的综合传媒结构，实现了由单一的广播媒体向全媒体机构转变，由单一的事业体制运转向事业和产业并行发展转变。

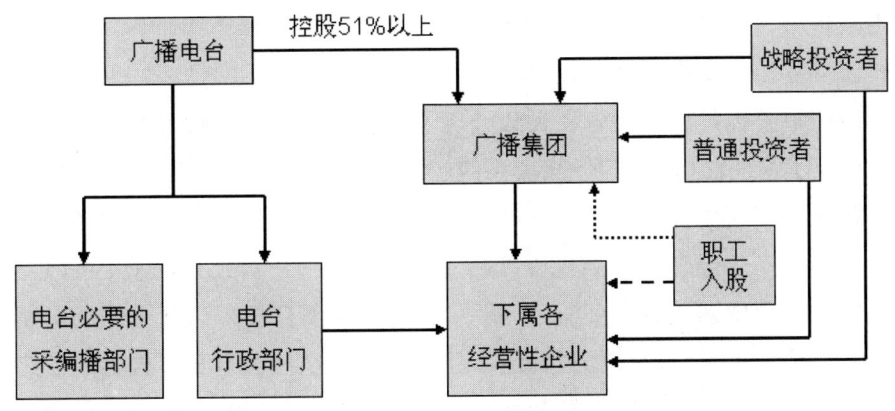

图6.3：广播电台的"双轨"改制模式①

与此相适应，电台的运行管理模式也由事业单位向"事业单位、企业化管理"的方向转变。广播媒体在运行发展中开始注重运用价值规律、供求规律、竞争规律等，讲究投入与产出、成本与利润、价值与效益。一部分单位逐步实行企业化管理，他们在经济上实行"两全一挂钩"。财政拨款全部用于事业，职工的工资、奖金及各种福利费用全由创收解决，工资总额与净创收挂钩；在人事上实行"双向选择"，逐级聘任，在用工制度上试验由部门管理向社会化管理过渡，使生产力的主要要素"人"处在动态中；在经济管理上，实行了全额、差额、自收自支、经费包干的试验，加快向企业化管理的过渡，与市场经济接轨；在分配上，将创收节支、开源节流与部门、个人的实绩挂钩，打破大锅饭，努力探索效率优先同时兼顾公平的办法。②

在与社会、技术、需求交融的过程下，市场化元素不断注入电台。早期，广播电台成立的经营性企业大都由总台或下属系列台创办，属于事业出资，事企不分，是"计划体制下媒介资源优势的延续"。后期，电台转变经营体制，由事业体制内经营转向市场化产业开发，将可经营性资源进行剥离，进行公司化运作，通过资源与业务的整合，建立产业经营平台，探索市场化经营、产业化开发的路径，是"以市场为导向的对媒介资源的重新整合与利用"。

（二）社会化：广播经营是广播电台不断引入社会力量进行市场开发的过程

我国广播兼具社会属性和经济属性，其商业功能主要体现在两个方面，一是提高经济效益，维持电台自身的生存与发展；二是以自身的发展促进传媒产业、文化创意产业的发展。广播经营的发展是不断吸纳社会力量参与市场开发的过程，通过与社会机构的合作，

---

① "双轨模式"：广播产业化经营的探索[C].当节目成为产品的时候：北京电台经营管理解析.北京：中国广播电视出版社，2007（3）：138.
② 吕浩才.关于广播改革的几点思考[J].中国广播电视学刊，1994（5）：39.

广播媒体不断提升自身经营的专业化和市场化水平，发展壮大经营业务，同时也创造出新的市场空间，反促传媒产业的进步。

纵观我国广播媒体的广告经营，大致经历了自营、自营与代理混合、广告代理制广泛应用三个发展阶段。由原来的广告部大一统，到广告管理和广告经营两分开，广播广告经营的专业化水平不断提升。而从自己经营到逐步引入广告代理制，吸收社会公司进行广告市场开发，广播广告经营的社会化程度相应提高。广播广告代理制从1994年出现至今，虽然在各地应用过程中遇到过各种实际问题，但整体来看广播广告代理制的应用范围不断扩大，社会广告公司参与广播广告经营越来越普遍。而从经营自身广告到成立广告公司代理社会广告业务，广播媒体的广告经营水平再上一个台阶。2006年陕西电台成立了陕西声媒广告文化传播公司，在外设立广告代理公司，搭建全国经营平台，积极开展兄弟电台的广告代理业务。2008年，代理黑龙江、青海、新疆、广东、河南、河北等台的广告超过1亿元，并探索广告直销的新模式。2009年，陕西电台3.6亿元广告收入中，省外广告代理总金额达到1.6亿元。2011年陕西电台自身的广告收入为2.15亿元，代理广告额2.3亿元，代理了9家电台的11个频率，还与汽车业、房地产业、家具业、餐饮业联合举办促销活动以及全国大型娱乐活动，实现媒体与客户的多赢。

而盘点广播媒体的多元化经营历程也可以发现，从依靠电台力量投身市场经济到积极引入合作伙伴，电台通过吸收社会资本实现投资主体的多元化，在分散风险的同时加快了媒体产业开发的步伐。20世纪90年代广播媒体开办的各类公司、企业，大都是由电台自己出资投建，还出现过集资办企业的情况。1992年南京电台筹建技术中心时，电台提供1.5万元资金，其他资金依靠技术人员及台里其他人员集资，集资起点500元以上，在支付正常利息的情况下根据经营情况分红。[①] 各地电台纷纷加入创办第三产业的热潮，开办了各种各样的公司，却没有严肃考证其可能性，也不擅经营，最后很多创办的实体产业不得不纷纷关张。进入21世纪，社会资本不断被引入广播多元化经营范畴，广播媒体进行了跨媒体、跨地域、跨行业的积极尝试。2010年以后，广播媒体通过引入专业团队、建立投资公司的形式，以市场化的投融资手段对接市场、对接资本，筛选并培育新兴媒体等项目，打造对外投资业务品牌，参与市场竞争，创造经营效益，实现国有资产的保值增值。

在新媒体融合的过程中，广播媒体一直以来奉行"自建"和"借力"两条路线，一方面不断建立自身的互联网传播平台；另一方面积极利用社交网络媒体，与商业网络媒体开展全方位、多层次的跨媒体联动，内外网络资源的开发扩大了传统广播的经营渠道。

（三）多元化：广播经营是广播媒体经营方式和资源开发不断深入的过程

广播媒体的经营呈现广告经营在前、多元化经营紧随其后的特点。广播广告复播不久，广播媒体就创建了自己的音像出版公司、开展广泛的有偿信息服务，合办栏目也随之

[①] 蔡苹文.发展中的南京电台经济实体[J].视听界，1993（3）：15.

跟进。广告经营与多元化业态齐头并进，广播媒体的"产业化"历程随之开启。纵观广播经营40年的历程，广播媒体在具体的经营方式和经营业态上经历了从单一到复合、从低级到高级不断演进的过程，在这一过程中，立足于广播媒体本身的资源开发不断深入。

从经营方式来看，广播广告恢复的最初十年，全国电台的广告经营机制和方式大都雷同，采取统一经营、自建广告营销队伍的模式。进入20世纪90年代，随着各地广播系列台的创建，部分较早完成系列台布局的电台率先进行了经营机制和经营方式的不同选择，有的彻底实行分散经营，采取自营和代理相结合的方式，有的则采取分散经营和统一经营相结合的机制，沿用自营为主的方式。随着专业化改革的不断深入，全国电台各自所处地域不同，发展阶段和面临的实际情况不同，在经营机制和方式的选择上进一步出现了不同倾向。虽然广告代理制被各地电台广泛效仿，但各地在实际应用中遇到不同的问题，广播广告运营模式由此出现多样化延伸。在有的电台内部，曾经出现多种经营方式、多种代理方式同时存在的情况，如南京电台内部五种代理形式并存，各频率可依据自身状况，采取不同的广告代理形式，包括整频代理、制片人（时段）制代理、行业代理、额度代理、4A代理，广告主可以采取六种投放方式，如直接投放、通过非行业代理公司投放、通过行业代理公司投放、节目制作人制、内部人员推销广告时段、区域广告代理。

从经营业态来看，中国广播经营首先是从时段资源开发开始的，无论是广播广告的复播，还是信息经营的出现，本质上都是对广播时段资源的开发和经营。系列台创建后，广播媒体结合社会需要和时代潮流开办了各种各样的第三产业实体公司，这些公司大多数依托广播品牌资源，是对广播技术资源、信息资源、听众资源的开发和经营。当专业化改革深入，部分类型的广播频率得以壮大，广播节目的社会价值得以体现，基于节目和频率影响力的节目市场和频率产业开发出现，广播的节目资源和频率资源价值得以发挥。而跨地域、跨媒体、跨行业的"三跨"运营则是对广播资本、人才和经验资源的使用和开发。随着媒体融合进程的开启，广播的传输渠道得以拓展，基于传统广播和新媒体平台的业务整合经营开始出现，是新形势下对于广播传输资源、品牌资源的再次开发和运营。多元化经营探索让广播媒体接触到广告以外更广的经营领域，通过资源与业务的整合，探索市场化经营、产业化开发的路径。

广播经营的多元化过程与广播媒体的市场化和社会化是一脉相承的，在自身不断走向市场和不断引入社会力量进行市场开发的过程中，广播经营的视野和实践不断开阔和丰富，从最初的单一传输节目的广播机构成长为含多种经营方式、多样经营业态在内的综合性传媒机构。

三、经营与传播联动、实践与理念同步——广播经营的两个基本特征

（一）广播经营同内容传播有规律地联动

改革开放以来，广播媒体经历了从"大众传播"到"分众传播"再到"窄众传播""小众传播"的变化，在这一过程中，广播媒体的传播渠道、内容形态、表现形式发生了巨大的变化，广播经营在这一框架之下，与广播内容传播有规律地联动。

所谓"大众传播"，是指专业化的媒介组织以社会上一般大众为对象而进行的大规模的信息生产和传播活动。①20世纪80年代中期以前我国的电台大多数为综合性电台，"综合台"以满足社会上大多数人的信息需求为目的，面向社会大众设置和播出广播节目。1986年珠江经济台的开播带动了全国广播的改革，打破了"综合台"一统天下的局面，随之而来的是经济、音乐、交通、教育、健康频率等系列台模式风靡全国，相当一部分电台由原来的综合台转变为分设若干个专业频率的系列台。②广播专业化尊重了广播媒介本身的规律和特点，使其从单一的"喉舌"中解放出来，展现丰富个性，凸显服务功能。系列台的出现是尝试分众传播的第一步。随着社会的发展，新兴阶层和人群层出不穷，人们的生活向多元化和差异化发展，市场细分理论被引入广播专业化，广播受众分类由年龄转向分层，用人生观、生活态度、生活方式、工作类型、消费行为、心理需求等综合指标来确定有效听众的立体构成，出现了古典音乐、欧美流行音乐、私家车、都市旅行这样的频率分类。专业化改革催生出很多新的节目样态，丰富了广播节目的内容和形式，从最初的时政新闻节目为主，增加了越来越多的直播访谈、深度报道、舆论监督、热线电话、生活服务、综艺娱乐等节目。更为重要的是广播的话语方式发生变革，将以往居高临下、我说你听的单向播报式的传播方式改为谈话式、聊天式，等等，并且涌现了众多个性突出的节目主持人，逐步替代了大部分播音员岗位，播讲语速也由过去的每分钟200多字提高到每分钟300字以上。广播在放下身段的同时敞开大门，让听众参与节目制作和话题讨论，逐步探索出一条"频率专业化，受众目标化，节目产品化"的道路，即从频率"小专业、大综合"到"大专业、小综合"，从受众"对象化"到"目标化"，从节目"市场化"到最终"产品化"。③

在这种背景之下，广播经营也经历着由粗放再到精细的过程。起初，广播经营的主要模式是售卖时间资源。20世纪80年代一段时间，广播经营处于低层次、小规模的级别。在这个阶段，电台广播广告经营没有严格意义上的广告产品，更谈不上对产品进行包装组合。随着专业性的增强，广告主对广告的要求提高，以往粗放销售的时间资源在功能上出

---

① 郭庆光.传播学教程[M].北京：中国人民大学出版社，2002：111.
② 丁俊杰，邵军.寻找广播榜样：北京音乐广播十年历程的理论关注[M].北京：北京广播学院出版社，2003：19.
③ 汪良.广播改革三十年[M].北京：中国广播电视出版社，2013：45.

现细分，电台销售的不再是时间资源本身，而是经过设计、规格化的广告产品，例如，报时广告、天气预报广告、路况信息广告、新闻套播广告、自组套播广播等。随着市场竞争愈加激烈，消费者购买行为日益成熟，广告主的广告投放需求更加多元，从产品促销、渠道建设到品牌塑造等不一而足，新媒体技术的日新月异也对传统广告市场形成了巨大冲击。广告主在购买广告时不再只关注媒体量化指标，而更关注广告对目标人群的影响，更愿意按照投放效果支付广告费。由此，广播广告进入了整合广告时间、品牌、事件、资源，以市场为导向，以满足目标客户需求为核心的产品营销时代，软性广告、植入广告越来越常见，节目与广告之间的关系得到强化。广告产品在有规格、有包装的基础上，变得更有专属化特征和个性化特征。广播广告经营模式的变化历程也展现了广告主对广告产品的要求从"播出广告"变为"到达受众"再转向"影响受众"的过程。① 与此同时，广播的多元化经营也经历了由大幅扩张到收缩调整的过程。20世纪90年代，广播电台纷纷加入兴办第三产业的热潮中，开办了各种各样的公司，除了依托广播资源创办的相关实体外，"与'广'字无关的业务"只要有经济效益也都已"进入经营者的视野"。资料显示，饭馆、鱼塘、婚介所、电影院、画馆、书店、报刊社等都曾被各地电台经营过。以中央电台为例，1992年之后以中央电台驻各地办事处名义成立的公司达50多家。实践证明，过于分散的产业布局往往增加管理成本，也加大了电台经营的风险，很多电台认识到"盲目地进行产业化改造，脱离本地、本台实际是不科学的"，有一些电台落实"回归主业"的经营思路，回到电台熟悉的领域，譬如节目制作和节目发行、广告经营等。

（二）广播经营实践伴随市场化理念的同步演进

广播媒体进入市场恢复经营活动经历了强烈的思想对撞，从猜疑、彷徨到大讨论，继而坚定地认识创收对宣传事业的重要性，经历了漫长的过程。在每一个时代背景下，有敢于吃螃蟹者，也有观望者。长期的思想束缚和体制制约使得广播广告恢复之初遭遇不理解甚至反对，上海电台恢复播出广告的时候，电台内部出现了不同声音，有人认为广告是资本主义行为，不应该在作为国家喉舌的广播电台播出，还出现过播音人员因对广告有看法不太配合广告录音的情况。② 广告活动恢复十年后关于广告属性、特征的讨论仍不绝于耳，从当时传媒期刊上刊登的文章，大致能看出当时的大讨论情形。"在当时，电台是事业单位，不是企业，做宣传又不卖东西，怎么能进入市场经济？……这些意见还是占主导地位。"③ 1988年12月，江苏省广播电视厅召开了增收节支、财务管理经验交流会，提出了"宣传是中心，事业是基础，创收是后盾"的工作思路，这次会议以后，江苏省广播电视

---

① 周伟.广播广告的创新营销[M].北京：中国广播电视出版社，2013：81.
② 金亚.忆往昔 峥嵘岁月稠：改革开放后的上海广播广告[J].中国广播，2012（11）：74.
③ 丁俊杰，邵军.寻找广播榜样：北京音乐广播十年历程的理论关注[M].北京：北京广播学院出版社，2003：8.

系统的创收受到了重视。①

随着社会主义经济体制的确立，下海经商热潮的兴起，广播媒体逐渐达成"除了进行新闻改革，还必须增强自身造血功能，弥补国家财力的不足"的共识。"发展广播电视事业，不能只靠国家，也要靠自己"，"以前把经营创收看作副业，现在应列入主业之中"，在这种背景下，"加速广播电视事业的产业化"概念在1993年江苏省广播电视系统经营创收工作座谈会上被提出。1993年天津电台台长宋银章撰文提出"面对作为第三产业的广播媒体本身如何走向市场经济这个新课题……我们不仅需要增加广告收入，使某些节目开展有偿服务，而且还要办公司，开展多种经营，逐步把电台由单纯的事业型变为事业经营型"，"把全台逐步纳入事业单位企业化管理的轨道"。1995年，北京电台台长吕浩才发表文章，阐述广播经营创收在广播改革中的重要性，认为"广播经营创收是改革的重要一环"②。

到20世纪90年代中期，广播经营的地位已经基本得到确认，接下来面对的是如何开展经营的问题。湖北电台在面对"兴办何种产业"的选择时，经过充分调研，得出必须依托广播技术发挥优势的结论，开办了信息传呼产业。③1996年广州电台委托北京广播学院开展经营战略研究，研究过程中课题组提出了"媒介产业化"的概念。2003年前后，广播的产业化运营成为焦点，"广播产业如何转型，广播产业如何经营，广播的产业化和市场化如何更好地结合"等成为热点话题。

进入21世纪，广播行业性交流活动增多。业界与学界联动，掀起了广播产业化问题的研讨高潮。2003年9月北京广播学院发起举办了"广播创新与发展"研讨会，2003年10月中央电台发起主办"2003（北京）广播发展论坛"，2003年12月国家广电总局组织召开"广播产业发展高层论坛暨第三届全国广播节目展销会"，会上北京电台提出了广播经营的"双轨模式"，"媒体经营、可经营性资产概念逐步清晰，中国广播开始把媒体资源、节目资源与产生的影响视作可运作的对象，将媒体信息理念与媒体营销理念相结合，探寻出了一条注重成本效益的市场化经营道路"④。2008年前后，很多电台开始进行经营体制改革，将可经营性产业从事业中进行剥离出来，面向市场，开发产业，"提高公司市场化、电台事业要和产业协同发展"的经营发展思路不断被认可。发展至今，在电台内部已经形成"事业"和"产业"两大概念，如何协调事业和产业发展是年度工作盘点时经常提及的问题。

---

① 李向阳.抓住机遇，发挥优势，加速广播电视事业的产业化进程：在全省广播电视系统经营创收工作座谈会上的讲话[J].视听界，1993（S2）：6-7.
② 吕浩才.广播经营创收之我见[J].中国广播电视学刊，1995（8）：37.
③ 李汉如.依托广播办产业 发挥优势走新路：湖北人民广播电台兴办信息传呼产业[J].视听界，1995（2）：50.
④ 朱虹.彰显广播特色，发展广播产业[J].声屏世界，2005（2）：5.

四、阶梯式发展、螺旋式上升——广播经营发展的两大规律

（一）阶梯式发展是广播经营的一般性规律

事物发展遵循由简单向复杂、由低级向高级发展的规律，这种发展在时间上表现为阶段性，在空间上表现为台阶性，二者合称为阶梯性。[①]所谓阶梯性发展是指事物发展的历程可以划分为不同的阶段，每一个阶段都比上一个阶段在发展水平上跃迁了一个新台阶，阶梯性发展表现为阶梯内的渐变和阶梯间的突变。回顾40年来各地电台的经营实践可以发现，广播经营正是经历了一个阶梯性发展的过程（见图6.4）。

从1979年中国广播恢复广告经营算起，广播经营大体经历了四个发展阶段：其一为生存阶段，在这一阶段中，广播主要依靠国家财政拨款，通过零星的商业化经营创收弥补财政拨款的不足；其二为发展阶段，在这一阶段中，大部分电台经营行为日益活跃，对市场的感觉愈发敏锐，经营实力逐步增强；其三为成长阶段，在这一阶段广播媒体的经营范围和经营实力进一步壮大，事业和产业剥离的意识开始萌发；其四为成熟阶段，此时广播媒体的业务布局和经营模式经过一定的调整，具备了一定的经营规模，广播的事业部分和产业部分比较清晰地剥离，并开始参与新的市场竞争。正是由于实践和认识的不断积累，有了广播经营从一个阶段到另一个阶段的不断跃升，从而实现了自身的不断发展。

从每个阶段内部来看，广播媒体的经营实践由"单点生发"而后逐步深入，具有台阶内渐变的特征。任何一项经营活动的开展和成熟都不是一蹴而就的，从今天的广播产业化格局往前推，会发现所有的经营尝试都是从局部试验开始，"由点及面"推展开来。广播广告从广告部的统一经营到下放到频率，改革者进行了小心翼翼地尝试，例如，1992年北京电台的改革者不敢贸然放开经营，先行放开合办栏目创收，允许各频率自行操作，待结果得到验证以后，才推行广告分散经营的改革。很多电台不敢贸然推行广告代理制，于是从自己成立广告公司进行代理的尝试开始，感受代理制的运作效果。广告代理制最终被全国广播界认识和应用，也是得益于北京交通广播一个广播频率多年的实践坚持并推行至北京电台全台以后的效益印证。而交通广播会员俱乐部的建立和运营尝试也是发端于某家电台的尝试，后被其他电台竞相效仿。当前来看，广播广告的经营机制和模式版图是清晰可见的。但是从最初的统一经营、自己经营走到今天的多元结构，每个阶段都经过了漫长的探索，特别是具体到单个电台时，当前正在开展的经营业务、运行的经营机制，即便与最初有某些类似，也经历了迂回曲折的探索。

[①] 罗照华等.阶梯式发展是事物发展的普遍规律[EB/OL].（2013-03-06）[2017-03-01]. http://blog.sina.com.cn/s/blog_53a804910101i8d4.html.

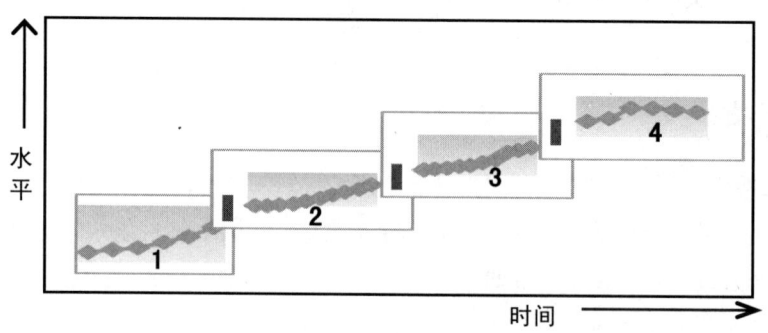

图6.4：广播经营阶梯式发展的示意图

（二）广播经营的"螺旋式上升"规律

"媒介产业化的进程会因为现实发展当中的种种变数和重重博弈而有所徘徊或停滞"①。纵观改革开放以来广播媒体40年的经营历程，会发现其经营轨迹具有螺旋式前进的特点，这从多个方面都有体现。

第一，从经营机制来看，广播广告经营经历了"合久必分，分久必合"的迂回上升过程。从最初的"统一经营"到"频率负责制"的分散经营，从"统"到"分"的机制调整一度适应广播市场化竞争的需要，促使国内大多数电台得到飞速发展。但当广播经营发展到一定阶段之后，对于规模以及整合效应的诉求，又使得"合"成为新的趋势。但这种"合"的趋势经过一段时间的落地运行后又碰到新的问题，于是一些电台又从"集中经营"再次下放权力，允许部分或全部频率的自营。以湖南电台为例，起初采取的是频率分散经营的机制，2011年开始统一经营，到2014年重又打破统合局面，实行灵活的"统分结合"模式，部分频率统一经营，部分频率分散经营。江苏电台也是如此，2007年统一经营，2014年又放开部分频率自营。回顾中央电台多年的广告经营机制，先是从统到分，后又由分聚合，最终形成统一与分散相结合的模式，延续下来。

新一轮的广播行业组织结构调整，广播再次走上了"合"的发展道路。但是此"合"非彼"合"，虽然再次把节目与广告经营权收回，实行集中化管理，但是频率依然作为独立单元运作，可将此看作"合"中有"分"的做法，既可保证资源的整合，避免内耗，使得全台一体运作，还可使各频率作为单体运作，活力继续保存，积极性与竞争力能够持久。②

第二，在自营和代理的经营模式选择上，同样呈现迂回曲折的变通过程。在广告经营开展的最初15年中（1979~1994年），全国电台全部采用自建销售团队经营的方式，1994年北京交通广播率先践行广告代理制并取得显著成效，2000年前后广告代理制被广播界广

---

① 黄升民，马涛."媒介产业化"再思考[J].中国广播，2013（10）：42.
② 黄升民.广播产业的创新与发展[R].中国广播收听年鉴.北京：中国传媒大学出版社，2009（10）：238.

泛认识，2003年前后开始大范围应用，全国电台掀起了推行广告代理制的热潮。广告代理制的引入将广播广告经营逐步推向社会化，代理公司参与经营使得市场蛋糕越做越大，也越来越走向成熟。但是，长期推行代理制以后，一些问题逐渐浮出水面，其中最为显著的是一些全面实行代理制的电台，由于自身建立的营销队伍基本退出一线经营，转为开展营销管理、市场研究等工作，名义上的广告经营部门实际沦为行政执行部门，大量工作以流水化后台作业为主，难以掌握市场一线信息。近两年来，在创收压力不断增大的情况下，部分电台开始调整经营战略，转变广告经营部门的职能定位，重新将部分业务收归自营。最具代表性的是浙江电台，经过两三年的代理制试验，最终放弃代理制，回到各频率自营的道路上来。在自营还是代理上，各地电台出现过各种各样的矛盾心态，想尝试但又怕经营权丧失，因而出现了"内代理"这样的过渡形式。在具体的代理制方式上，同样有交替出现的现象。独家代理制最早被北京交通广播采用，因种种弊端被多家电台相继放弃，但在几年后中央电台都市之声、音乐之声、国际电台三个频率全部采用独家代理制，直到今天，尽管独家代理制的问题很多，但在近年整频代理的现象复又增多。

第三，一些经营业态的出现同样具备这一特点。20世纪80年代中期，各地电台相继开展有偿信息服务，"信息经营"的概念由此产生并如影随形地出现在广播经营的每个阶段，比如20世纪90年代的合办节目、2000年之后的通信产业，直到今天很多电台仍保持"路况信息""974信息网""876资讯"这样的信息栏目。信息经营依赖于广播的媒体属性，是返璞归真的经营形态。20世纪30年代，民国时期的广播媒体播报钱粮布市信息、发行行情密码单同样是信息经营的范畴。2003年之后，跨地域、跨媒体、跨行业的"三跨"经营成为热点，实际上在此之前广播媒体已经开展了很多"三跨"业务，只不过没有经营概念的提出，而如今各电台开展的新型业态布局同样也属于"三跨"范畴，只不过"跨"的内容发生了变化。再比如，以经营为目的的主持人工作室自2000年出现，近年来在电台内部以节目团队的形式再次出现，类似的还有会员系统搭建，探索基于受众的盈利模式等，诸多经营业态随着时间发展再次出现，只不过在概念和运用上发生变化。

第四，部分广播经营改革也是如此。在广播经营演进过程中，广播运行机制也不断调整。1992年以前，上海只有上海人民广播电台一家电台。1992年，上海东方广播电台成立，打破了垄断格局，形成同城竞争，有效激发了经营活力。2001年，上海文化广播影视集团成立，两台作为平行单位被纳入，取消电台建制，推行频率专业化，此后上海广播十几个频率被划分成不同的板块管理。2014年6月，东方广播中心整合了SMG旗下广播新闻中心、东方广播公司、第一财经广播、五星体育广播四大广播业务板块，13套广播频率全部整合在一起。这次合并使上海广播回到1992年10月前的模式，原来的各个分支合在一起，形成一家广播媒体。但从历史原点走到今天，虽然同是一家电台，但却经历了螺旋式上升的发展历程。

第二节　广播产业链的形成与结构

广播经营涉及广播经营的方方面面，既包括电台的广告经营，也包括有偿信息服务、节目资源和频率资源的经营开发，还开办各种各样的公司开展其他经营，要把这些经营业态的脉络梳理清楚，需要将各种与广播相关的经营行为置于产业链的某一个位置上，并对广播的整个产业链进行分析。尽管我国的电台一直是事业体制，集事业和产业两种属性于一身，长期以来一直是成本中心而非利润中心，并不能完全市场化，但经过40年的积累，广播经营包括了许多业务环节，各个业务环节彼此相连构成了广播产业链的雏形，通过对广播产业链的梳理有助于理解广播经营的市场格局。

一、广播经营的分类及广播市场构成

"传媒产业化至少具有两种基本方式：一种是在确立版权的基础上，实现信息产品商业化，从而实现媒介的产业化运作；另一种则是在传播媒介主要的特殊信息产品——新闻——的版权得不到法律保障的条件下，通过广告经营来实现媒介的产业化运作。"[①] 通过对改革开放以来广播经营形态的梳理，可以看出广播媒体的市场经营行为大致可以分出以下几个层面。

第一，围绕节目本身进行的资源开发。一是通过环节设置获得盈收，譬如互动环节设计产生通信收入、资讯栏目设置获得信息收入；二是前期策划将盈收考虑在内，结合企业、社会组织的相关需求一起联办、合办节目，获得合办收入等；三是在节目策划完毕，积极争取商业赞助，典型的如冠名、特约的邀请；四是节目本身的销售带来内容二次传播增值；五是利用节目的品牌影响力开展线下活动营销等。

第二，时段资源的售卖。在节目播出过程中设计广告播口获得企业宣传费用。

第三，频率资源的发掘。通常是借助在某一行业或领域的资源积累进行垂直延伸，进行相关行业或产业的经营探索，譬如广告代理公司、演艺公司、汽车俱乐部等实体公司的建立，典型的是上文提及的音乐产业开发和交通产业开发。

第四，利用电台品牌资源进行的产业开发。这是产业运营的高级阶段，通常借助电台整体资源和品牌进行相关行业或产业的开发运营，比如跨地域运营、产业平台建立、多业

---

① 宋建武.媒介经济学：原理及其在中国的实践[M].北京：中国人民大学出版社，2006：31.

务结构设计等。

第五，跳出广播，利用资本的力量进行跨行业、跨媒体的多元开发和投资。

总的来看，可以将广播市场划分为节目市场、广告市场、产业市场三类。节目市场主要是指节目制作公司与电台之间的市场，也包括电台与电台之间的市场，主要开发广播的传播价值和市场价值，在节目制作、发行、交易等环节形成的市场。在广播媒体发展的不同阶段出现过各种类型的广播节目制作公司，其中既有民营的社会制作公司，也有电台自己成立的从事节目制作业务的公司。广告市场主要是指广告主、电台、广告代理公司三者形成的市场，通过广告公司这一中间渠道，广告主实现营销传播诉求，电台实现广告产品和服务的销售。产业市场主要是指广播媒体对于节目市场和广告市场之外的市场空间的介入，多由电台成立的各种产业公司构成，多指跨媒体、跨行业经营业务。节目市场、广告市场和产业市场三者高度关联，特别是广告市场依附于节目市场，产业市场的很大一部分也是对节目市场形成的受众资源的运营，只有与广播关联度不高的业务才是对新空间、新资源的开拓。

二、广播产业链分析

产业链通常是一种或几种资源通过若干个产业层次，由上游不断向下游转移并最终达到消费者，从而实现资源价值的路径。与一般的产业链不同，广播产业链不止有一种核心资源，在不同的市场上，产业链的核心资源是不同的（见图6.5）。在节目市场上，核心资源是节目；在广告市场上，核心资源在于"受众注意力"，是对受众注意力的"二次售卖"；在产业市场上，核心资源则是广播的品牌影响力、资金实力等多元因素。

广播产业内容产品的基本单位主要体现为"节目"。从产品流通来看，主要存在节目制作、节目交易、节目传输、节目播出四个环节。与电视产业不同，广播节目的制作、传输和播出相对封闭，大多数都可以在电台内部实现循环，因此节目交易环节不是普遍存在的环节，只是少部分存在。目前流通于广播市场的节目大多数属于非直播类节目，以小说、故事、相声、访谈、综艺娱乐类节目、音乐节目等为常见类型。相对于电视而言，广播媒体的信号传输（无线电波发射）也是由电台自己运营的。

广告经营主要以电台广播时间为主要产品，通过电台广告经营的独立循环，完成资源的投入和产出。广告产品在形态上不独立，依附于节目存在，是服务型产品。广播广告发端于广告主的营销需求，经过广告代理公司或者直接与电台达成广告产品购买协议。经过广告制作、广告传输、广告播出三个环节到达用户。在这个过程中，电台通过时段和服务的售卖获取收入，主要的广告产品类型包括常规广告、软性植入、特约冠名等。广告产品的价格直接取决于节目产品的市场影响力。

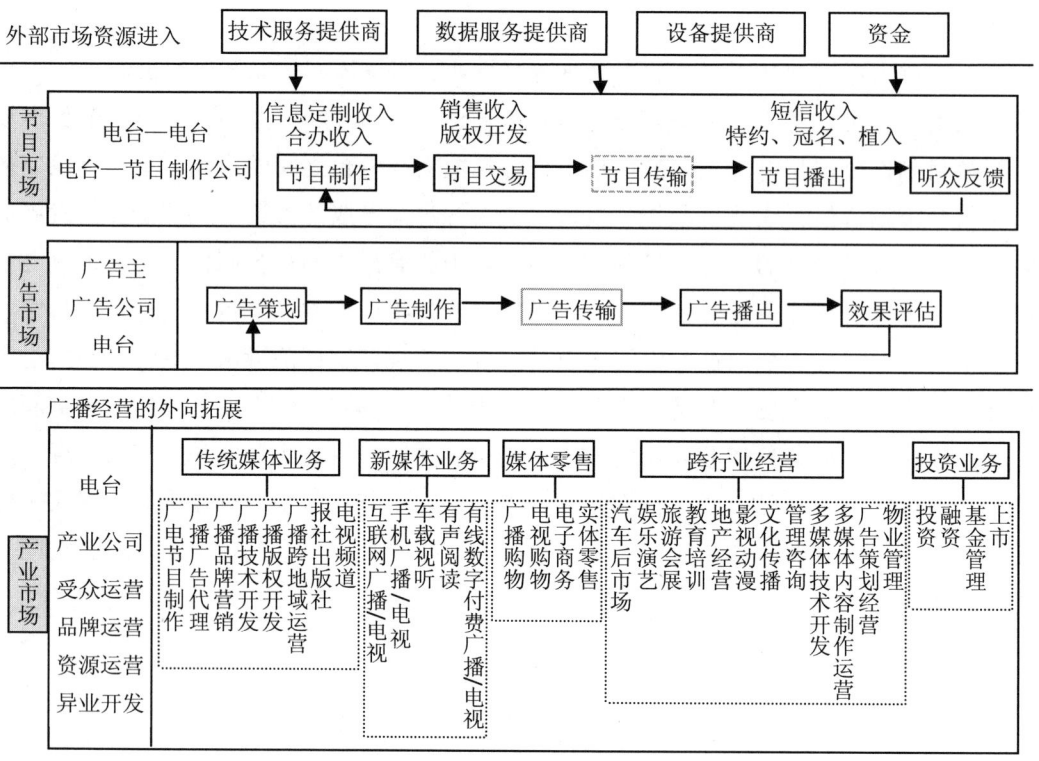

图6.5：广播市场及产业链构成

"媒介赖以生存和发展的各种资源，主要并不是通过与信息产品使用者的等价交换关系获得的，大众传媒业在经济上，实质上是一个提供广告信息传播服务的服务业。"[1] 广播经营主体从广播广告经营中获得了资金，其中一部分资金用于反哺广播事业，另一部分则需要寻找其他的投资方向，因此出现了多元化经营业态。多元化经营从本质来看是广播产业资本的外溢行为。开展多元化经营的目的，从主动的方面看属于广播经营主体积极向外扩张，寻求新的经济增长点的过程；从被动的方面看，则属于广播经营主体分散经营风险的行为，通过业务的多元化，规避单一市场可能存在的风险。广播产业主体的多元化经营范围很广，既有与广播业务关系较为密切的项目，也有与广播业务完全没有关联的业务。一般情况下，为了降低进入门槛，广播产业主体往往会选择自己较为熟悉的业务作为多元化经营的方向，例如，汽车后市场、旅游业、文化传播行业，等等。

在产业市场上，目前主要存在传统媒体业务、新媒体业务、媒体零售、跨行业经营、投资业务五个类别，一类是基于广播核心资源的再延伸，另一类是与广播完全无关的其他类产品，比如物业运营。传统媒体业务主要包括广播节目制作、广播广告代理、广播品牌营销、广播技术开发、广播版权开发，以及广播业务的跨地域运营，还包括报刊、电视等传统业务。广播媒体的新媒体业务已经拓展到PC端和手机端，包括网站运营、互联网广

---

[1] 宋建武.媒介经济学：原理及其在中国的实践[M].北京：中国人民大学出版社，2006：18.

播、互联网电视、手机广播、手机电视、车载收听、有线数字付费数字广告等领域。近年兴起的广播零售业务涵盖广播购物、电视购物、电子商务、实体零售多个类别。跨行业经营是广播业涉猎范围最广、类型最为多元的一个领域，概括起来含汽车后市场、娱乐演艺、旅游、会展、地产经营、影视动漫、文化传播、管理咨询、多媒体技术开发、多媒体内容制作与运营、广告策划、物业管理等数十个方面。广播媒体开展的投资业务含投资、融资、基金管理、上市等多种类型。投资业务与以上四种业务类型互有关联，主要的投资方向包括传统媒体和新兴媒体领域以及与传媒行业相关的其他业务领域。

在多元化经营方面，广播产业主体除了具有资金方面的优势之外，还有人才、社会关系等方面的积累。例如，在长期的运行过程中，电台形成了与权威的政府信息部门、管理部门、资源部门的战略合作关系，不仅能够获得这些部门的资金支持，还能通过这些部门形成对行业资源的深度介入。比如，各地交通广播与交管局、交通委长期以来形成紧密的合作关系，使路况信息成为交通广播的核心产品。

三、外部市场的资源进入

在广播产业链的外部，有资本、技术、设备、服务等多个市场在参与广播产业的社会化过程，这些市场的参与范围不限于某一个特定的产业环节，而是涉及整个广播产业市场，比如资本市场的参与，既可以在节目制作环节，也可以在广播代理环节，还可以在产业开发环节。比如成立于2007年的车语传媒集团定位于"电台整合运营商"，不仅全面代理全国300家广播电台的广告业务，还与全国300多个频率合作，输出汽车节目《爱车天天汇》，还承接整频运营业务，深度介入广告运营、节目包装、市场推广及产品策划环节。

（一）资本市场

广播业的资本市场是指在广播产业链上，能为广播产业提供或筹集资金的场所与来源。政府机构对广播业的拨款也可视为外部资本市场的资金来源。在我国，广播业最初的资本都是来自政府投资的，至今政府投资也是广播业主要的资金来源。一般产业研究中所讨论的资本市场，是指狭义的市场化的概念，其中最主要的是指金融市场上的投融资行为。我国的广播产业带有非常浓厚的行政管理色彩，在投融资方面受到的政策约束很多，业外资金很难进入，来自证券市场的资金寥寥无几，但是近些年来通过专业投资公司的操作有所突破，以国际电台旗下的华闻传媒最具代表性。

（二）设备市场

广播产业是一个技术含量很高的产业，广播产业的每一次革命，都是由技术的变迁带来的。从矿石收音机到晶体管收音机到电子收音机，从调幅广播到调频广播到数字广播到互联网广播，每一次技术的突破都带来了广播产业发展水平的大幅度提升。围绕广播，存在着大量的设备供应商，比如录音设备、编辑设备、播出设备、传输设备、发射设备和接收设备等。

（三）服务市场

服务市场的概念很广泛，包括软件服务提供商、技术服务提供商、市场调查服务等。软件服务包括采编播一体化软件、广告管理软件、办公OA系统等，技术服务包括各类广播技术系统的开发、维护和运营等，调查服务是为节目增值而服务的一个业务环节。服务市场是广播媒体得以有序运转的必要保障，这些服务行为可以看作是广播市场一个组成部分，在细化的产业链条上有所呈现，比如以收听率为代表的受众调查服务能够帮助节目经营和广告经营，甚至还会为多元化经营提供支持。

四、广播经营的两类主体

在中国广播市场中，参与市场活动的主体包括两种类型：一类是事业主体，一类是产业主体。其中，事业主体是指各级电台，产业主体是指各类从事经营性活动的台属企业。由于国家不可能承担向大众提供广播服务所需要的全部资金，因此事业属性的广播机构参与产业经营就具有了一定的必要性。在广播经营的早期，电台或下属系列台直接投资创办第三产业，"但这种经营活动的目的在于补充资金，而不在于追求超额利润"。2000年以后，北京电台、江苏电台、中央电台等电台开始有意识地将广播"事业"与"产业"进行分离，将各系列台所属的第三产业、小公司、小机构统一归到专门的产业运营平台。在国家政策允许的范围内，产业主体可以自主地选择经营内容和经营方式，在资本运营方面的余地较大，可以吸纳包括多种来源的业外资金。

第三节　广播产业化发展的影响因素分析

广播的发展不是孤立的，必然要和社会大环境紧密相连，与市场需求、技术进步、媒体格局、社会经济形势的衍变息息相关。在广播经营40年的历程中，无不受到外部媒介环境、经营政策，以及内部改革、管理机制等多方面因素的影响。内外部多种因素汇集（见表6.3），使得广播经营呈现特定的脉络和曲线。

表6.3：广播经营的制衡因素

1979~1988	1989~1998	1999~2008	2009~2019	
广播广告恢复 有偿信息服务 合办栏目 音像产业	分频广告经营 三产企业的创办 • 外语学校 • 文化传播公司 • 广告公司 • 印刷厂、出版社 • 书局、音像店 • 艺术中心、技术公司 • 画馆、餐馆、鱼塘	广告经营三种机制 经营方式不同选择 声讯业务开发 节目市场的培育和开发 频率品牌资源的开发 跨地区、跨媒体、跨行业 广播公司创建 社会资源的引入	集中经营趋势增强 广告代理制深入 营销手段创新 产业运营平台 新业务转型 • 新媒体 • 广播购物 • 版权购销 • 基金投资	经营表现
1979~1988	1989~1998	1999~2008	2009~2019	
国家工作重心转移 国民经济恢复 卖方市场 生存向温饱转型	市场经济体制目标确立 私有制经济发展 企业营销意识萌发 文化教育需求增长	买方市场，过剩经济 企业品牌意识树立 媒体投放趋于理性 消费市场向细分转型	经济增长减速 企业网络营销 媒介接触习惯分化	市场变化
允许刊登播放广告 多种经营广开财源 广播列入第三产业 四级办台决策	加快发展第三产业 市场经济体制目标确立 "断奶"计划	集团化发展，可兼营产业 广播发展年 文化体制改革	推动电台开办新媒体 经营性产业改革推进 广电两台合并	政策推进
媒体广告恢复	电视崛起，报纸扩版 媒体竞卖	媒介资源宣介热潮 媒介产业化	互联网蓬勃发展 传统媒体收入下滑	竞争
大"综合台" 广播新闻改革 中波为主 服务节目萌生 经济台热潮	"系列台" 直播、大版块、热线 调频发展 节目突出服务型 音乐广播发展	广播专业化深入 塑造频率品牌 广播网站出现 网络电台兴办 数字广播 交通广播崛起	媒体融合深入 广播频率继续细分 电台 APP 微信应用 私家车广播涌现	内部因素

（影响因素）

一、外部因素

美国传播学者德弗勒在其《大众传播学诸论》中提出"媒介生态论"的基本观点，认为媒介系统作为现代社会结构中的一个重要部分，与其他社会系统存在着结构依赖关系。[①]广播经营从恢复到开展，有赖于国家工作重心的调整，媒体管理政策的调整，得益于经济大环境的成长和完善为媒体经营创造了基础和条件，而媒体竞争的加剧激发了广播媒体的潜能，使其在一次次危机中不断发掘自身的特性，张扬本色，从而带来传播创新和经营空间。

（一）经济环境

经济环境是影响我国广播经营的长期因素，是我国广播经营不断发展的基础和土壤。作为媒体行业的分支，广播经营的起伏变化与我国经济发展的跌宕沉浮密切相关。纵观改革开放以来我国GDP增长率的变化趋势和中国广告营业额及广播广告经营增长变化趋

---

① 陆晔.适度竞争 协调发展 上海广播电视改革模式探讨[J].新闻与传播研究，1998（2）：9.

势可以发现，三者的起伏变化出现较高的相似度：在经济高速增长的年份，往往伴随着中国广告业的蓬勃发展，而广播广告也会顺势出现增长高峰；而在经济增长趋缓的年份，中国广告业整体增长也是乏力不前，广播广告也会随之迎来波谷（见图6.6和图6.7）。英国《金融时报》曾经指出"自1978年以来，中国企业有三次创业的高潮点，分别是1984年、1992年和2001年"，催生这三个创业高潮点的动因分别是扩大企业自主权、市场经济体制的目标确立、中国加入世界贸易组织。改革开放伊始，商品经济复苏，媒体广告业复兴，1983年到1990年我国广播广告在低基数水平上以较高的速度增长，年度增长率保持在30%上下。1992年，邓小平"南方讲话"掀起了我国经济体制改革和对外开放的新高潮，为媒体经营创造了土壤和条件，广播媒体在这样的大环境中开始了经营层面的开疆破土，不仅在广告经营上进行了很多开创性的尝试，也掀起了兴办第三产业的热潮，1992年到1995年广播广告市场进入急速增长时期，年增长率保持在40%以上，1993年甚至达到了75.4%，有研究者认为这是"过去欠发展表现出的一种补偿性增长"[①]。21世纪头十年，随着加入世界贸易组织，我国经济发展再次步入"快车道"，消费市场日益繁荣，伴随国际广告集团的进入，我国媒体广告市场不断升温，广播经营在这一时期迎来了发展高峰，确立了很多新的经营业态和经营模式。2013年起中国经济开始结构性减速，市场风险点增多，各行各样的投资趋于谨慎，媒体广告业进入缓慢增长期，广播经营随之趋于冷静，在较高基点上进入缓慢增长期。纵观改革开放以来广播经营的发展历程，每一次转折波动无不受到国家经济气候的影响，每一次经济大发展都会为广播经营带来新的机遇，而每逢经济发展收紧广播经营就会遭遇经营压力。

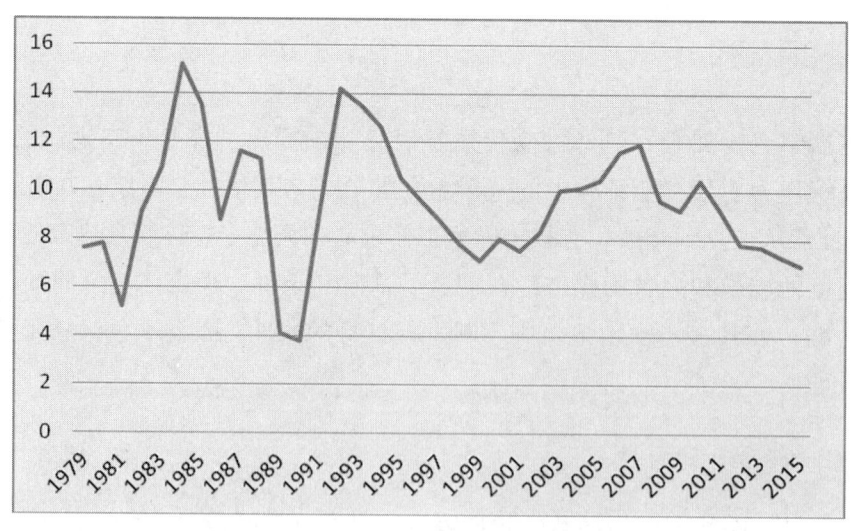

图6.6：改革开放以来中国历年GDP增长率（%）

---

① 丁俊杰，黄升民.中国广播产业报告：产业发展与经营管理创新[M].北京：中国传媒大学出版社，2005：143.

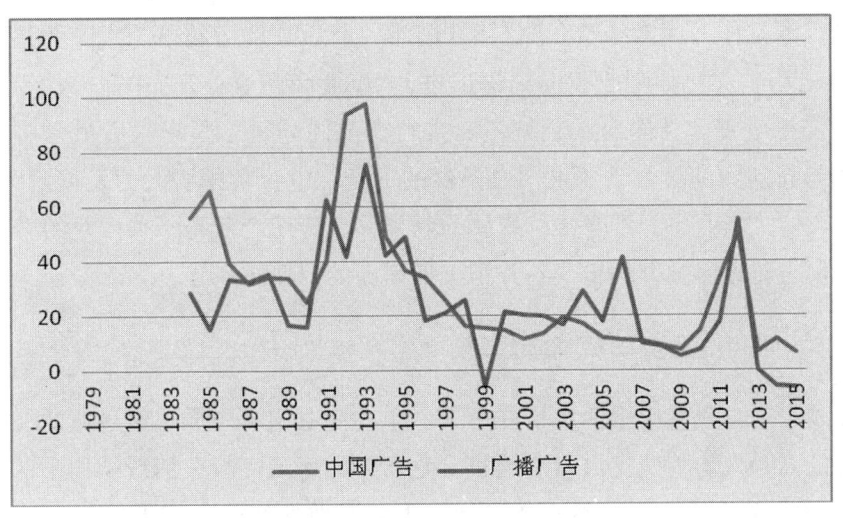

图6.7：改革开放以来中国广告营业额及广播广告营业额增长率（%）

（二）媒体政策

中国广播经营40年的发展，历经数次重大的政策安排。1983年3月召开的第十一次全国广播电视工作会议，是广播发展史上一次极其重要的会议。在这次会议上，确定了"四级办广播"的发展目标，同时确定了广播电视要"多种经营，广开财源"的发展思路，在政策上允许广播开展经营业务，同时决定将调频广播作为今后广播覆盖的主要手段。这三个决定对日后中国广播的蓬勃发展具有划时代的历史意义。国家政策的松动，给了广播媒体扩充资源、扩大领地的发展良机和政策保障，同时推动广播媒体从过去单纯依靠国家投资，改为多渠道筹措资金，经营从此起步。1992年6月，国务院发布《关于加快发展第三产业的决定》，把广播电视列入需要加快发展的第三产业行列，这使得广播不仅具有上层建筑新闻宣传的"事业属性"，也拥有了经济基础的"产业属性"，事业单位的广播电台加快向企业化管理过渡，"以前把经营创收看作副业，现在应列入主业之中"，各电台在国家政策允许的范围内，积极开展各种经营活动，掀起了广播界的第一次产业化发展高潮。1998年，国家决定今后对包括广播电视在内的大多数事业单位逐步减少拨款，三年后这些单位要实现自收自支，这意味着广播电视事业将被全面推向市场，经营行为摆脱了在电台中的附属地位，成为电台发展中的关键性部分。[①]2002年12月国家召开全国广播工作座谈会，这是改革开放以来第一次召开的专门研究广播工作的全国性会议，会上确立了"广告创收明显增加"的目标。2003年1月，全国广播影视工作会议确立2003年为"广播发展年"，提出要加大广播创收力度，大力拓展增收渠道，研究广播节目衍生品市场开发，拓展视听产品市场占有份额，为扩大创收提供新途径，要选择试

---

① 黄升民.先行者的苦恼与思索：试析广播媒介的经营[J].现代传播，2004（3）：71.

点尝试广播资本运作,摸索经验。"广播发展年"前后,广播的第二次产业化高潮随之到来。2008年之后,文化体制改革向纵深推进,"事业和产业分开""宣传和经营分离"的思路开始在广播电视、新闻出版领域不断推行。与此同时,国家先后出台多项政策,推动传统媒体与新媒体的融合,要求"有条件的电台、电视台都要大力发展网络广播电视,加快发展新媒体、新业态,推进传统媒体与新媒体、传统产业与新兴产业的融合发展"[1],广播媒体加快与新媒体融合的步伐,并积极探索新的产业布局。

(三)市场环境变迁及消费需求拉动

改革开放以来,人们的生活水平经历了由生存向温饱再向准小康过渡的变化,居民收入有了很大提高,人均消费支出不断增长,吃、穿等生活资料在消费结构中的比重持续下降,而用于精神文化消费的支出不断增加,生活习惯的变化直接影响媒介接触习惯的变化。"过去的广播单一强调喉舌功能和政治作用,忽视了老百姓对服务、文化、娱乐、教育等多方面的需求。随着时代的发展和进步,广大受众对传媒的需求也发生了变化,广播人正是认识到了这个变化,创办了专业台、系列台,极大地发挥了广播多方面的功能及作用,满足了广大受众的不同需求,取得了巨大成功。"[2]在广播经营的历程中,先后出现过"经济台""音乐台""交通台""私家车广播"等几次大的办台浪潮(见图6.8),每一次热潮都源自中国社会经济的发展引发的文化需求转向,这种变化传导到广播经营层面,一方面带动广告传播价值的提升,另一方面提供了多元产业开发的可能。

经济广播成为全国第一个出现的专业台有历史的必然。十一届三中全会以后,全国重点工作转移到经济建设上,举国上下,经商的浪潮一浪高过一浪,很多人投商下海。无论是普通民众还是商业企业,希望通过大众传媒了解经济体制改革和经济建设进展情况的需求越来越旺盛,而这些是大综合的广播新闻和专题节目难以满足的,在这样的时代背景下,经济电台应运而生。1990年至1998年期间,经济广播历经了开播时的辉煌。但在随后的几年里,随着其他类型广播的崛起,经济广播的发展逐渐进入瓶颈期。音乐广播的异军突起与改革开放后精神文化需求的不断释放不无关系。20世纪90年代中叶,各地音乐电台一经开播就成为广大民众欣赏音乐的重要渠道,当时的中国,也正是大陆原创音乐的黄金时期,一大批优秀的制作人、作词作曲者相继涌现,港台歌手也不断进军内地,流行音乐市场相当繁荣。音乐消费的供需两旺带来了音乐广播的市场空间。交通广播的跨越式发展,与中国经济发展和交通格局的巨大变化密不可分。这种变化,宏观方面,表现在国家经济迅速发展、出行方式转变等长期积累下的结果;微观方面,则表现在道路拥堵加剧、汽车保有量显著增加、移动人群随时面对的不确定性。以北京为例,1993年北京交通

---

[1] 广电总局:电台电视台要大力发展网络广播电视[EB/OL].(2010-01-14)[2017-11-01].新华网,http://news.xinhuanet.com/politics/2010-01/14/content_12809470.htm.
[2] 张敬民.广播产业发展的交叉点和切入点[J].中国广播,2007(4):4.

广播创办之初,全北京机动车包括摩托车在内只有40万辆,四年后达到100万辆,十年后突破200万辆,2018年底北京市机动车保有量达608万辆。进入汽车时代的都市发展为交通广播的壮大奠定了基础,各地交通广播很快成为收听和收入的支柱,并形成交通广播产业链条。

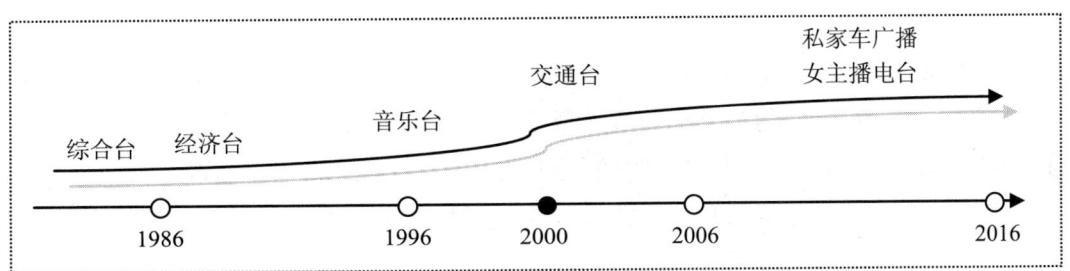

图6.8:我国主流广播频率类型进化脉络图

自1986年珠江经济电台诞生以来,广播媒体开办了多种类型的专业频率,由此带来不同的经营空间。随着时代发展,有的频率因环境改变而逐渐退出历史舞台,有的则专业化定位不断深入发展,还有的仍在摸索前进。频率的汰换调整固然有内部决策和选择的原因,更多的则是受市场需求、社会变革、媒体竞争等外部因素的影响。在广告经营历史上,广告创收最高的广播频率类型不断发生变化,创收水平也一再刷新纪录。1997年北京音乐广播广告创收达到4 500万元,创全国单频广告收入最高,2000年北京交通广播广告创收超过音乐广播,达到6 000万元,2003年北京交通广播的广告收入突破亿元,达到1.5亿元,成为全国广告创收最高的频率。到2014年,中国之声单频创收6亿元,北京交通广播单频创收近5亿元,2015年上海动感101频率广告创收突破3亿元,分别成为全国单频创收最高的综合频率、交通频率和音乐频率。

(四)技术进步与媒介竞争

新媒体的出现不是否定了广播的存在和价值,而是确定了它应有的范围。任何媒介在面临新的媒介冲击时都会或早或晚地找到新的生存方式,以新的模式重塑价值,[①]媒介竞争的加剧导致生存压力加大是引发广播经营提速的重要原因。媒介竞争主要有两个层面,一是广播与其他类型媒体的竞争,二是广播媒体之间的竞争。20世纪80年代中后期电视的崛起使广播进入边缘境地,艰难之际选择进行专业化改革,新的传播方式和组织结构的确立为广播经营的改革创新创造了条件。2000年之后,随着都市报和晚报的发展,互联网的兴起,各地媒介市场竞争日趋激烈,而各电台的新频率不断开播,同质竞争也趋于白热化,媒介资源由稀缺转为富裕。在内外交困的情况下,广播电台选择了再次改革,直接表

---

① 陈国权.报业转型新战略[M].北京:新华出版社,2014:166-167.

现在经营机制和经营模式的调整上。2009年之后，互联网和移动互联网的发展使广播的生存环境发生了重大变化，为适应新的竞争需要，广播与网络的融合不断深入，内容形态、表现形式随着传播通道的拓展不断发生改变，广播经营的业态和策略继而调整。

二、内部因素

外因是条件，内因是根本。经营不是独立存在的，它在电台的内部体系中只是维持运转的重要一环，与电台运行的其他环节紧密相连。一家电台的经营理念和经营水平直接决定其业务布局和经营行为，而人才和机制是开展经营的先决条件，经营改革需要人事、财务、节目等一系列改革作为保障，与此同时地方广电的管理机制也是影响广播经营的重要因素。

（一）广播经营的深化与广播专业化改革一脉相承

广播经营的深化与广播专业化改革一脉相承，专业化布局的早晚直接影响经营机制的调整，而在专业化过程中的机构调整相应地影响经营部门的架设。在全国主要电台中，北京电台、上海电台的专业化布局较早，与专业化同步启动的就是经营机制的改革，随着新的系列台不断成立，赋予其独立经营权。从1986年珠江经济台开播，广东电台于1995年初步完成专业化布局，前后用了将近十年的时间，由于频率成立时间间隔较大，发展程度参差不齐，因而广东电台很难像北京电台一样推行全面的频率负责制，而是实行了总台层面和频率层面的分级经营制。中央电台的专业化布局比北京电台晚了整整十年，客观上为北京电台创造了经营成长的空间和时间。2007年中央电台在完成专业化改革的积累后，开始产业化战略确定，从此产业发展进入快车道。由此可见，广播专业化是广播产业化的基础，只有实行了专业化才能推行下一步的产业化，而产业化又为发挥专业化潜能提供了可能。

纵观多家电台的产业化历程可以发现，成立对象明确的专业台，建立系统的管理经营体制是产业化的基础，大多数电台走的都是"专业化改革——完善广告经营——产业拓展"这样一条路线。1990年到2002年北京电台完成了频率专业化改革，成立对象明确的专业台，2003年调整广告经营管理策略，权力中心下移，实行全台广告行业代理制，在此之后将产业化提上日程。中央电台2002年起实施了以"频率专业化、管理频率化"为核心的改革，推出了九套全新的频率，并引入广告代理制，逐渐创新经营模式，2007年底向媒体改革深水区迈进，确定产业发展思路。

（二）内部机制的改革与完善是保障广播经营的先决条件

制度建设的优良与否直接关系到经营工作的开展与经营水平的高低。与经营工作密切相关的制度有：人事改革制度，包括用人制度、分配制度、激励机制等；节目改革制度；

广告管理与经营制度；产业发展与企业建设制度；内部管理运行协调机制等。在广播经营推进过程中，内部机制改革和制度建设发挥了重要作用。为了配合专业化改革，很多电台在人事选拔、收入分配等方面进行了前所未有的调整。自20世纪90年代开始，为了激发内部活力，很多电台在内部推行干部竞聘上岗制、全员岗位聘用制，实现"能者上、庸者下"，同时启动收入分配制度调整，推出绩效考核制度，将工资收入与工作绩效相挂钩，同时收入向一线部门倾斜，以北京电台为例，"在制定分配政策时让一线比后勤职能部门收入高15%到20%"[①]。节目是经营的根本，为了巩固经营基础，节目运行机制改革是电台内部改革的重心和重点。多年来，为了提升节目质量，激励节目创新，广播媒体创建了关于加强节目管理、鼓励节目创新的大量规章制度，从日常的监听监督到创优机制建立，从节目管控流程建立到实行制播分离，再到不断调适节目考核评估机制，适应市场和时代的需求不断进行内容生产机制的改革。这些都是经营工作开展的重要前提，只有人事管理、节目管理做到位，才能为经营工作开展奠定良好基础。在广告经营与管理制度建设方面，自从很多电台实行广告管理与广告经营两分开，广告管理机制不断跟进。北京电台自2002年推出第一部《广告管理细则》起，建立了一系列广告管理制度，一方面堵住"跑冒滴漏"，抬升整体收入水平，另一方面彻底推行"先付款后播出"的制度，维护了电台利益，建立新的经营秩序。广告经营方面的代理或自营制度、公开招标制度等机制选择和建立更是影响经营工作的制度前提。在产业经营方面，2000年以前电台内部很少有关于产业经营的明文规定，2000年以后以电台建设统一的产业运营平台为标志，现代企业制度建设由此开始，在探索产业化运营的道路上，不断探索如何加强公司管理、协调业务运行，优化董事会、监事会管理等。

（三）经营意识和经营理念直接关系经营水平的高低

除了市场空间、内部经营机制等大的规制框架，经营理念和经营意识决定着经营水平的高低，尤其是经营一线的人员素质和领军人物对广播经营的发展起着重大作用。在广播经营历史上出现过几位广播经营人物，他们在实践之余注重理论总结，理论与实践相结合，推动广播经营水平的提升。从1993年建台到2003年，十年的时间里北京交通广播广告创收从最初的318万元增长到1.5亿元，其增长速度在所有媒体类型里实属罕见。这期间，经营者殚精竭虑，几乎保持每一两年就调整一次经营政策的频率，每次针对经营运行中出现的新问题及时出台新的应对措施，让广播广告代理制在十年时间里从独家代理到多家代理、多家联合承办代理、多家联合风险代理到多家联合风险专业承包代理再到分行业代理，没有先行经验可以借鉴，全部是结合实际问题进行的探索性尝试。

纵观不同电台的电台经营，呈现出各自不同的特征，比如江苏电台的经营机制和经营模式最多变，浙江电台比较坚持，自始至终保持自营；北京电台的多元化经营布局较早，

---

① 刘逸帆，覃继红.一切为了发展：北京电台台长汪良谈广播发展与经营之道[J].中国广播，2008（3）：34.

最早提出并践行"双轨"制运行方式，中央电台布局虽晚，但在新媒体和媒体零售等新业态上思考较为成熟，其间折射出不同电台对于经营的不同理解。

（四）地方广电管理机制调整与制约

立足于广播媒体经营的整体脉络，观察每家电台的经营起伏，有一定的规律和特征呈现。

上海是中国广播广告的发源地，上海电台是改革开放后第一家恢复播出广告的电台，其最先建立广告部并培养销售团队，从1979年3月成立广告部到年底，上海电台当年实现广告创收25万元。截至1988年，上海电台广告收入达到380多万元，一直在全国电台广告创收中排名第一，其第一代广告经营团队在客户开发、客户服务、资源整合等方面开展了大量探索，初步具备现代整合营销的雏形。这期间，广东电台的广告经营工作也逐渐展开，创收水平仅次于上海。资料显示，1980年广东电台的广告创收为35.7万元，1981年为58.8万元，1982年为107.9万元，到1988年达到320万元。这一时期的北京电台广告经营则落后于上海电台和广东电台，1983年北京电台广告收入只有15万元，1985年才增加到60万元。到了20世纪90年代，由于内部改革的推动，北京电台广告经营进入快速发展道，广告收入连年攀升，到1997年成为全国首家广告创收过亿元的电台。

2000年以后广电集团化风潮渐次吹起。2001年4月上海文广集团成立，2004年1月南方广播影视集团成立，上海电台、广东电台在改革大局中经历合并和调整，经营机制一再变化，北京电台却在相对独立自由的环境中继续不断完善经营体系，广告收入持续领先，并率先布局多元化经营体系，成为全国首家搭建产业化运营平台的电台。①2014年是一个转折点。上海文广集团重新思考广播在发展战略中的定位，决定给予其独立发展的空间。所有广播业务盘合开发，上海广播重又拧成一条绳，通过一两年的实践，其经营势头回温，有赶超之势。

从这个过程可以看出，地方广电管理机制的调整对当地电台经营的影响之大。从1999年成立第一家广电事业集团——无锡广电集团，到2004年国家广电总局叫停事业集团，五年时间里我国共成立了20多家广电集团。2009年以来，新一轮广电资源整合步伐加快，以辽宁为例，相关部门先后做出"三台合并"和"两台合作"的重大决策。新的辽宁广播电台于2009年12月18日挂牌成立，并于2012年1月1日与沈阳广播电视台达成战略合作，在全国率先实现省台和省会城市台统一呼号、统一频率频道资源、统一产业经营。庞大的媒介组织并没有带来相应的效益，相反出现了部门盈利能力下降、效率降低等问题，如辽宁省台和沈阳市台战略合作后曾将两台广告资源统一到辽宁电台广告经营部门，由于种种原因，这种模式于2013年底解构，经营权重新划归各频率。

---

① 2001年北京广播影视集团成立，广告是统一经营还是分散经营成为讨论焦点。与上海有所不同，"北京的集团没有贸然一统广告经营"。资料来源：汪良.竞争与博弈[M].北京：新华出版社，2007：29.

本章小结：广播经营的内在逻辑与关系

各地电台的经营探索是广播媒体不断"产业化"的进程，是我国广播顺应市场需求、政策动向和自身发展需要，由单一政治属性转向开发经济属性的过程。经过四十年的积累，我国广播广告实现了从千万到百亿的跨越式发展，多元化经营从传统业务向新兴业态演变。

经营活动的开展是广播媒体在确保社会效益的前提下，不断调动内部可经营性资源逐步走近市场、开发市场的过程。各地电台在实践过程中不断以市场需求为导向，进行内外部要素的融通整合和价值挖掘，这不仅体现为经费来源构成的变化，也表现在内部组织结构的调整变革，更体现为运行管理模式的改变和市场化理念在节目制作、频率运营、品牌传播等多个层面的增强。与此同时，从依靠自身力量投身市场经济到积极引入合作伙伴，电台通过吸收社会资本实现投资主体的多元化，在分散风险的同时加快了产业开发的步伐，广播经营的社会化程度不断提高，"开门办台、开放办台"的意识不断增强，与社会各界资源的合作逐步深入。在市场化、社会化进程中，广播产业资源开发不断深入，从开展广告经营、信息经营、兴办三产公司到发展声讯业务、培育节目市场、实施品牌经营、跨界异业探索，再到成立投融资平台、开展版权购销、推进广播购物，资源与市场间的快速互动反应机制逐步创建。

四十年中，广播媒体的经营演进呈现诸多特征，期间最有代表性的是两点，一是经营与传播的联动，经营创新建立在广播专业化改革不断深入、内容传播力不断提升的根基之上，产业经营与内容传播有着密切的内在关系；二是实践与理念的联动，经营活动的开展伴随经营理念的不断升级，对经营活动与事业发展辩证关系的深刻认识推动了经营实践的纵深开展。由于实践和认识的不断进化，有了广播经营从一个阶段到另一个阶段的不断跃升，使其呈现阶梯式发展、螺旋式前进的规律。研究广播经营的演进历程，了解其发展进程中各要素之间的关系，有助于我们对广播产业的认识由现象的描述进入到结构的探寻。目前来看，广播媒体围绕自身核心优势，形成基于节目资源、时段资源、频率资源、品牌资源、资本开发为主的五类业态，包括节目、广告、产业三大市场，产业链条初见雏形。

广播经营活动的开展，有赖于国家工作重心的调整，得益于市场经济的促动，媒介管理政策的调整为其创造了基础和条件，而媒体竞争的加剧激发了广播媒体的潜能，使其在一次次危机中不断发掘自身的特性。与此同时，产业经营更是广播媒体不断顺应市场，激活自身经济功能的过程，它是广播运行体系中的重要一环，与节目生产、内容传播、组织变革等紧密相连，内部要素的配合是广播经营深入发展的先决条件。

第七章
业态剧变下的广播经营问题及转型探讨

经过多年努力，广播媒体初步完成了财富的原始积累，具备了一定的产业经营规模和经营手段，但这些成绩背后也隐藏着很多问题。未来三五年，无论是媒介环境还是受众环境都将发生新的变化，传统广播如何在经营上取得突破是当下紧要课题。移动互联网发展进入高峰期，车联网也在布局，新兴音频媒体已经具备相当的受众规模，未来车载平台、智能手机等各类终端与互联网的结合会更深入，会对用户的音频消费模式形成极大的颠覆。传统广播要想实现经营可持续发展，必须投身到市场变革中。

第一节 广播经营的现实问题与发展矛盾

虽然中国广播业在过去40年的时间里取得了长足的进步，成为广播影视产业中不容忽视的一个分支，但这些成绩背后也隐藏着很多问题，突出表现在市场空间在收窄，广告创收增长乏力，多元化经营利润低，尚未形成稳固的产业链条和经营体系等。中国广播产业仍然不够大，也不够强，一些问题如不能得到很好的解决，中国广播的发展将会持续乏力，进而影响其在广播影视产业中的地位。

一、空间局限：市场总量狭小，广告收入触顶"天花板"

经过40年的开发，广播媒体的竞争日趋饱和，市场空间狭仄。广告收入触顶"天花板"的时期真正到来。受到行业周期性的问题，逐渐由成熟期步入新一轮的调整适应期。

（一）广播广告在全国广告市场中占比不高，与国外存在差距

多年来，广播广告占我国广告营业额的比例一直维持在2%～4%，未有大的突破，这也是当前广播媒体在传媒市场的真实生存状态——相对边缘、弱势。以2017年为例，中国广告业总经营额为6 896.41亿元，电视为1 234.39亿元，占比17.9%，报纸为348.63亿元，占比5.06%，广播为136.68亿元，仅占整体市场的1.98%（见图7.1）。根据国际市场调查机构eMarketer调查数据，2018年美国各类媒体——包括数字媒体、电视、广播、户外、报纸、杂志等的广告花费总额为2 209.6亿美元，其中广播广告广告花费为144.1亿美元，占到总体市场份额的6.5%。[①] 与发达国家相比，我国广播广告占总体广告市场的比例偏低。

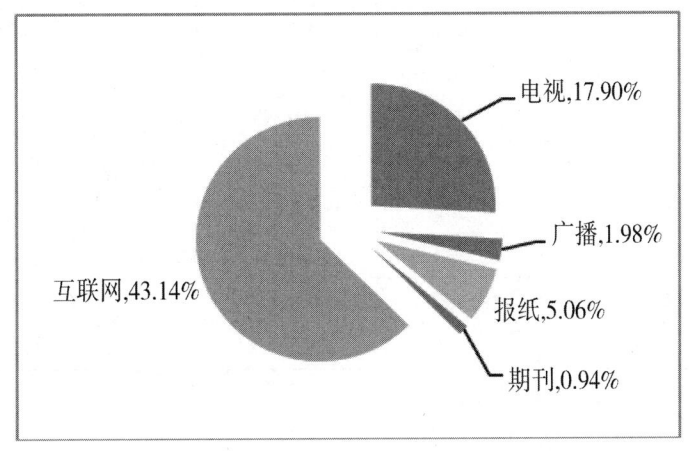

图7.1：2017年各类媒体广告营业额占全国媒体广告经营额的比重[②]

与其他各类媒体相比，从2010年至2017年八年间，网络媒体广告营业额从183亿元增长到2975亿元，平均增长率达47.98%，排名第一；期刊次之，平均增长13.01%；电视排在第三，平均增长率为11.96%；广播广告营业额的年平均增长率为10.76%，排在五类媒体的第四（见表7.1）。由此可见，近些年，受到新媒体发展、监管政策、经济环境等多重因素的影响，广播媒体的生存压力与日俱增，经营能力还有待挖掘。

---

① 美国广告市场：Facebook和Google将占据四分之一市场份额[EB/OL].（2018-04-24）[2019-03-01].https：//www.jianshu.com/p/d41bb05fca4f.
② 该图仅为媒体广告营业额占比，还有部分市场份额为其他市场主体所有。数据来源：现代广告.2017年中国广告市场发展报告[EB/OL].（2018-04-09）[2018-05-21].http：//mp.weixin.qq.com/s/5MwgAOBOQMzFOjsOdfSFRg.

表7.1：2008~2017年各类媒体广告营业额及增长率①

年份	广告营业额和增长率	电视	广播	报纸	期刊	网络
2010	年广告营业额（亿元）	679.83	77.17	381.51	32.23	183.00
	同比增长率（%）	26.8	7.37	3	6.1	67
2011	年广告营业额（亿元）	897.92	95.90	469.45	52.08	296.73
	同比增长率（%）	32.08	17.86	23.05	61.63	62.3
2012	年广告营业额（亿元）	1 132.27	141.06	555.63	83.27	493.97
	同比增长率（%）	26.1	55.09	18.36	59.87	47.6
2013	年广告营业额（亿元）	1 101.10	141.19	504.70	87.20	638.80
	同比增长率（%）	-2.75	0.09	-9.17	4.73	45.85
2014	年广告营业额（亿元）	1 278.5	132.84	501.67	81.62	1 174.4
	同比增长率（%）	16.11	-5.91	-0.6	-6.41	51.7
2015	年广告营业额（亿元）	1 146.69	124.49	501.12	71.9	1589
	同比增长率（%）	-10.31	-6.29	-0.11	-11.91	35.3
2016	年广告营业额（亿元）	1 239	172.64	359.26	60.31	2305
	同比增长率（%）	8.05	38.68	-28.3	-16.11	45.05
2017	年广告营业额（亿元）	1 234.39	136.68	348.63	64.95	2 975.15
	同比增长率（%）	-0.37	-20.83	-2.96	6.2	29.06
八年平均增长率（%）		11.96	10.76	0.41	13.01	47.98

（二）下滑趋势正在显现，优质行业和客户流失加剧

在行业体量较小的情况下，广播市场有进一步收窄的趋势。2013年全国广播广告营业额是141.19亿元，仅比上一年增加0.09%，广播广告增长乏力的迹象开始显现。到2014年，全国广播广告营业额出现了6%的下滑，这是十年来广播广告首次出现负增长，广播广告的创收拐点出现。2015年，受到宏观经济下行和国家有关调控政策的影响，车险、电信、房地产、银行、酒类客户等电台原有的主要标准广告（俗称"品牌广告"）投放客户预算明显减少，占广播广告很大收入比重的医药专题广告受新《广告法》和广告智能大数据监测影响大面积停播，广告收入下滑成为广播行业的整体趋势，有的电台内部广告创收锐减1/3，广播广告经营的压力与日俱增。2015年全国广播广告出现6.29%的下滑，2017年又出现20.83%的陡然下降，全国广播广告营业额从2016年的172.64亿元回落到136.66亿元。在传统产业增长乏力，而新的产业开发困难的情况下，广播整体经营形势不容乐观，触顶"天花板"的阶段到来。

---

① 根据历年《中国广告业统计数据报告》整理。

二、结构缺陷：收入模式单一，不均衡现象突出

（一）经营模式单一，广播媒介的衍生介质和产品还远未开发出来

40年来，尽管广播媒体一直在探索多元化经营，进行过产业运营的种种尝试，但更大程度上只是广播发展业态的探索，收入结构没有出现根本性变化。在绝大多数电台内部，90%以上的收入来源仍然是广告，多元化业态虽已布局，但并没有形成强有力的创收支撑。中国广播媒介只是开发了广告经营这一部分，其他经营方式比如节目交易、节目素材交易和延伸市场的开发力度还远远不够。广播多元化经营业态如同其在传媒行业中的弱小身影一般，尚未给主业创造可观回报。2014年北京广播公司及下属控股公司预计实现营业收入8.46亿元，但利润总额仅为743万元。①盘点广播媒体开展的多元化经营业务，能够创造可观利润、实现反哺事业的屈指可数，由广播电台投资的大部分产业公司长期处于微利或不盈利的境况。布局传统业态多，新型业态少，广播产业至今没有培育出在传媒市场中具有相当影响力的骨干型企业。据不完全统计，2005年左右，广播产业化发展确立后，千余家电台都试图通过改革走出弱势媒体的阴影。其中最主要的两股革新浪潮一个是跨地域经营，另一个是跨媒体经营。②实践证明，广播产业化的道路未像预想中的容易，广播媒介的衍生介质和产品还远未开发出来，前面的道路还很遥远。纵观当下各级各家电台对产业化的理解、看法不一，有的决心大、投入大，从战略上给予产业发展以重视，有的认为不具备产业发展可能，把赞助、做广告当作"产业化"，认知上的差距导致广播产业化布局和步伐呈现参差不齐的状况。

从1994年中国全功能接入互联网已经过去了20多年。在相当长的一段时期里，互联网对于广播而言是新的传播渠道，广播电台尽可能发掘和利用互联网天然覆盖全球、发布成本低、互动性强的优点，推进了广播的数字化和网络化。但是，由于用户规模、目标定位、营销推广等多方面的局限导致客户认知度偏低，网络平台的经营开展并不理想，更多时候网络传播平台只是当作客户增值服务的一种辅助，真正为电台创造经济效益的并不多见。近年来，广播媒体逐渐认识到"媒体融合，盈利模式是十分重要的。不谈盈利模式，去谈转型融合，至少不会长久"，因此在很多地区不少电台内部出现新媒体与广播"双平台"协同发展，但是对于新媒体的规律尚未摸清，缺少用户、产品和服务意识，大多数电台尚未找到可持续发展的盈利模式。

---

① 崔忠芳.中国广播产业发展报告[EB/OL].（2015-03-22）[2017-12-10].http://www.aiweibang.com/yuedu/18734300.html.
② 马涛.广播业：静悄悄的革命[J].媒介，2006（1）：44-47.

（二）二八法则大量存在，广播发展的不均衡现象突出

文化产业的特点是需求与供给之间的不确定性大，马太效应、二八定律在这个领域比较突出，广播也不例外。广播业发展总体呈现不均衡的现象，表现在地域之间、台与台之间、电台内部各频率之间、同一频率内不同时段之间的创收不均衡，主要广告类型过于集中等各个方面，创收结构不合理，风险系数高等。

从地域分布来看，北京、上海、广东、天津等地区广播广告的创收额度较大，全国广告创收排名前十的电台创收占到全国广播广告创收的1/3以上，行业内集中现象明显，80%的收入集中在20%的大台，呈现二八效应。从频率创收分布来看，往往一台独大，占据广告收入的半壁江山甚至更多，弱小频率和中波频率更多依赖搭售或保健品广告专题。根据对全国61家省级电台和省会城市电台的调查，2014年11家广告创收过亿的广播频率总共创收24.573亿元，占到整体约400个频率创收的1/5还多。[①]而从单一频率的广告创收时段分布来看，早晚高峰仍旧是广播广告含金量最高的时点，午间、夜间仍旧是广播的创收低谷。从广告类型来看，硬广依然是主要的收入来源。广播广告的创收不均衡还表现同城电台的份额分布，往往一家独大，创收从万元到亿元不等。

从创收结构来看，医疗专题广告对电台经营"既是蜜糖又是毒瘤"[②]，虽然短期内能大幅提升电台的广告经营收入，但是对于电台长期的品牌塑造、形象推广会造成极大损害。在有些电台内部，医疗广告的创收比例一度达到整体广告创收的40%左右，如何把握医疗广告的度成了整个广播行业的棘手问题。2012年以来，国家工商总局会同多家政府机构持续开展整治虚假违法医药广告专项行动，尤其对地县级以上广播电台、电视台、都市类报纸等媒体加大监测，严查医疗药品、保健食品等广告。有限的品牌广告难以在短时期内填补大量的广告经营空缺，而新的经营增长点短时间内难以发掘并有效支撑，造成相当数量的广播电台经营困难。[③]2015年9月1日，新《广告法》实施，全国电台大幅停播医疗广告，广告收入受到严重影响，在天津、山东等地，广告收入减少亿元以上，有的电台计划用三年左右的时间恢复到未整顿前的广告收入水平。

三、体制冲突：维持尚可，发展艰难

广播步入产业化进程之后，事业属性和产业属性兼具，二者的结合曾在一定时期促进了广播经营范围和规模上的发展，但是二者也相互牵制，使得各自的发展到了一定阶段之后，都出现了"不彻底"和难以深入推进等问题。"事业、产业两条腿走路，'一条在体制内，一条在体制外'，维持尚可，发展艰难。从目前政策来说，体制内外的循环还有问题……发展后劲缺乏保证。

---

① 资料来源：北京人民广播电台发展研究中心.2015年全国广播跟踪调查报告.2016年3月.
② 丁俊杰，黄升民.中国广播产业报告：产业发展与经营管理创新[M].北京：中国传媒大学出版社，2005：107.
③ 梁帆.增长乏力，倒逼转型：浅析2013年广播广告市场[J].收听研究，2014（1）：9-10.

有些问题只能国家配套政策跟上了才能真正解决,现在只能在夹缝里找政策的限度,但限度内有很多雷区"①。

第一,无法完全参与市场竞争。实现规模化发展,必然借助外在的资本,但是引入外来动力必然需要开放行业,这对于广播而言,是一个两难选择。我国广播媒体并不具备真正的"市场主体"身份,其经营活动不是以盈利为根本目的,强调的是社会效益优先。2015年9月,《关于推动国有文化企业把社会效益放在首位、实现社会效益和经济效益相统一的指导意见》颁布,要求确保国有文化企业把社会效益放在首位。在缺乏"企业"身份的前提下,自然也无法完全参与市场竞争,特别是融资方面,受到很多政策的限制,无法真正市场化。受规模和资金的制约,广播企业在平台拓展、内容整合、新技术升级、品牌推广、吸纳资金、市场合作和竞争方面均显薄弱。

第二,无法创建真正市场化的激励机制。产业实体虽然形式上建立了,但是离真正意义上的现代企业制度还有很长的距离,股东会、董事会、监事会虽然建立,但是实际执行却与现代化的公司治理差距不小,在制度、运行层面,团队建设和人才激励的效度明显不足,无法真正将个人利益与集体利益捆绑,从而影响基层主动性的发挥。

产业化、市场化是推动中国广播40年快速发展的直接动因,与此同时,我们应该正视一个问题:"事业"和"产业"双重属性下的混合体制和二元运作机制,导致了广播在发展进程中出现明显的双重取向。40年来"形成的经营体制出现了严重的老化疲劳,对外缺少经营规模和经营合力,对内缺少弹性和激励机制"②,这种状况使得产业化进程中的广播面临多重矛盾,使得下一步发展异常艰难。

四、市场封闭:需求不足,开放程度不够,经营策略还不灵活

在相对闭合的广播市场中,由于条块分割的行政结构,来自市场的需求不足,产业体系不完整,某些行业链条不成熟,使得广播经营始终停留在割裂、零散的状态,限制了整体运作的水平和规模。

(一)需求拉动不足,节目难以成为产生效益的子市场

作为信息产业的一部分,广播产业链上最为薄弱的一环就是节目市场。由于国内媒体编制和运营体制仍是"大而全"的低效运营状态,节目生产基本处于自给自足的阶段,市场的发展从根本上缺少"需求"的拉动,广播节目普遍"低质、低价、低利",尚未形成健康的价格体系和竞争机制。广播节目市场迄今仍不成气候,目前市场上的节目制作商非常少,节目交易量也很小。这一方面,导致了大多数节目由台内制作,成本高,另一方

---

① 王求. 两轮驱动,良性循环[J]. 中国广播影视,2012(10)下:10.
② 黄升民. "媒介产业化"十年考[J]. 现代传播,2007(1):104.

面，行业发展的动力仅仅来自电台这一层面，必然导致行业发展势头不猛。

（二）广告经营、跨地域运营、资本运筹的市场化仍处于低位水平

2000年以来，广告代理制的引入将广播广告经营逐步推向社会化，代理公司参与经营使得市场蛋糕越做越大，也越来越走向成熟。但是，推行代理制以后，一些问题逐渐浮出水面，其中最为显著的是一些全面实行代理制的电台，由于自身建立的营销队伍基本退出一线经营，转为开展营销管理、市场研究等工作，名义上的广告经营部门实际沦为行政执行部门，主要执行既定的广告政策，大量工作以流水化后台作业为主，难以掌握市场一线信息，广播电台的自我经营能力和营销能力不断弱化。近两年来，在创收压力不断增大的情况下，很多电台的经营工作更是捉襟见肘。

跨地域经营方面，受到社会化公司竞争、地方电台意愿变更等多种因素的影响，曾经一度进展良好的外地电台承包或代理业务遇到障碍，以北京电台旗下的跨地域运营公司为例，自2005年成立，经历过业务迅速拓展的辉煌时期，到2015年所有外地业务全面萎缩，不得不进行业务转型，转为电台内部制作节目为主。

社会资本的介入有限，市场化程度有限，难以做大做强，同时也放大了经营风险。仅仅依靠自有项目，从无到有地发展产业，距离建设产业平台目标较远，但通过股权投资参与市场项目的实践尚需积累经验。产业亮点尚未形成，现有项目或处于初创阶段，或需要调整转型，多元化经营的产业投资价值无法体现。

（三）经营创新滞后，系统性压力加大

"广播的事业单位身份和老牌媒体资历，多年来形成了许多广告经营的舒适区……经营部门往往背负着较大的增长压力，经营活动也变得相对短视和保守。"① 与其他传统媒体相比较，广播媒体的经营机制改革、市场化行为跟进呈现"慢半拍"的状态。改革开放后，广播广告是在报纸广告、电视广告之后复播，此后历次重大经营改革，也大都是报纸、电视在先，广播之后。早在1993年，报纸媒体就掀起了广告版面涨价风潮，1994年中央电视台首创广告"竞标活动"，将热点时间以拍卖的形式进行销售。与其相隔五年，广播界才推出第一个"竞标"活动。面对新媒体的崛起和传播环境的变化，报业的经营格局发生了革命性的变化，对广告的依赖明显减少，资源打包、整合营销日渐成为主导。电视媒体深挖品牌栏目的产业链条，以节目为支点切入多元产业领域，涌现出《爸爸去哪儿》《中国好声音》等典型案例。广播媒体在利用新媒体、新技术和资本力量创新经营模式方面步伐迟缓，动作较慢，虽偶有案例显现，但尚未形成行业性的整体反应。

从广告客户来看，随着市场经验的积累，营销投放已经越来越理性和谨慎。从经营机制来看，由于多种经营方式的同时存在，使得广告经营链条加长，各种利益关系交错，代

① 方乐. 业态剧变下广播广告经营问题及转型探讨[J]. 中国广播，2015（9）：13.

理公司普遍愿意开发成熟资源，不愿耗时耗力开发线下活动，导致成熟资源承载压力大、弱势频率、线下市场长期得不到开发的问题长期存在。在电台内部，随着广告统一经营机制的长期存在，节目与广告之间的关联度减弱，沟通成本提高，节目与广告两张皮的现象有所加重。在新媒体精准营销、效果营销的冲击下，广播广告显示出产品不够丰富、效果无法测量、不能满足客户多样化需求的窘况，而广告泛滥、制作粗糙、缺乏美感等因素，造成媒体品牌美誉度的降低，甚至影响到节目的收听。

以上问题的存在有的是由于传媒体制的原因，有的是因为市场需求不足导致，还有的受到媒介竞争影响，与内部创新动力不足有关。有的是长期粗放经营积累下来的，有的是经营机制不健全造成的，有的是经营意识薄弱、发展策略失误所致，受到内外部多种因素影响，"这些问题在行业高速发展、环境稳定的阶段往往隐藏或缩小，而在行业增速放缓、环境剧变的时候，开始显现或放大"[①]。

第二节 广播生存环境的变化

所谓业态剧变，是指市场主导地位的改变，随着移动网络收听新市场的形成，广播的市场主导地位将遭受严重挑战。[②]不论是旧有的传统广播还是新生代音频产品，其诞生和生存的根本意义在于人类"收听"需求的存在。在这一场新老音频媒体的竞争中，不再单单是内容方面的竞争，而是技术、资金、人才等全方位的竞争。传统广播要想在新的竞争中赢得一席之地，真正把市场和受众作为业务开发的前提，结合自身的资源优势和传播特点，对业务链各环节做出重新定位和调整。

一、竞争主体的变化：从"广播"到"音频"

在以往的媒体环境中，广播面临的主要是同类媒体的竞争。互联网、移动互联网的飞速发展改写了媒体生态。过去十余年间，网络广播这一传播形态的萌生扩展了"广播"的内涵和外延，广播媒体不再是传统意义上的无线电波广播或DAB/DMB技术主导的数字广播，而是增添了网络广播这一全新主体。互联网广播是广播与互联网融合发展的新鲜事物，是通过互联网面向大众传播音频内容的传播形态，亦可称为"网络广播"。自1996年广播媒体陆续提供在线直播和点播服务后，国内相继出现了一批音频播客、网络电台、音

---

① 方乐.业态剧变下广播广告经营问题及转型探讨[J].中国广播，2015（9）：12.
② 方乐.业态剧变下广播广告经营问题及转型探讨[J].中国广播，2015（9）：11.

频论坛、音乐流媒体等互联网广播平台。

国内第一波网络电台集中出现是在2005年前后，当时的网络电台创办主体主要有四类：商业网站、个人或社会团体、传统广播电台及部分校园电台，一些地方城市的信息服务网和部分成熟的社区论坛也推出过播客板块，还出现过不同机构联合创办网络广播的情况。这一波网络广播热潮在2008年前后达到高峰，当时在搜索引擎中能够迅速找到数以百计的网络电台。QQ之声、萤火虫、猫扑等个性化网络电台聚集了大量NJ（网络主持人），编排了丰富的节目，推出聊天室、QQ群等即时互动方式，甚至发起了网络广告、线下活动、形象代言等运营尝试，红极一时。一些电台经过几年探索和积累，运转逐渐走向正轨，其组织架构完备，人员分工明确，内容上不乏新意，吸引了大批忠实粉丝。也是在当时，不少传统广播还没有实现节目的在线直播和点播，部分电台还没有自己的网站，网络收听市场还不是特别繁荣。2010年，国家治理网络视听市场，个体机构创办的网络电台相继关停。

经过两年左右的沉寂，网络广播再度崛起。2012年以来，特色音频应用和移动电台如雨后春笋般涌现（见图7.2）。搭乘移动互联网快车，此次网络电台市场的品类更加丰富，设计更为简洁，更加注重用户体验，贴近用户心理，倡导"听我想听""听我不同"。蜻蜓FM、考拉FM、喜马拉雅FM等逐渐成为人们耳熟能详的名字。尽管尚未出现巨头，但移动电台市场开发速度快、波及广，除了内容层面的聚合、原创阵营外，林林总总的个性客户端和自媒体加剧了市场细分。而技术方面的语音产品也层出不穷，语音识别、语音游戏、语音表情等不断应用，语音社交广受拥戴，聚焦于声音产品交易的"声交所"概念也已落地。①2013年10月，百度正式上线了语音开放平台，无条件免费开放整个语音生态系统，开发者可轻易获取强大的语音技术能力，快速构建语音交互应用，语音产品开发的门槛越来越低。这一轮移动音频应用有的称为"移动电台""网络电台""音频应用""移动音频"等。

图7.2：主流移动音频应用上线情况②

---

① 2013年，国内首个声音交易电子商务平台——声音产权交易所在安徽省正式上线运营，该项目致力打造全球音谷，为有声音需求的买家和有资源的卖家搭建交易桥梁，是安徽省"861"计划重点项目。

② TalkingData.2014年移动电台应用行业报告[EB/OL].（2014-11-7）[2018-06-01].http://www.199it.com/archives/289738.html.

广义的移动音频应用分为三类：一是音乐类应用，如QQ音乐、百度音乐、酷狗音乐等，此类应用与唱片业的关联度最高；二是听书类应用，如咪咕听书、懒人听书等，此类应用与出版业的关联度较高；三是电台类应用，如蜻蜓FM、考拉FM、喜马拉雅FM等，此类应用与广播业的关联度较高。早在2014年，随着移动互联网快速普及，移动电台市场旋即成为资本市场关注焦点，行业巨头与创业公司纷纷涌向该领域，百度推出了乐播FM、网易推出网易云音乐。随着市场竞争升级，用户需求不断释放，2015年后电台类应用逐渐开始形成分层，企业之间的距离越来越大。按照运营者的不同，目前移动音频应用主要有四个类别：一是专注于做网络广播的商业公司，如麦克风传媒的蜻蜓FM、喜马拉雅的喜马拉雅FM、车语传媒的考拉FM；二是互联网巨头，如百度推出的乐播FM、腾讯推出的企鹅FM；三是电信运营商，如中国移动的咪咕听书；四是传统电台，如阿基米德FM、听听FM等。根据2016年第一季度的市场份额数据，移动电台市场的第一梯队已经明朗，喜马拉雅FM、蜻蜓FM、荔枝FM、考拉FM、多听FM五大品牌占据了整个移动电台市场79%的市场份额，而其他移动电台所占的份额均在5%以下（见图7.3）。

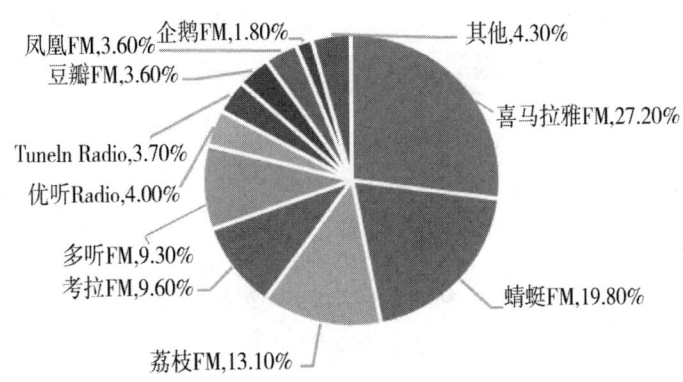

图7.3：2016年第一季度中国移动电台市场份额[①]

回顾网络电台的发展变迁可以看出，第一代网络电台更多是对传统广播的借鉴和模仿，从频道设置到内容编排以及播出形态基本都是沿用传统广播的形式，2008年，笔者曾对国内近五十家主流网络电台进行跟踪，发现大部分网络电台都是采用主持人加大板块的直播播出形式，节目样态与传统广播极为相似，只不过在互动手段上使用了当时比较新鲜的网络聊天室、QQ群等互动方式，其播出时间都有固定的节目表，以晚间播出为主。但是，第二波移动音频应用则秉承了移动互联网的便捷、精准特性，在播出内容和形式上呈现出不同于传统广播的特征，比如不再有节目时间表的概念，不再突出频道概念，用户一

---

① 速途研究院.2016年Q1移动电台市场报告[EB/OL].（2016-05-28）[2018-06-01].http://www.sootoo.com/content/663772.shtml.

旦进入即可接收精准推送的碎片化音频，因人而异，因时而异。第二波网络广播能够根据用户收听轨迹判断用户喜好，个性化色彩更为突出。与此同时，二代网络广播不再直接使用"网络电台"命名，而使用"FM""电台"字眼。从内容风格定位来看，第一代网络电台的目标受众针对的更多是年轻白领、校园学生，第二代移动音频应用则觊觎汽车空间，力争成为车载媒体的收听陪伴，这对传统广播的调频收听直接构成竞争。从创建时间、资金实力、技术人才等方面来看，传统电台开发的移动音频应用与商业音频应用还有一定差距。网络广播的出现强化了竞争，使广播的概念向"音频"扩展。电台面临的竞争已不再限于传统广播之间，"广播"不再是传统意义上的"广播"（见图7.4）。

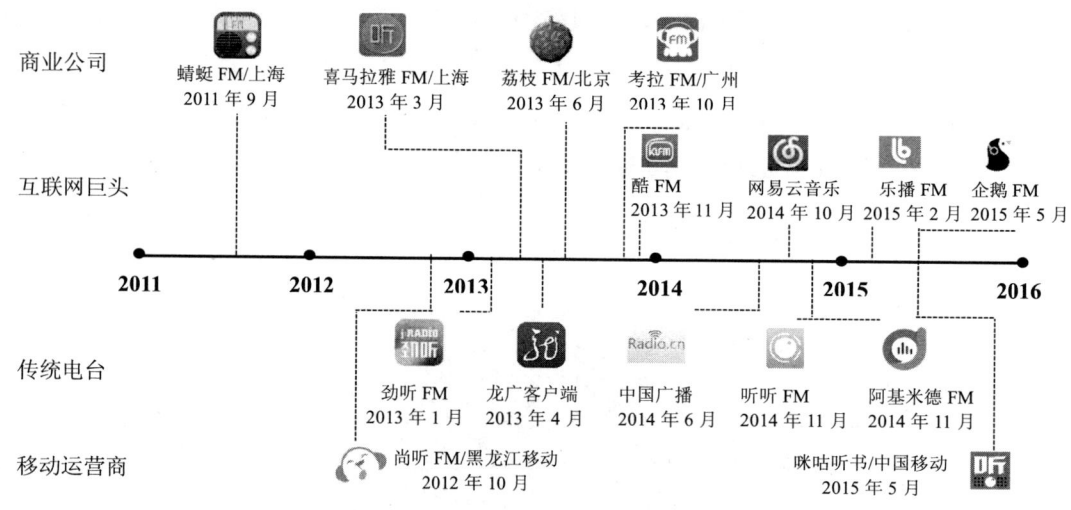

图7.4：移动音频应用市场竞争格局

二、用户收听行为变化：传统电台的式微与新兴平台的崛起

随着生活节奏的加快，媒介样式的丰富，受众的全天时间不断被分割成若干单元，不同单元被不同的媒介形态填充。在信息量增多和触媒时间有限的矛盾中，受众在接触媒介时呈现出"冲浪式"的特点，一是浏览媒介的速度加快，二是对媒体频道、频率、版面的转换频次增加，这对传统广播的稍纵即逝特征提出了挑战，既有用户面临分流、分化的趋势，新生代用户接收信息的最初来源往往不再是传统媒体而是新兴媒体，如何吸引和留住用户成为难题。

（一）传统广播收听下滑，移动音频收听攀升

互联网不仅改变着人们的生活状态，也不断改变着用户的媒介接触习惯。国内外的调

查数据显示,传统电台收听总量连年小幅降低,收听传统广播的人口比例不断缩小。在美国,1990年时听广播的成年人有52%,2000年为43%,而到2013年已经减少到33%。[①]在我国,索福瑞媒介研究公司通过对全国33个城市组合的收听率调查发现,2008年以来人均每日收听广播的时长在波动中持续下降,2013年全国广播人均每日收听广播77分钟,首次降至80分钟以下,而相比于历史数据,广播日听众规模同样在波动中下滑。总的来看,传统广播收听呈现整体缩水的态势,总收听率没有增量空间,存量竞争激烈,当前媒体环境下的收听率提升变得异常艰难。

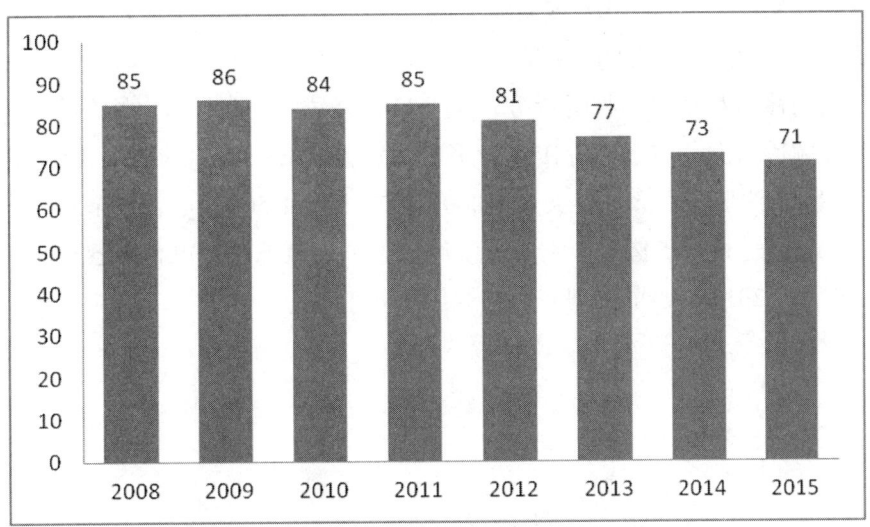

图7.5:2008~2015年全国广播人均收听分钟数[②]

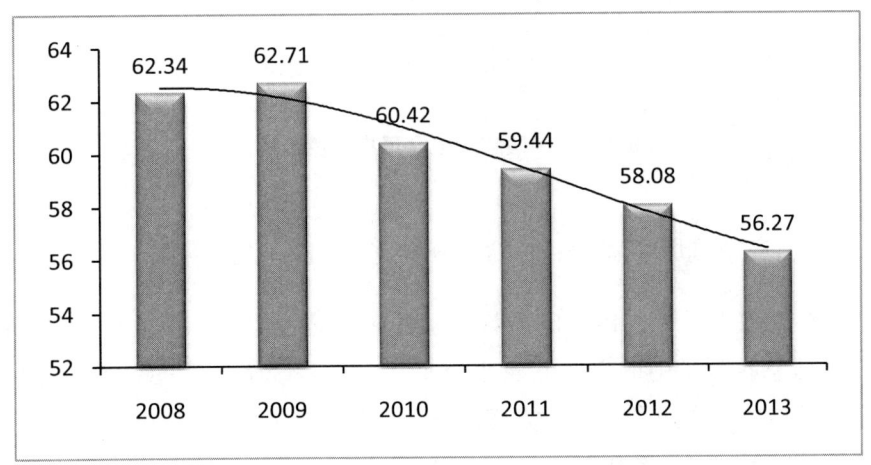

图7.6:2008~2013年全国广播日均听众规模(%)[③]

---

① 黄京华,王琦.海外广播广告现状及分析[J].中国广播,2014(9):23.
② 数据来源:根据索福瑞媒介研究历年广播客户年会数据整理,内部资料。
③ 数据来源:根据索福瑞媒介研究历年广播客户年会数据整理,内部资料.

而与此相对应，网络音频的用户规模却呈现逐渐增长的势头。根据英国广播电台听众联合调查机构（RAJAR）公布的数据，随着智能手机、平板电脑等移动设备的不断普及，绝大多数英国家庭收听广播的方式发生了改变，2012年四季度英国通过互联网收听数字广播的时长比上一个季度内提高了43.3%。2013年1~2月，阿比创和爱迪生研究在美国的调查显示，过去一个月全美收听网络广播的人数达45%，听众到达率估算接近1.2亿人。第三方统计机构数据显示（见图7.7），2012年我国移动电台用户规模仅约4 000万，到2013年突破1亿，2014年增加到1.8亿，2015年中国几大主流电台用户规模增速加剧，中国移动电台用户达到3.5亿，预计2016年突破5.5亿，①目前第一梯队的移动音频平台用户数均已过亿，活跃用户达到几千万的级别。为了适应新变化，国外广播媒体积极响应，大力发展基于互联网和移动互联网的收听业务，主要广播公司都在尝试音频内容的全平台发布，以BBC和清晰频道为例，前者打造iPlayer平台，后者推出iHeart Radio平台，截至2013年5月，iHeart Radio注册用户数已经突破3 000万，可提供1 500家电台的节目内容，过去五年间的累计下载量达到1.75亿次，它不仅集纳清晰频道旗下所有电台内容还吸引了其他的数百家电台加入，2013年还拓展到澳大利亚等国外市场。

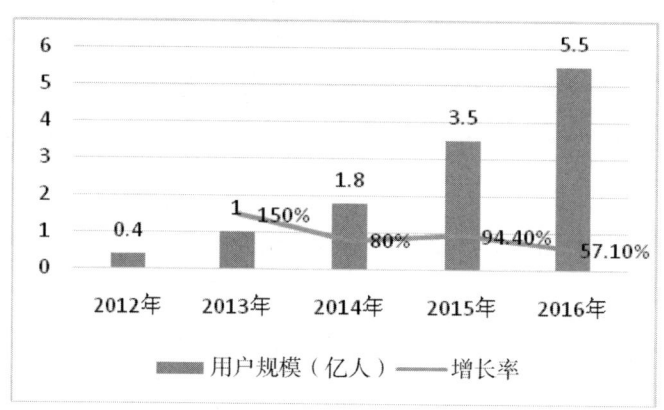

图7.7：中国移动电台用户规模走势②

（二）从场所竞争到场景竞争：广播收听的移动化、多终端化

近年来的调查数据显示，传统广播收听呈现两个显著特征，一是居家收听日渐衰落，车载收听在广播总收听量中的重要性越来越突出；二是收听广播的渠道在变化，收听终端呈现多样化的趋势。这两个特点一方面凸显了广播的优势，另一方面也存在着潜在的危机，使广播收听出现"二元矛盾"。

首先，优势凸显与空间收窄。收听数据显示，坚挺的车载收听是广播收听和广告收益

---

① 综合速途研究院历年《中国移动电台报告》.
② 速途研究院.2015年中国移动电台报告[EB/OL].（2016-01-20）[2018-06-01].http：//www.sootoo.com/content/660398.shtml.

的重要基石，传统广播收听由居家向户外转移的特点越来越突出。广播居家收听的听众数量和时长均呈现逐年下降的态势，而户外的日均听众规模和收听时长有上升势头。多数时段，在家收听率降低，车上收听率提升，传统广播收听由居家向户外转移的特点越来越突出。2013年，在调查的33个城市组合中，[①]超过80%的城市"家里"市场下降，有一半城市的"车载"收听显著增长，车载收听的重要性越来越突出。车上人群具有"高学历、高收入、低年龄"的特征，与居家听众"低学历、低收入、高年龄"形成鲜明对比，属于优质人群，是广告主希望触达的人群，吸纳能力强。但移动收听见长背后折射的是广播市场空间的收窄，对车上市场的依赖性越来越高，对其他场所和场景的竞争力削弱。

其次，机会增多与价值稀释。传统收听终端式微，手机、车载收音系统等新的收听终端增长使广播有了接触更多场景的可能，但是其内容价值被稀释，面临更广泛的竞争。在新媒体快速发展的背景下，人们收听广播的习惯以及收听渠道正在改变。传统AM、FM渠道被网络所挤压，2006年时美国有46%的人每月听AM或FM，48%的人通过网络听广播，而到了2011年，前者的比例为40%，而后者为57%。移动互联网发展及智能终端的普及，带动了广播节目的多渠道传播，同时也带动了收听工具的多样化。赛立信媒介研究和索福瑞媒介研究两家公司的调查公司的数据均显示，车载收音系统和手机成为主要的收听工具，传统收听工具（包括便携式收音机、音响、台式收音机等）的使用率逐年减少，广播收听终端的移动化、智能化日趋明显。2014年数据显示（见图7.8），手机、车载收音系统是最多听众使用的工具，传统收音工具（包括便携式收音机、音响、台式收音机等）的使用率逐年减少。与2013年比较，车载收音系统的使用率上升12.8%，是使用率上升幅度最大的收听工具，连续两年，手机的使用率均超过40%，在众多收听工具中居首位，收听终端的移动化、智能化日趋明显。相比之下，便携式收音机已经从原来收听终端的主导地位下滑到第三位。

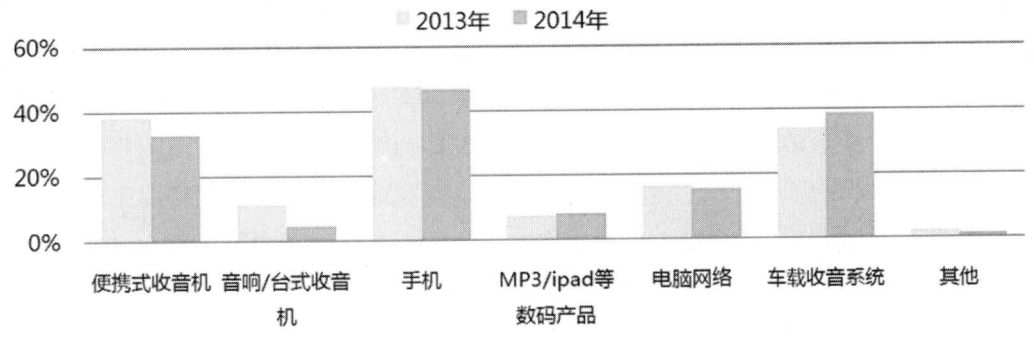

图7.8：2013~2014年全国广播听众收听工具的选择比例[②]

---

① 索福瑞媒介研究2014年全国33地广播数据调查。
② 赛立信媒介研究.2014年中国广播收听市场竞争状况分析[EB/OL].（2015-03-28）[2017-06-01].http：//blog.sina.com.cn/s/blog_4ed76c230102vfug.html.

传统广播对用户收听行为的测量往往分为居家、户外、工作场所和其他四个地点，而新媒体环境下的用户收听行为则具体到了场景，比如居家场所可以分出做家务、休憩、陪孩子等场景，车内场所可以分出回家、出游等场景，户外场所可以分出走路、跑步等场景。调查机构对移动音频应用的使用场景划分出了床上、卫生间、吃饭时、上班上课时等（见图7.9），其中床上和工作闲暇时间是用户使用比例最高的场景，接下来是乘坐或使用交通工具时，60.4%和55.4%的用户都有在床上和休息时使用电台的习惯，乘坐或使用交通工具占比超过40%。① 移动电台的用户黏性比较高。54.6%的移动电台用户使用频次在每天一次以上，两天使用一次的用户占到23.7%，这不仅和移动电台在内容上的深耕有关，也意味着移动电台用户的使用习惯开始养成。

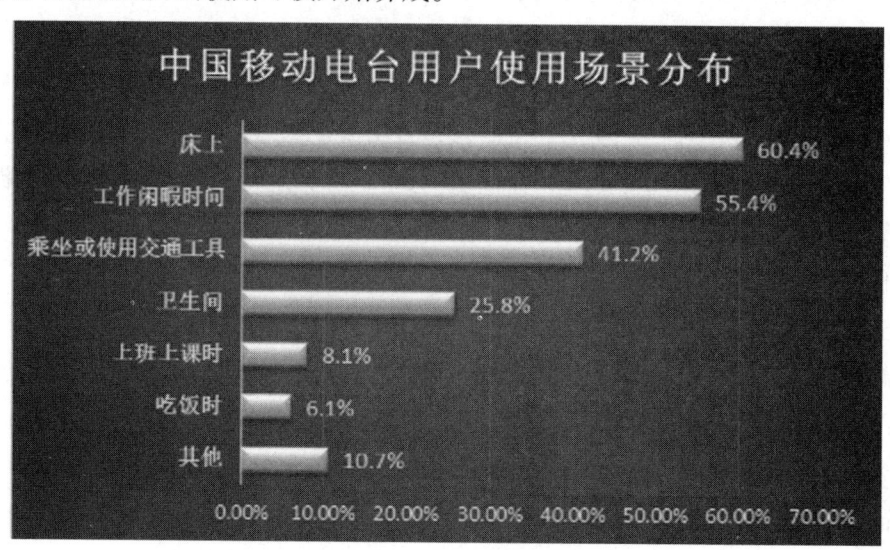

图7.9：中国移动电台用户使用场景分布

　　没有广播资源优势的非广播机构积极探索创新，努力在满足用户需求、提升用户体验上下功夫，使用移动终端听网络音频的用户人群正在形成，越来越多的人开始养成听网络音频的习惯，比如通过连接手机蓝牙收听下载的网络音频节目或音乐。未来随着车联网的发展，广播的市场地位将会变化，从独一的音频媒体到变为其中之一，成为汽车操作系统中的一个应用，传统电台在汽车渠道上的优势将会受到冲击。从目前的情况来看，在各种消费此消彼长的过程中，听众更主要的消费时间流向了互联网、户外屏幕和户外移动媒体等，对传统电台的消费时间明显下降。未来，随着物联网的发展，智能家居、可穿戴设备的普及、基础环境改善以及上网成本的下降，音频需求将不断得以释放，移动收听的场景会越来越多，广播将面临全新的竞争。

---

① 郑春晖，侯长海.2015年中国移动电台报告[EB/OL].（2016-01-20）[2017-06-01].http：//www.sootoo.com/content/660398.shtml.

三、竞争模式的改变：从内容到资金、技术、人才、战略全方位竞争

以往广播媒体面临的竞争更多是同质媒体之间内容的竞争，随着移动音频应用的发展，广播面临的是资金、内容、技术、人才、战略等全方位的竞争（见图7.10）。面对即将到来的4G乃至5G时代，传统广播电台不得不重新审视自己所提供的服务以及面对的受众。

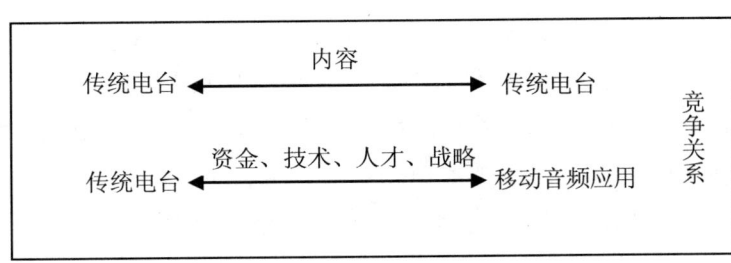

图7.10：广播的竞争关系演进

从资金来源来看，传统电台以广告创收为和政府拨款为主，依赖的主要是自有资金。移动音频应用的资金来源主要是社会融资。随着国内移动音频应用市场的发展，国内有代表性的移动电台厂商先后纷纷完成数论融资，融资规模逐渐扩大。2014年喜马拉雅FM先后完成了A轮1 150万美元、B轮5 000万美元融资。2015年成功拆除VIE架构回归国内，计划登陆战略新兴产业板，估值超过30亿元。继2013年完成创新工场投资在内的A轮200万美元融资、2014年完成B轮1 000万美元融资、2015年完成数千万元的C轮融资后，2016年初蜻蜓FM获得由中国文化产业投资基金领投的新一轮融资，估值约为25亿元人民币。资金融入壮大了在内容和渠道等方面的竞争优势，有助于进一步发展用户、抢占市场。

在内容来源方面，传统电台是专业的音频内容生产机构，以自我投入、自我生产节目为主。移动音频应用在发展初期，内容根据来源不同大体上可以分为PGC（专家产生内容）和UGC（用户产生内容）两类。以喜马拉雅FM、考拉FM、蜻蜓FM等为代表的新兴平台特点各不相同，蜻蜓FM以集合各大传统电台内容为主，喜马拉雅FM以有声读物见长，考拉FM拥有较多的主持人资源。但随着发展，移动音频应用纷纷"弯道超车"，提出"PUGC"战略，都有向综合性音频内容服务商发展的势头，在聚合全国传统电台节目的同时，吸引专业内容制作者流入，创建专业孵化团队，并通过提供资金、工作室等资源支持等方式，签约草根主播、自媒体大咖，并且加大版权引入与购买。喜马拉雅FM提出PUGC生态战略，拥有400万草根主播（如掉掉、三刀等）；8 000余位自媒体大咖（罗振宇等）；200多家媒体（新浪、三联、澎湃等）；600多家品牌入驻（杜蕾斯、欧莱雅等）；推出1亿元专属孵化基金，通过"声音梦工厂"、喜马拉雅大学、众创空间等项目挖掘声

音新秀,与阅文集团及9家国内顶尖图书公司签署排他性版权合作,拥有1 000多万册小说的有声改版权。蜻蜓FM通过全球播主竞技大赛挖掘优质播主,并提供资金、工作室等资源支持,合作传统电台3 000多家,1 000家校园电台,与国内正版音频版权提供商鸿达以太公司战略合作,并购央广之声。考拉FM启动音频主播扶持及网红IP孵化模式,推出直播功能,成为著名自媒体人和脱口秀红人传播的主要阵地,收购LBS产品路况电台等。

在加快内容补充的同时,移动音频应用加快与汽车厂商、智能手机、智能家居等智能硬件品牌合作,纷纷布局车联网和智能家居生态。以蜻蜓FM为例,在汽车前装市场,与50家多整车厂和TSP厂商开始合作,覆盖200万车辆;在后装市场,研发传统的车机、OBD产品,后视镜等车内联网智能硬件终端,2015年底后装覆盖超过400万车辆。蜻蜓FM还积极布局音响、冰箱等智能家居市场,2016年1月23日海尔冰箱与蜻蜓FM签署战略合作协议,共同成立全国首档交互类电台栏目,飞利浦、SONOS、DOSS、安桥、海尔等品牌即将出厂的中高端蓝牙及WIFI音箱上都将搭载蜻蜓FM。

表7.2:传统电台与新兴电台情况对比

	资金来源	内容来源	渠道分发	商业模式
传统电台	广告创收;政府拨款	自我生产为主	电台;广播网站	广告为主
移动音频应用	社会融资	聚合传统广播;签约草根主播、自媒体大咖;音频内容孵化;音频版权引入和购买;收购	互联网;车联网;智能手机;智能家居;可穿戴设备;自己研发的终端	网络广告;内容订阅收费;版权分销;智能硬件销售;粉丝经济;周边衍生;打赏系统

在商业模式方面,传统电台以广告创收为主,移动音频应用形成网络广告、内容订阅付费、粉丝经济、版权分销、智能硬件销售等多种盈利模式(见表7.2)。以喜马拉雅FM为例,其盈利模式分为三大块:广告盈利、粉丝经济及智能硬件销售。其中,广告盈利分为"位置广告""音频广告""品牌电台"三类;用户埋单,即粉丝买单,分为"粉丝打赏""付费收听"两类;而智能硬件则针对车主、儿童等目标人群,推出"随车听""舒克智能童话故事机""听书宝"等产品。在广告盈利模式中,位置广告指的是喜马拉雅FM的开屏广告页面及横幅广告,这些都是新媒体的首要传统广告位。而音频广告则颇具音频产品的特色,指的是在热门主播的音频段子里添加一定时间的客户广告,播主配以风趣的语音语调、幽默的段子文案使植入广告易于为用户接受,其中所得的广告收益主播与平台按一定比例分成。第三类品牌电台指的是客户自行建立的电台,例如杜蕾斯在喜马拉雅FM建了一个"杜杜电台",这是一个关于情感、两性的电台,第一期节目已有100多万的点

击播放。在粉丝经济模式里,粉丝会给自己喜欢的播主进行"打赏",金额由少到多不等,用户自行决定。付费收听是先让用户免费收听一定量的内容,吸引住用户之后,再让他们付费收听后续内容,一般针对用户黏性极大、内容非常优质的音频,所得收益也均由版权方和主播平分。喜马拉雅FM目前还在继续探索社群电商的新模式,通过扶植像"罗辑思维"一样的热门专辑培育不同的付费形式,以更好地实现商业变现。在喜马拉雅FM的商业化蓝图中,粉丝经济带来的收益将远远大于传统广告投放。① 蜻蜓FM的盈利主要有两块,一是广告收入,如展示性广告就包括音频类广告、视频类广告、文字类广告等。蜻蜓FM的主要广告收入来源于音频类广告,也就是节目中的插播贴片广告,2015年广告业务给蜻蜓FM带来1亿元左右的收入。另外一半是平台上用户订阅,蜻蜓FM与最大的有声书版权方——央广之声合作,用户采用订阅模式获得平台内容,收费通过中国移动、中国联通、中国电信三大运营商来实现。在没有广告的前提下,这一块可以给蜻蜓FM带来将近1亿元的收入(各移动音频公司的具体商业模式见表7.3)。

表7.3:移动音频应用的商业模式

移动音频应用	商业模式
蜻蜓FM	1. 网络广告; 2. 社群粉丝经济; 3. 版权分销; 4. 用户付费订阅; 5. 运营商业务:并购央广之声,获得大量的有声小说资源,与三大电信运营商合作
喜马拉雅FM	1. 广告:视觉+听觉广告,大数据下的个性化营销; 2. 粉丝经济:基于数万主播实现盈收; 3. 内容订阅付费; 4. 智能硬件:随车听、故事机、听书宝、3D降噪耳机
考拉FM	1. 网络广告:打造音频广告投放平台; 2. 版权分销:优质版权的引入和购买; 3. 智能硬件销售:车载智能后视镜、车载多功能智能播放器(考拉宝)、儿童智能机器人、老人智能收音机、多功能智能空气宝、智能运动耳机; 4. 粉丝经济:为平台主播搭建平台; 5. 周边衍生; 6. 打赏系统
多听FM	车听宝

---

① 成立仅短短三年,缘何喜马拉雅FM估值超30亿? [EB/OL]. (2015-09-07) [2018-03-20]. http://www.managershare.com/post/206355.

四、从封闭走向开放：广播电台被动融入全新的音频产业市场

互联网音频平台的出现改变了音频传播的方式，促使广播电台在内容生产、平台分发、技术创新、经营创收等方面发生一系列变化，一个新的音频生态圈将形成。[①]

从内容生产到渠道传输、终端播放、受众接收，传统广播的产业链是相对封闭的，一方面，信息传播的信源与受众之间的联动较弱，缺乏实时密切的互动，另一方面，受众紧紧作为信息的接收者，其对内容的消费力较弱，除了发送短信、拨打热线产生的通讯收入分成，传统听众很难为广播创造更多的现金流。传统广播的商业模式是二次销售的间接盈利，通过聚集听众资源将其转售给广告客户。尽管依靠多年积累的资源进行了各种产业开发，但是多元经营与广播主业之间的关联性不够强，没有形成生态体系的强大勾连，创收能力不强，影响力有限，对主业的支撑力度不够。

互联网的发展潜移默化地改变了广播的生存环境。从"广播"到"音频"，传统广播被动卷入一个全新的产业链条。在新的产业谱系图中，居于产业链上游的是拥有强大声文资源的音频版权提供方，如唱片公司、相声社、评书人等；与其平行的是能够提供硬件和软件各类技术支持的音频技术提供商。处于中游的则是音频内容生产商、音频平台运营商和音频版权分销渠道。渠道运营方面，既包含了无线电波这一传统传输通道，也囊括互联网、电信、有线电视网、数字广播DAB等其他通道，音频终端厂商则含收音机制造商、手机制造商、汽车、可穿戴设备、智能家居、故事机、听书机等多种类别，经过一系列通道，内容到达用户后，可以与平台运营商直接产生电商等支付行为，消费关系变强，可以直接产生内容变现。

在音频产业中，与音频制作机构、音频自媒体、用户等一样，广播电台是重要的音频内容提供商，同时因为掌握着无线电波传输通道，与商业音频App、电信运营商等机构一样，也是音频平台运营商和渠道运营商的一部分。但是相对传统链条中的独一地位，其传播地位被削弱（见图7.11）。

综上所述，新媒体带给广播行业的冲击不仅是对受众注意力的争夺、对客户广告的分流，更重要的是把广播人曾经高枕无忧的传播渠道和传播资质区域独家垄断优势消解。

---

① 边建.广播的变革：从传统电台到互联网音频平台[J].中国广播，2014（9）：24.

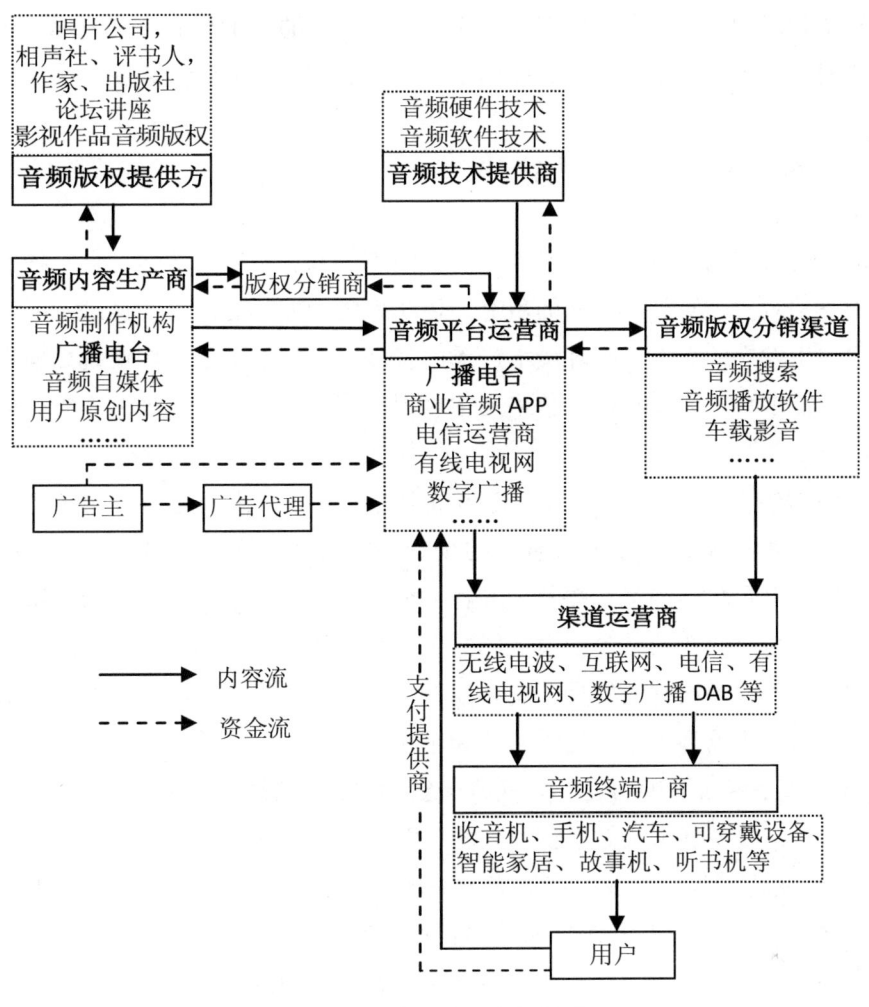

图 7.11：音频产业市场格局

第三节　业态剧变下的广播经营发展方向

"媒体没有效益就没有生存的基础，做内容的兴趣也会弱化，归根结底会影响主流舆论阵地的巩固。"[①] 由于互联网所造成的传播渠道的无限性极大地提升了人们获取内容的易得性，内容资产直接变现的通路和规模已经并将继续受到严重挤压，通常意义上传统媒体

---

① 范以锦.内容传播力如何转变成赢利模式[J].新闻与写作，2015（10）：43.

最为主流的盈利模式日渐式微，内容仅仅作为价值变现的一个环节与其他环节协同配合以最终获得盈利，①越来越成为今天和未来内容产业价值变现的主流模式。

一、广播媒体发展的三大趋势

广播历来面对市场竞争，只不过当前面对的市场和竞争发生转移。最直接的竞争还是广播的本质——对于"听"的空间的争夺。传统思维和方法的简单改良已不能适应外部环境的改变和内生发展的需求，新环境下广播的发展必须从根源上重新审视如何更好地满足大众"听"的需求，才能在新的竞争格局中赢得市场一席之地。未来，广播媒体的发展将面临三大趋势。

第一，广播融入"音频"，成为大音频市场的一部分。广播是声音的媒体，其存在得益于人类"听"的需求，只要有"听"的场景和空间，广播就有生存延续的可能。未来一段时间，传统电台将与网络音频长期共存，彼此影响，构建全新的音频收听市场。广播电台、广播App与商业音频平台三大主体共生共存。随着车联网、物联网的发展，智能家居、可穿戴设备等移动终端的发展，音频消费需求将不断得到释放，音频收听的场景将越来越多。在全新的市场环境中，竞争主体和市场格局发生了显著变化，广播媒体赖以生存的资源优势和媒介空间不再明显，要实现长远可持续发展，需要重新审视当前的市场环境、竞争形势，对自身优劣势做出正确判断，明确未来发展目标和方向。

第二，"专业化"延续，我国广播尚未完成的专业化细分将在互联网上得以实现。在我国现行的体制下，频率定位细分和频率资源之间存在固有的矛盾，例如，美国繁多的专业化电台种类建立在其庞大的电台数量之上，仅在2010年美国就有11 600家电台之多。而我国对频率资源的审批和监管是极其严格的，目前拥有10套及以上频率的大型电台仅有中央电台、北京电台、上海电台等11家电台，且频率还有调频和中波之分，发射功率大不相同，频率资源极其不对等。同时，"四级办广电"制度的历史沿革，使得不同地区的广播之间没有竞争，已被实践成功的专业化类型互相效仿、重复建设，而不愿尝试新型的专业化分类方式。在广播事业体制不变的情况下，定位的细分其实很难继续深入下去，既没有动力还存在风险。②新媒体的出现为音频内容的专业化发展提供了可能。互联网的发展带来了"生产无限、传输无限、消费无限"，在这种情况下，广播平台未能完成的专业化细分将在网络平台上得以实现，未来音频内容将在移动互联网平台不断被细分。传统电台既有的内容生产思路将受到影响，并在这种影响下做出相应的调整，节目调整的速度将加快，传统广播节目的收听测量方法将改变。在这个前提下，广播媒体的组织结构和商业

---

① 喻国明.中国报业已经到了生死存亡的最危急时刻[EB/OL].（2016-07-07）[2018-03-20].http：//www.sohu.com/a/102112911_163231.

② 资料来源：张琳.广播专业化的未来：细分是一个好办法吗？微信公众号"V传媒"，2016年7月15日.

模式都会发生相应的改变。

第三，组织重构，传统电台的组织结构和运行机制将重新改变。适应新的媒体形式，广播媒体的组织架构已经发生鲜明的变化，在很多电台内部，自十几年前开始分设专门的新媒体部门负责电台的新媒体平台开发与建设工作，电台层面的部门设置出现了相应的新媒体部、媒体版权部等。而从单一的广播频率内部来看，内设机构已有原来的简单的节目部门、综合部门、公关部门等更名或增设多媒体新闻中心、用户运营中心、品牌推广中心等部门，对于新媒体相关工作以用户增长率、用户黏性等指标为准的考核体系也在很多电台内部已经形成。未来，随着市场变化，传统的组织结构和运行机制将继续调整。从传播主体来看，广播频率的划分极有可能不再是以内容分野作为划分依据，而是与消费市场的划分类渐趋一致。

二、广播商业模式的变化

新媒体发展带来传媒生态的演变，未来的商业模式存在于广播的生存样态当中，广播媒体必须放弃长期依靠的经验主义，真正把市场和用户作为业务开发的前提，结合自身在内容生产上的优势和传播渠道上的特点，对业务链各环节进行重新调整。未来的广播商业模式也将发生以下变化：

第一，广告仍将是广播媒体重要的盈利模式，但广告经营形式和产品将会发生显著改变。顺应客户结构和客户诉求的多元化，节目与广告的贴合将越来越紧密，软性广告将成为未来广告产品的主流。代理制在继续应用的同时，广播媒体还将培养自己的经营队伍，加强对市场的掌控和反应能力。

第二，边界消融，广告、活动、新媒体、多元化经营之间的边界将不断模糊。市场已经变化，需求也在改变，在新的市场环境和媒体竞争中，任何固化的东西都将不能适应时代发展的要求。未来，节目、广告、活动、新媒体、产业都将不再是孤立的单元，而是线上线下彼此联动互相融通。广播将通过对核心功能的强化，核心资源的聚拢，构建不同层面的立体战略合作关系，探索在新业态中的更大影响力，力争实现收入模式多元化。新媒体与广播节目、线下活动等形成良好的互动，真正实现传播平台和营销平台的有机融合，基于整合营销传播的个性化定制将成为常态。

第三，长尾效应取代帕累托定律。以前的盈利模式是建立在大量生产、大量销售的基础之上的，8∶2的帕累托定律成为选定"高端市场""重度用户"的一个核心的策略依据，所谓营销就是抓好那些大用户，那些属于20%而占有80%资源的客户，而那些属于80%只占有20%资源的客户虽然总数很多，因为效益不佳而被忽略不计。新媒体的发展改变了广播经营的思路，当网络技术把星星点点的小客户需求串联起来成为巨大的有利可图的市场时，原来被忽略不计的众多而分散的80%的"长尾"将成为重要的经营资源，比如对于非黄金时期、非黄金时段的开发，对于各种新媒体资源的整合利用，基于小众市场的节目、新媒体、广告、活动等个性化定制营销方案的提供等。

三、业态剧变下的广播经营突破

当前，广播经营进入了一个调整期，在承受经营压力的同时，市场也为电台加速经营改革转型提供了宝贵的契机。面向未来，广播媒体的经营可在以下四个方面寻求突破：

（一）基于广告的传统经营根基巩固

未来一段时间，广告仍将是广播创收的重要来源。欧美发达国家广播发展的数字表明，尽管数字广播广告和广播线下收入近年来在广播总收入中的占比不断增长，但传统的插播广告仍是广播收入的最大来源，2013年插播广告占美国广播广告收入的80%。[1] 广播广告经营要想实现新的突破，需要在产品设计、价格制定、广告销售等方面做全方位的优化。如果将广播广告视作电台的产品，根据传统的"4P"营销理论，可以从产品、价格、分销、促销来对广告经营工作进行优化。

改进节目品质，提升收听体验是改善广告经营的根本。没有优质的广播节目，广告经营就是无根之木、无源之水。在节目制作方面，通过优化广播节目组合，提升收听率，是当前一段时间的重要任务。深入理解目标听众对节目的需求，挖掘有高价值的目标群众未满足的需求，改进现有节目的品质和收听体验，增加收听率并优化听众构成。

改善广告产品结构，优化广告产品组合。随着市场发展，广播的客户结构发生变化，以新媒体企业为代表的新兴客户日渐增多，它们与传统企业的传播诉求有很大差别，而传统行业本身的投放需求也发生很大变化，各行业的广告投放更加理性和谨慎。为了满足市场需求，分析现有不同广告产品的收益，通过调整广告产品组合，使销售收益最大化。适当减少硬性常规广告的比例，提高软性广告、植入广告及整合营销产品的开发力度。研究目标客户广告传播的需求，分析各种需求的强度，针对不同的需求设计不同的产品。

优化广告价格体系。通过梳理和分析不同广告产品的价格，发现价格优化空间。引入系统化的价格制定和评审体系，通过价格优化，提升销售收入和利润水平。可以通过实施价值销售，引导购买非黄金时段的广告客户向同一频道内的黄金时段转移。在销售广告点位时，可以考虑统筹安排广告资源，通过价值销售，提升优质广告点位的销售水平。

改善广告销售效率。展开价值销售，提升高收听率广告点位的销售水平；理解市场广

---

[1] 黄京华，王琦. 海外广播广告现状与分析[J]. 中国广播，2014（9）：24.

告购买需求，确定高价值目标客户企业；通过扩大销售覆盖范围和优化销售团队组合，深化在服务欠缺的垂直领域的市场渗透率；优化销售流程、销售效率和时间分配。

（二）基于内容的音频提供商

发挥核心优势，使音频内容成为运营的基础。提升高品质音频内容的专业化生产能力以及为不同的新媒体平台生产内容的能力。制作节目时要把新媒体工作环节前置，用互联网思维生产音频产品，让产品符合新媒体的生态环境。一方面，利用传统广播丰富的音频资源和专业优势，制作适销对路的精品内容；另一方面，发挥专业优势，成立专门的制作团队，针对互联网特性，制作适合网民需求的网络广播内容。在整合自有资源的基础上，聚合其他广播媒体音频资源和用户提供的优质内容，面向市场集成优质内容和产品，建立以"声音"为特色的内容生产基地、集成平台和分享平台。打造全新音频广播，创建以移动互联网为主兼顾PC端的音频服务平台。

广播媒体以"声音"为主要传播载体，应着重探索音频内容产业化开发的多种路径。第一，可以利用传统广播丰富的音频资源和专业优势，制作适销对路的精品内容，如发行"后广播产品"，将文学作品、广播剧、脱口秀节目、健康保健节目都可以被开发改造成各种音频、视频、文字图片等多媒体产品，通过节目市场交易、网络下载、移动收听、图书、音像制品发行等多种渠道获得增值收益。第二，探索音频内容分发交易机制，探索内容置换、购销的合理模式。创建节目分发渠道和集成交易机制，全方位整合增值业务运营渠道，打造全业务产品线，为音频产业链各环节提供合作及推广服务。加强与渠道提供商、终端运营商的合作，创建分发交易机制，将节目出售给网络广播公司、移动电视公司等，实现多平台播放，共同探索移动新媒体的盈利模式，向适应多媒体播出需求的内容提供商转型，真正变内容资源为可开发的资产资源。

（三）基于音频的产业链延伸

围绕音频内容建立广泛的生态系统，打造高效的运营能力，搭建多元化业务组合。在音频产业上游，要控制的有两个：一是未来对声音或音频发展有革命性、决定性影响的新技术、新应用，包括一些新平台，比如音频二维码、语音识别、语音合成技术；二是音频版权，整合版权内容，构建发行渠道，开发、培育属于自己的版权内容。在音频产业的中游，大胆尝试平台战略，可以自建平台，也可借助微博、微信等社交平台和商业平台，或收购有规模用户、开发团队和运营团队的成熟平台，不能停留在"建设平台"的阶段，要尽快培养"运营平台"的能力。在音频产业的下游，加大音频衍生品的开发力度，积极进行市场开拓和多元经营。在市场条件成熟的前提下，可以借鉴国外模式，推出音频产品的"信息定制"服务，收取信息定制费，还可利用庞大的网络和充足的资源建立信息数据库，尝试出售盈利模式。将不同产品捆绑在一起，以强势品牌带动弱势品牌，形成统一的品牌链条。

重视市场，提高对用户需求的洞察能力和触达能力。增强对用户行为数据的收集能力，建立统一的用户账户，对用户数据进行识别和分析，基于用户需求进行生产和经营，加强用户管理，逐步打通现有听众和新媒体用户两个群体。从满足最基本的需求开始，聚焦核心群体，倡导有价值的内容，打造新媒体品牌。激发用户创造，使用户成为产品的一部分。利用新媒体手段构建圈子，发展粉丝，营造圈子文化乃至话语体系。通过各种手段推动产品在社交媒体中的渗透，借鉴话题营销、事件营销，让用户参与传播。利用用户数据，精准服务，定向推送。充分重视多平台传播效果评估问题，创建科学合理的涵盖各类通道各类传播主体的营销评估体系。

加快资源外向拓展，积极争取新业务、新资源，增强资源储备和未来竞争力，特别关注移动互联网对广播的影响，探索面向市场、专业化运作的新兴媒体业态。以音频产业为核心，完善投融资体系，实现募集资金、孵化项目、吸引人才、机制创新等多重目标。一是引入市场机制，吸纳社会资本。兼顾投资风险的控制，在相关政策许可和鼓励的前提下，积极通过投资、并购、参股等方式，积极利用市场有利因素，加强与有发展前景的新媒体企业进行合作，通过资本运作吸收社会资金参与，完善新媒体发展布局，加快发展速度，降低运营风险。二是建立专业化管理和运作机制，特别是在新兴音频业态的探索上，摒弃传统广播的运行理念和思路，吸纳或培养专业的互联网人才和团队，依照现代企业制度创建有效的竞争激励机制，真正用互联网的思维和规律来运作新产品。

（四）以服务为核心的垂直业务拓展

从发展上看，广播的功能不再仅仅停留在为听众提供资讯和娱乐，而是为引导听众形成健康、科学、同社会发展相一致的生活方式提供服务。这种广泛意义上的服务，是将听众所需要的、广播电台所能够提供的服务进行整合、打包。这样，听众通过广播媒介可以获得更多的服务，对广播的忠诚度就会增加。[1]广播媒体发展至今，积累了大量的服务类节目，比如教育教学节目、美食旅游节目、汽车服务节目等，这些节目常年在行业领域深耕，沉淀了丰富的社会资源，通过对此类节目的整合运营将起到纵向垂直延伸的作用，依托广播节目对行业资源的深度整合，聚焦于一个个垂直领域，开发"信息+服务"的产业化运营模式。北京电台在2015年起推出节目团队化运作模式，甄选了几个优势节目，鼓励其在本行业领域进行纵深运作，开拓新的市场空间，取得了显著效果。以《1039汽车服务热线》节目为例，通过整合线上、线下多种资源，沟通汽车后市场领域的消费者与销售者，综合运用节目、活动、新媒体等多种形式实现了节目价值的进一步挖掘。《吃喝玩乐大搜索节目》以节目为依托，充分调动整合节目线下资源，成功开辟出集美食与旅游为

---

[1] 汪洋，潘力.中国广播产业链的再思考[J].中国广播电视学刊，2009（12）：21.

一体的大型体验活动，借助线上节目、线下活动以及新媒体推广等方式，全方位、立体式塑造品牌效应的同时，回归到行业市场，进行行业后市场深度开发，推动相关业务链的建立。借力电台优质资源，聚焦线下业务联动，在提升广播节目影响力的同时，积极拓展线下市场，逐渐形成自身发展特色，成为拉动电台创收的新增长点。

本章小结：矛盾冲突与突破方向

　　虽然中国广播在经营层面进行了较为深入的探索，成为广播影视产业中不容忽视的一个分支，但成绩背后也隐藏着很多问题。"事业"和"产业"双重属性下的混合体制和二元运作机制，使得产业化进程中的广播面临多重矛盾，突出表现在空间局限、结构缺陷、体制冲突、市场封闭等方面。多年来，广播体量在传媒总量中的占比一直难有大的突破，多元化经营尚未对广播主业形成强有力的支撑，由于条块分割的行政结构，广播业态尚停留在分散、割裂的状态，难以形成规模效益。地域之间、台与台之间、各频率之间、不同时段之间的资源开发和经营能力存在较大的不均衡。事业、产业"两条腿"走路，对外无法真正参与市场竞争，对内难以形成有效激励。而来自市场的需求和动力不足，致使某些行业链条发展不成熟，尤其是基于内容的循环体系尚未建立。与此同时，新媒体的强势崛起使得媒体资源直接变现的通路受到挤压，传统广播之间的竞争向与新生代音频平台之间的竞争转变。由此派生的种种问题既需要从行业规划的层面予以推动破解，也需要广播媒体自身深化改革，对业务链各环节做出重新调整。

　　广播经营是一个体系化的问题，特别是在当前媒体融合纵深推进、传播形态和营销方式发生巨大变革的背景下，不能就"经营"谈"经营"，商业模式的创建必须建立在主流媒体传播根基巩固的基础之上，因此对于策略的探讨需要从平台建设、内容运营、广告营销、产业拓展和机制创建等方面进行建构，在固本开源、深入拓展广告盈利空间的同时，提高面向多元化场景的内容生产和提供能力，以音频战略为主，适当进行多层次、多元化投资，持续增强本地化、垂直化、专业化业务的拓展，在对城市生活服务的渗透中找到新的价值增长点。

第八章
结语：过去、现在与未来——广播经营再思考

透彻地了解"过去"，是为了更好地把握"现在"，同时也为了更好地走向"未来"。本书从"广播经营变迁"这个命题出发，在对广播经营起源进行追溯的基础上，试图通过四个时段的分析，描摹中国广播经营的演进轨迹，并解析期间的特征和规律。本研究的理论逻辑是：广播经营从何而来——我国广播经营如何演进——广播经营存在什么特点和规律——当前广播经营面临什么问题，将往哪些方向发展。沿着这样的逻辑脉络，本研究层层挖掘广播经营在各个时段的实践变迁，获得了诸多发现。回过头来重新审视这些发现，它们环环相扣、层层深入，较为完整地呈现出40年来中国广播发展从萌发到勃兴再到调适的图景。本书的研究结论主要如下：

一、经营是电台解决自身经费来源问题的重要途径和手段

无论是公共广播还是商业广播，各个国家的电台都面临运营经费从哪里来的问题。在长达几十年的探索中，每个国家都结合自身情况形成了特定的广电管理体制，并不断结合时代发展进行相应调整。以美国为例，最初是以私营电台为主的商业广播体制，1970年开始创建国家公共广播网，英国是公共广播体制的创始者，1973年开始允许商业电台运营，形成公共广播与商业广播并行运行的双轨制。20世纪七八十年代，无论哪种类型的国家，都开始放开对广播电视的控制，引入了市场竞争的机制。在一些实行公共广播与商业广播双轨制的国家，由于政府不断减少对广播的补贴，公共广播机构在与商业广播组织的竞争中不断提升自身的市场竞争能力，通过提升节目质量、降低办台成本等措施提高在新环境下的生存能力。以美国为例，公共广播体系建立之初，联邦政府拨款是公共广播体系的最大一笔资金来源，随着时间推移，政府拨款不断减少，后期美国公共广播的主要经费来源转变为以会员费、商业赞助、捐赠等为主。以2004年为例，整个公共广播系统共筹款约21亿美元，联邦政府拨款仅为3.8亿美元，美国公共广播虽不能播放广告，但可

以接受一些商业赞助，特别是针对某个节目的赞助，电台在节目播放的始末会提及赞助公司的名称，这类收入占比近年不断提高。2012年到2014年两个财年，美国国家公共广播公司的收入分布是：来自成员台的节目购买费用和会员费占39%、公司赞助占22%、授予与捐赠占13%、公共广播卫星系统使用费占10%、设备租赁和衍生品销售等其他收入占8%、基金会赞助占5%、投资收入占3%，[①]由此可见，美国公共广播的收入来源正向着多元化的趋势发展。英国自开办广播之始就确立了收音机执照费制度，开始每台收音机每年都要交执照费，1971年2月1日起英国取消收音机的执照费，只收电视机执照费，政府依靠收视费支付国家公共广播电视和广播的经办费用。面对商业广播的发展和传播技术的进步，英国公共广播机构近年来加大了改革的步伐，特别是逐步扩大了经营活动的范围与规模，商业性收入的比例从最初的3%~5%逐步提高到17%~18%甚至更多。英国广播公司2011~2012财年的年报数据显示，2012年BBC的总收入为50.86亿英镑，其中商业收入为14.8亿英镑，[②]占比已达29%。

从英美国家的现况来看，公共广播虽不能像商业广播一样去市场上直接获取商业性收入，但是面临的压力和商业性广播有共同之处，同样需要努力提高内容质量，提高传统广播的收听率以及数字平台上的用户数量，向相关机构表明自己能够非常好地完成公共广播的传播使命，[③]从而达成吸引收入的目的。在我国，广播媒体在相当长的一段历史时期中，几乎完全是靠国家提供的事业经费生存和发展的。改革开放以后，现代广播电视业逐渐呈现高投入、重设备、高消耗的特点，仅仅依靠国家财政拨款难以支撑广播电视事业的长远发展，也不利于激发广播电视自身的机能，因此财政补贴与经营创收"两条腿走路"的方式从改革开放不久就被确立为广播电视业的经费来源模式。经过40年的经营探索，财政拨款所占广播经费来源的比例不断越少，广播业的自力更生能力显著提高。面对新的媒体环境，如何解决广播媒体运行经费的来源，提升广播媒体在新时代的生存能力，是世界广播普遍面临的共性问题。因此，立足既往的经营探索，找寻广播媒体经营的轨迹和规律，思考在全新传播环境下未来广播媒体经营的方向具有重要的理论意义和现实价值。

二、广播的双重属性决定了其具备面向市场创造效益的可能

除了承担传播新闻、发表言论的宣传职能以外，广播媒体还具有提供知识教育、文化娱乐等各类信息服务的功能，在这些功能的开发过程中，必然与市场发生互动，起到沟通信息、促进生产、活跃市场、指导消费的作用，发挥经济属性功能。世界广播在诞生、发展的过程中很快呈现出经济属性，具备了面向市场创造效益的能力。中国广播业从单一

[①] 张晓菲.打造融合发展型新闻编辑部：以美国国家公共广播公司的组织架构转型为例[J].新闻记者，2015（6）：33.
[②] 周艳，龙思薇.BBC数字新媒体战略的现在和未来：2013年《媒介》对BBC新广播中心的考察报告[EB/OL].（2013-08-15）[2017-12-01].http://www.meijiezazhi.com/zt/wl/2013-08-23/12740.html.
[③] 张晓菲.打造融合发展型新闻编辑部：以美国国家公共广播公司的组织架构转型为例[J].新闻记者，2015（6）：33.

政治属性转向双重属性，一方面是转型期中国传媒业自身发展的需要，另一方面也是转型期中国实行市场经济的必然结果。在我国计划经济时代，广播仅具有单一的政治属性，基本不考虑产业经营问题。十一届三中全会后，国家实行改革开放，社会开始转型，广播经营再次提上日程，直到20世纪90年代，经济属性日渐明显，双重属性格局形成，从此中国广播业有了双重属性，担负起既要创造社会效益，又要创造经济效益的双重使命。事实证明宣传属性和经济属性的同时发挥不仅减轻了国家财政负担，而且有效激活了广播媒体的内在机能。电台在开展经营的过程中，不仅基本完成了经济上的自我循环，还为国家创造了一定的税收利润，成为文化传媒产业不可或缺的一个分支。

广播媒体的双重属性决定了广播媒体发展中有不同的关注点，政治属性强调广播媒体的舆论引导功能，强调公共责任，经济属性强调市场经营功能，强调对受众消费需求的满足。政治属性对经济属性有引导和限制作用，可以消除产业化、商品化所带来的消极影响，保持文化的健康发展和社会和谐。经济属性又对政治属性有巨大的影响，经营的发展速度和规模会直接影响到政治功能的发挥。经济属性是基础，是广播宣传功能实现的条件，不能设想无任何经营实力的媒介能完美地执行其宣传功能。面对新的市场环境，在充分发挥广播的主功能即喉舌作用的同时，也要发挥好广播的服务、娱乐和信息传播等功能，搞好经济创收，增强广播自我发展的能力。具体来说，在确保广播的最佳社会效益的同时，也要努力实现广播的最佳经济效益，这是发展市场经济的必然要求，也是确保社会效益，使广播走入良性循环的必然要求。

三、以广告为主的现代广播运营基础是经过多种探索后的自然结果

无论是报纸、广播、电视，还是互联网，每一种媒介大都经历了从一种技术发明到成为大众传播介质，然后兼具经济属性的发展过程。无线电广播从一种技术发明到正式成为能给人们带来信息和娱乐的大众传播工具，经历了一个漫长的过程。无线电波早在1888年就被科学家验证存在，到1910年初步具备大范围应用的可能，而世界上公认的第一座电台则是在1920年才出现，前后过程持续32年。技术和设备的不断发展，使得无线电广播实现了从"小众"到"大众"的飞跃，成为第一个进入家庭的电子媒介。20世纪20年代，无线电广播在世界范围内得到发展，欧洲、美洲、亚洲地区的诸多国家相继建立广播电台。商业化是推动一种媒介由大众传播工具向经济工具转变的重要推力，美国广播最先确立了现代广播的运营机制——以广告收入作为自身运营的资金来源。

20世纪二三十年代，民营电台的大量涌现和外商电台的存在带来我国广播史上的第一个经营繁荣期。含无线电公司、社团组织、商家在内的多个主体参与到电台的兴办热潮中，通过创办电台，他们出售无线电产品，并且通过播放广告来为自己的商品做宣传或者搭载商家广告赚取收益，还有的电台发明了发行行情密码单来进行"信息经营"的尝试。虽然距今有将近百年的历史，但是民国时期的广播广告经营在模式上已经出现自

营广告、委托广告公司代理和出售时间段给社会组织来收取租金的多种形式，而且将广播广告分出了"普通"和"特种"的类型，分出了甲、乙、丙时间段位，并且制定出了不同时段不同类型的广告价目表，对广告内容也是有所限定的。

新中国成立后，广播媒体的市场经营现象再次出现。20世纪50年代伊始，正当美国广播业经过20世纪三四十年代的辉煌鼎盛迎来电视的竞争之际，我国大陆境内出现了一批"广告台"，从华北到江南，从东北到西南，全国各地的广播电台纷纷开办商情广告节目，创造了可观的收入数字，有的电台不但经费自给，还给国家上缴利润。当时既有电台广告员兜售广告，也有广告社承包广告，还有商家或剧场包场时段播出广告的形式，广告时间长，经营方式多。有的电台还进行过兼营其他业务的尝试，如开展收音机、扩音机的修理服务等。短短两三年的时间里，我国广播业迎来第二次经营繁荣期。随着社会主义改造的推进和计划经济的开始，1953年起我国电台的广告经营先后停办，电台开始实行全额预算管理办法，开支全靠政府财政拨款。

国内外广播早期发展的历史表明，广播媒体诞生之初很大程度上是一种"信息通告"的手段，在很多国家被当作营销介质来使用。无线电广播被带入中国，一方面是为了满足租界外国人的生活需要，另一方面是为了打开新的市场，通过销售无线电器材牟利。技术是无线电广播发展的重要条件，但市场需求的存在极大地推动了广播的社会化发展，早期中国广播一度繁荣的背后正是因为满足了当时的社会生活和商情流通的需要，广播以自身的节目播报参与到工商业经济活动之中，林林总总的电台创办者也正是发掘了广播的商机并走上了广告经营的道路。改革开放以前，尽管我国广播有过两次市场化经营的集中繁荣期，但都周期较短，受到社会环境的影响，广播在其余时间里更多被当作一种战时宣传工具或政治宣传工具来使用，广播的经济属性被淹没。在这段时间里，以美国、英国为代表的欧美发达国家经历了由单一广播运行体制向双重广播运行体制的转变，[①]广播技术由调幅向调频发展，电视技术也不断取得突破，主流广播机构逐渐成长为集广播、电视业务于一体的广播电视集团，广播在与电视的市场竞争中开始走上"分众传播"的道路，广播业的运营经费来源也不断发生着变化。[②]

四、改革开放后中国广播经营的恢复和发展呈阶梯式发展的轨迹

阶梯式发展是事物发展的普遍规律，这种发展在时间上表现为阶段性，在空间上表现为台阶性。改革开放以来，中国社会发生了重大变化，广播媒体置身社会发展的浪潮，走过一个个阶段，跨过一个个台阶，逐步走出依靠财政拨款的生存状态，进入产业化发展的

[①] 美国于1970年建立国家公共广播电台，英国于1973年开办商业广播电台，公商并营的广播新格局形成。
[②] 英国广播公司不播出广告，其经费来源除对外广播由政府拨款外，其他主要靠收执照费。英国自1971年停收收音机执照费，英国广播公司主要靠收视费收入得以运转，电台和电视台各自按照比例支配其中的一部分。美国公共广播系统以筹款为主，以联邦政府拨款为辅。各个国家的商业广播系统则是自负盈亏，通过市场竞争求得生存。

轨道。从1979年广播广告恢复至今，中国广播经营已经走过将40年的历程。透过40年的经营起伏，历数所有的探索与尝试，展现在我们面前的是我国广播经营由弱渐强的绚丽画卷。40年间，中国广播经营在不断地创新与改革中，完成了自己一次又一次的升华，也在新的环境和挑战下进行着新一轮的调整和适应。

1979年至1988年为第一个时期，其特点为启动、新始。这一时期，广播的主要技术传输手段是中波，频率主要是综合台，内容上以新闻最为突出，节目的结构是"小块拼合式"，基本仿照报纸"拼版"的方式来安排节目，以录播为主，大部分没有互动，是典型的"大众传播"。十一届三中全会确立的"以经济建设为中心"的国策为广播经营的发展提供了制度和需求的可能性。随着社会主义商品经济的发展，中国广播在自身发展和市场需求的激发下走上了经营之路，各地电台相继建立广告部，开展广告业务。这一时期中国广播经营的发展特点可以概括为：市场因素逐步呈现，广告经营普遍恢复，信息经营初露端倪，其他业态尚在摸索。这一阶段，电台体制和结构的变革主要表现在从纯事业单位向有限的商业经营过渡，广播主要依靠国家财政拨款，通过经营创收补充部分的不足。本研究将这一时期的关键词总结为"复兴"，是对时隔20多年广播媒体经营行为的呼应。改革开放后的第一个十年，中国广播经营的基础虽然脆弱，但却具有非同寻常的意义，突出表现在对于广播市场的初步开拓，经营意识的萌发，一批广告经营人才和信息经营人才的培养，更为重要的是解放了束缚传统广播多年的思想观念，为下一步的经营发展创造了条件。

1989年至1998年为第二个时期，其特点是虽然弱小却生机盎然，各种要素开始彼此适应协同发展。这一时期，距离美国广播走上"分众传播"道路30年，我国广播也走到了类似的阶段，由"综合台"向"系列台"的体制转变。这种转变的背后一方面是危机使然，另一方面是条件允许。20世纪90年代，电视的崛起给广播带来极大的冲击，陷入低谷的广播同时面临财政资金不足的问题，发展困难。而另一方面，到这一时期，在"四级办台"政策促动下，我国广播初步实现规模和数量上的增长，立体声调频开始发展起来，广播的频率资源、时段资源和技术资源都得到了丰富。在珠江经济电台的带动和启发下，全国广播掀起了创办系列台的热潮，立足于不同领域和定位的经济台、音乐台、教育台等一批崭新的频率陆续在全国各地产生，广播的内容形态发生了极大变化。与此同时，广播媒体延续了几十年的播出形式得到改变，节目开始以大版块为主，直播、热线、主持人等形式被广泛引入。广播内容和播出形式的变化引发了强烈的社会反响，产生了良好的社会效应，从而拉动了广播收听率的提升，反馈到广播经营上，广播的传播价值开始受到越来越多的关注，广告投放不断增多。社会主义市场经济体系的建立和逐步完善，为中国广播的经营提供了环境和制度的前提，而对广播功能与属性的逐步廓清，又为广播经营提供了思想和观念基础，20世纪90年代，广播媒体跟随市场经济的第二次浪潮掀起了兴办第三产业的热潮。合办栏目大量涌现，信息经营从线上时段延伸到线下实体，全国多地电台陆续兴办了培训学校、广告公司、技术公司、书店、出版社等各种各样的"三产"公司。这一时期,电台体制和结构的变革主要表现在由"部门制"向"频率制"的转变,"事业单位、企业化管理"特性逐渐明显,广播媒体的财政状况出现了具有战略意义的转折,在多家电台内部,经营创收超过财政拨款成为电台收入的重要来源,以此为标志,广播媒体在创收方面基本实现了"自己走路"。本研究将这一时期的关键词总结为"探索",是对广播媒体顺应市场经济大潮迈出对自身特性挖掘的第一步的总结,在实践层面,"频率制"以后自营和代理制的分野,在理念层面,对广播双重属性的思辨,对经营创收重要性的认可以及"产业化"概念的提出,都是广播媒体试探和求索的表现。

1999年至2008年为第三个时期,其特点是各要素高度协同、稳健快速的发展。经过20多年的积累和探索,中国广播在改革开放后的第三个十年迎来了自己的辉煌期。广播专业化改革从地方电台传导到国家电台,节目对象化步伐加快,广播的贴近性增强。如同20世纪70年代的美国一样,"车轮子"为世纪之交的中国广播带来"第二次生命"。2000年以后,中国道路交通经济的发展和汽车的普及,使广播媒体实现了由固定媒体向移动媒体的转型,各地交通频率的迅速崛起就是例证。这一时期,广播媒体的广告经营模式呈现多元化特征,从机制来看,最早推行专业化的电台开始从"分"走向"合",探索资源协同效力,而起步较晚的电台则效仿早期专业化的做法,从"合"到"分",激发基层活力,还有的电台几经尝试在分合之间经历了一个轮回。从模式来看,代理制继续发展,也有的电台在试行代理制后重回自营。广播的广告客户来源变得丰富,广告产品不断推陈出新。与广告经营相呼应,这一时期,广播的多元化业态在节目资源开发、频率资源开发方面取得突破,广播的跨媒体、跨行业、跨地域"三跨"经营从理论层面进入实践环节,与此同时,专业的广播公司开始出现,可经营性资源开始了与事业资源剥离,社会资本被引入广播的多元化业态中。与鲜活的经营实践相对应,这一时期,不仅单一电台的经营创收出现突破性增长,广播行业也因其广告创收的连年高速增长引起各方关注,国家有关部门确立2003年为"广播发展年",学界对广播经营的关注也达到有史以来的高潮,这段时期涌现一批研究成果。这一时期,广播在体制和结构的变革表现为"频率制"向"中心制"的过渡,经营创收已经成为电台收入的大头,财政补贴只占一小部分,广播媒体具备了自力更生的能力。本研究将这一阶段的关键词概括为"跃升",它是中国广播历经多年积累后的能量爆发期,经营进入了新的台阶。

2009年至今为第四个时期,这一时期的特点为调整和适应。在以往的发展阶段,中国广播相比欧美国家,发展整整晚了30多年。互联网的出现改变了这一状况,中国广播几乎与美国广播同时开始了与网络融合的步伐。中国广播与网络的融合取得阶段性成果,表现在桌面互联网时代广播网站的建立、网络电台的创建以及移动互联网时代对于社交媒体的利用、自有App的创建。融合过程中,广播媒体的传输渠道由单一的电波渠道向网络传播拓展,内容生产流程得以改造,传受关系有所改变,更为重要的是广播媒体进行了融合过程中盈利模式的探索和尝试。尽管这些尝试尚且停留在局部和浅表的层面，并未给电台创造可观的经济回报，但对数字化转型中的广播经营走向具有重要的开拓意义。在推进网络融合的过程中，传统广播渠道的内容细分趋势继续增强，广播频率的专业化定位不断完善。在广告经营层面，受到多种因素的影响，集中经营和整频代理的现象有所增多，广播的客户结构出现变化，传统支柱行业投放有所下滑，新的行业客户开始出现。在多元化经营层面，各地电台的业态布局纷纷变化，由传统业务向新型业务转型，新媒体、投融资、广播购物等新的业态不断出现，而创建统一的产业运营平台成为趋势。这一时期，广播体制和结构的变革表现在由传统电台向数字化转型，传统经营模式和业态受到挑战，开始进行新的尝试。本研究将这一时期的关键词总结为"调适"，是广播经营在新媒体影响下进行的调整和适应。无论是在理念认识还是经营实践方面，当前广播媒体在新形势下的经营转型路径尚在探索中。

五、广播经营是对广播特性和运营规律不断探索挖掘的过程

伴随性、即时性、互动性是广播的三大传播特性。改革开放以来的40年是广播特性不断被发掘、发挥以至顶峰的40年。频率专业化是世界广播的潮流和趋势，也是中国广播发展的必经之路，从单一节目的改革到珠江经济电台的创建，全国范围内广播系列台的布局到后来的专业化改革深入以至媒体融合中的再次细分，内容的一次次细分、互动功能的一次次升级让广播媒体找到了发挥自身特性的发展之路。

纵观我国广播经营的历程可以发现，广播电台数次改革首先带来了节目收听市场的繁荣，然后拉动广告创收的增长，发展到一定程度带来多元化经营的繁荣。1986年珠江经济电台开播后，出现几个激增，一是听众来信激增，二是听众电话激增，三是听众直接参与电台活动的人数激增，四是收听广播的听众激增，五是经济界对广播的兴趣激增。"过去，工厂企业对在广播上做广告普遍兴趣不大。珠江台开播后，由于收听率大幅度提高，厂家纷纷上门做广告，不少企业一订合同就是一年"，"由于珠江台开办的每小时一次的经济、科技信息对生产者、经营者、消费者较有帮助，引起企业界的浓厚兴趣，与珠江台信息部建立联系的企业达360家"。1993年北京电台的改革拉动了收听率，为广告创收的提高创造了可能，"广播电台建立专业化系列台为龙头的改革，形成了对内对外的竞争态势，取得了巨大的社会反响"。1994年的社会调查说明，北京电台的收听率达到了66.05%，这一年全台广播创收毛收入达到2 800万元，是1990年的7倍。"进入以建立系列台为龙头的全方位改革阶段后，广播的社会效益带动和促进了经济效益，产业功能得到了更好的发挥。"而节目和广告的双赢为产业拓展提供了空间，从小的方面来看，音乐广播和交通广播的产业形成都是遵循了"节目受到欢迎——广告创收增加——产业化延伸"这样的轨迹，从大的方面看，很多电台都是在成立对象明确的专业台后，随即开始广告经营机制的调整，带

来广告创收的增长,然后将多元化经营布局优化提上了日程,"专业化改革——完善广告经营——产业拓展"的轨迹清晰可见。由此可见,成立对象明确的专业台,实现内容传播力的提升,是开拓经营的基础和前提。

广告经营是广播媒体生存的基础,而多元化经营和新媒体盈利是未来广播经营空间发展的可能。在经营开展过程中,广告率先为广播发展提供了一定的资金,并为其向外经营拓展奠定了基础。电台的决策者开始决定面对广播以外的陌生投资领域,寻找经营创收的更多突破口。从广播经营的历程来看,某种程度上,广告经营与多元化经营、新媒体盈利也存在一定的交叉,比如在广播广告迅速增高、代理制深入发展的时候,很多电台成立了自己的广告公司代理自家广告业务,也成立了活动营销公司从事广播品牌活动策划和执行,信息经营最初与广告经营是分开的,后来逐渐并入广告经营。在新媒体飞速发展的背景下,未来广播媒体的广告经营、多元化经营、新媒体盈利探索的结合将会越来越紧密。

实践表明,广播媒体的内容传播、广告经营、多元化经营、新媒体盈利方式是环环相扣、互相影响的。广播的内容传播力是一切经营的基础和起点,只有生产出高质量的内容获得听众的认可,才具备了出售广告的可能,在此过程中广播逐渐汇集和积累起的影响力和公信力、资源成为其进行其他多元化经营的基础,比如时段资源、节目资源、主持人资源、频率资源、品牌资源等。广告经营是多元化经营的基础,同时两者也存在一定的交叉。新媒体盈利模式最初是建立在效仿传统广告模式的基础上,后期逐渐探索出适合新媒体传播规律,将广播特性和新媒体特性相结合的营销捆绑方式,比如微信"摇一摇""喊红包"等。

广播经营演进是广播媒体在发展过程中经营方式和产业业态不断变化的过程,是经营不断自我更新的过程。在时间上的演进表现为经营思路和经营模式不断合理化和高级化的过程,在空间结构上的演进体现为经营业态的调整和经营规模的不断成长。广播经营的实践表明,伴随着广播专业化改革的深入和媒体环境的发展,广播经营具有一定的规律,但对于不同的地域和电台,由于各自的资源构成、广电机制、主观意识等不同,发展的先后顺序等方面存在差异,其经营呈现出自身明显的特殊性。总的来看,广播媒体经历了市场化、社会化、多元化三个主要进程,具有实践伴随着理念进步、经营与内容传播有规律地联动两个基本特征,在阶梯式发展的同时具有螺旋式上升的两个一般性规律。

所谓"市场化"是指广播经营的过程是广播媒体自身不断走向市场的过程,按市场规律办事的过程,它是广播媒体摆脱过往单一的"喉舌"属性,不断开发其他社会功能的过程,不断"走出去"的标志,在经费来源、组织结构、管理模式三个方面都有体现。所谓"社会化"是指广播经营的开展过程是广播媒体不断引入社会力量进行市场开发的过程,它是广播媒体"引进来"的标志,通过引入社会力量,广播经营的市场化运作水平不断提升,对市场的认识和具体经营实践操作有了视野和手法上的不断开拓和丰富。所谓"多元化"是指广播媒体在经营的过程中实现了经营模式和经营业态从单一到多样、从低级到高级不断发展变化的过程，是广播媒体资源开发不断深入的过程。

改革开放以来，广播媒体经历了从"大众传播"到"分众传播"再到"窄众传播""小众传播"的变化，在这一过程中，广播媒体的传播渠道、内容形态、表现形式发生了巨大的变化，广播经营在这一框架之下，与广播内容传播有规律地联动，经历了从粗放到精细的过程。广播经营实践的进步离不开市场化理念的同步演进，广播媒体进入市场恢复经营活动经历了强烈的思想对撞，从猜疑、彷徨到大讨论，继而坚定地认识创收对宣传事业的重要性，经历了漫长的过程，有了思想观念的不断解放才有了广播经营实践的不断推展和进步。

阶梯式发展是事物发展的一般性规律，回顾40年各地电台的经营实践可以发现，广播经营正是经历了一个阶梯性发展的过程，这种过程表现为阶梯内的渐变和阶梯间的渐变。而从经营机制、经营模式和经营业态来看，广播媒体经营又具有"螺旋式上升"的规律。

经过40年积累，广播产业链初步形成。可以将广播市场划分为节目市场、广告市场、产业市场三类。在不同的市场上，产业链的核心资源是不同的。在节目市场上，核心资源是节目；在广告市场上，核心资源在于"受众注意力"，是对受众注意力的"二次售卖"；在产业市场上，核心资源则是广播的品牌影响力、资金实力等多元因素。在广播产业链的外部，有资本、技术、设备、服务等多个市场在参与广播产业的社会化过程。

任何事物的发展都需要消耗一定的能量，这种能量可能来自系统内部，也可能来自周边环境。"阶梯内部事物发展的驱动能量既可以来自系统内部的自组织过程，也可以少量来自环境。但是，阶梯跃迁所需要的驱动能量则必然来自系统之外。"①广播经营的发展受到内外部多种因素的影响。从内部因素来看，经营不是独立存在的，它在电台的内部体系中只是维持运转的重要一环，与电台运行的其他环节紧密相连。一家电台的经营理念和经营水平直接决定其业务布局和经营行为，而人才和机制是开展经营的先决条件，经营改革需要人事、财务、节目等一系列制度作为保障。从外部环境来看，由政策改变带动的经营环境改变、由经济环境带动的市场需求变动、技术进步引发的媒介形式演进、由机制改革带来的组织结构调整无不成为影响广播经营的重要因素。总之，广播经营的演变和发展，从根本上来说是源于经济环境的变迁和市场需求的拉动，而媒体竞争的加剧激发了广播经营空间开发的迫切性，而媒体管理政策的不断出台为广播经营创造了条件，一方面促进了广播的产业化发展，另一方面，由于政策缺乏稳定性和连贯性，也使得广播的产业化发展遇到困惑和障碍，不同地域的传媒管理机制也影响着广播经营模式的选择。广播的媒介特性和传播规律对广播经营的演变和发展，始终发挥着制约和规范作用。回顾改革开放以来广播经营的演变和发展历程可以看到，广播经营呈现出来的市场化、社会化、多元化特征

---

① 罗照华，王恒礼，等.阶梯式发展是事物发展的普遍规律[EB/OL].（2016-03-06）[2018-12-01].http：//blog.sina.com.cn/s/blog_53a804910101i8d4.html.

是"受众本位意识"和广播传播规律双重作用下的必然结果。可以说，广播经营从单一走向多元的过程，是广播改革努力回归本体的过程，也是不断得到市场认可和接受的过程。广播经营的革新和发展会顺着这一轨迹继续持续下去。

六、新媒体环境下广播经营面临新的课题和挑战

当代广播历经40年的经营探索，面对新媒体的强势崛起和传播形态的骤然变迁，经历了困惑、抉择、探索与反思。同其他传统媒体一样，广播媒体的主流商业模式是建立在"内容为王"的基础上，即以内容的传播力吸引听众注意，再将听众的注意力转售给企业，获取广告投放。"互联网时代到来之前，生存压力主要是做内容的压力"[1]，"如果哪家媒体的内容传播力强，基本上就可以判断其有良好的社会效益和经济效益"[2]，依靠内容影响力完成广告吸纳、活动营销及产业拓展。但是，在新媒体时代，"社会化信息传播的一元化格局被打破，传统媒体在传播渠道上的独占地位不复存在"，传统媒体面临着"渠道失灵"和"渠道中断"的窘境和危机，惯常的通过优质内容来赢取广告回报的"短程"盈利模式面临越来越严峻的挑战。内容资产直接变现的通路和规模已经并将继续受到严重挤压，通常意义上传统媒体最为主流的盈利模式日渐式微。[3] "互联网时代的生存压力，不只是做内容的压力，还要强调传播的速度、范围以及传播的平台、渠道，内容传播力与经济效益常常表现出不一致"。在新媒体时代，内容传播力与盈利模式具有一致性，但不能反过来说，有了内容传播力就一定有盈利模式。[4] "传统媒体转型的最大困惑就是内容传播力与盈利模式被分离"[5]，因此转型要解决的关键问题就是商业模式、盈利模式的问题。

当前，广播经营面临的问题突出表现在以下几个方面：一是发展空间局限，广播市场总量狭小，广告收入触顶"天花板"的时代到来；二是结构缺陷，无论是从整体行业还是电台内部来看，广告仍是广播创收的主要来源，广播收入模式单一，马太效应广泛存在，发展不均衡现象突出；三是体制冲突，事业、产业"两条腿"走路，维持尚可，发展艰难；四是市场封闭，表现在对于优质广播节目的需求拉动不足，市场开放程度不够，经营策略还不够灵活等。与此同时，广播经营赖以生存的环境发生了巨大变化，从竞争主体来看，由传统广播之间的竞争向与新生代音频平台之间的竞争转变，用户的收听行为发生变化，传统广播的收听日渐式微，新媒体音频平台的收听不断攀升，在这一场新老音频媒体的竞争中，不再单单是内容方面的竞争，而是技术、资金、人才等全方位的竞争。广播媒

---

[1] 范以锦.内容传播力如何转变成赢利模式[J].新闻与写作，2015（10）：42.
[2] 范以锦.内容传播力如何转变成赢利模式[J].新闻与写作，2015（10）：41.
[3] 喻国明.中国报业已经到了生死存亡的最危急时刻[EB/OL].（2016-07-07）[2018-03-20].http://www.sohu.com/a/102112911_163231.
[4] 范以锦.内容传播力如何转变成赢利模式[J].新闻与写作，2015（10）：42.
[5] 范以锦.内容传播力如何转变成赢利模式[J].新闻与写作，2015（10）：42.

体被动融入全新的音频市场,面临着全新的产业链上游、中游及下游的市场争夺战。

新环境下广播的发展必须从根源上重新审视如何更好地满足大众"听"的需求,才能在新的竞争格局中赢得市场一席之地。未来,广播媒体的发展将面临三大趋势:第一,广播融入"音频",成为大音频市场的一部分。第二,"专业化"延续,我国广播尚未完成的专业化细分将在与互联网的融合中实现。第三,组织重构,传统电台的组织结构和运行机制将重新改变。未来的广播商业模式也将发生以下变化:第一,广告仍将是广播媒体重要的盈利模式,但广告经营形式和产品将会发生显著改变。第二,边界消融,广告、活动、新媒体、多元化经营之间的边际将不断模糊。第三,长尾效应取代帕累托定律,原来被忽略不计的众多而分散的80%的"长尾"成为重要的经营资源。

当前,广播经营进入了一个调整期,在承受经营压力的同时,市场也为电台加速经营改革转型提供了宝贵的契机。面向未来,广播媒体的经营可在以下四个方面需求突破:第一,基于广告的传统经营根基巩固;第二,基于内容的音频内容提供商;第三,基于音频的价值链延伸;第四,以资源为核心的横向业务拓展。

七、广播经营必将在新的历史阶段与时俱进

新产业并不是自发地和独立地产生的,它们从旧的产业变化中逐渐产生,当新的产业形式出现时,旧的产业形式通常不会死亡,它们会继续演化和适应。一百年前,无线电广播在通信技术和电器制造业的共同促动下问世,近百年来经历了从一种技术发明发展成为大众传播介质,然后兼具经济属性的发展过程。无线电技术的发展是广播电台赖以产生发展的技术条件,收音机是广播得以发展的硬件基础,电台则是寄存于无线电传输技术和收音机终端设备上方的"软件产品"。电台出现以后,迅速找到了自己以"广告"为主要经济来源的生存之道,经过百年积累,成长为传媒产业中的一个分支。随着声音传输技术的发展和智能移动设备的普及,从广播这个传统产业的影响下,又生长出互联网广播这个新的产业。每当新的链条产生,旧有链条继续发展转型,如无线电器材生产曾经带来电器制造业的一个新时代,随着技术进步,电视的发明又将其带入了新的空间。百年来,无线电经历了从电子管到晶体管再到集成电路,从短波到超短波再到微波,从模拟方式到数字方式,从固定使用到移动使用等各个发展阶段,当数字化浪潮袭来,传统收音机制造企业正在经历新的产业转型和调整,作为"软件"支撑的电台也在寻找自身发展的新路径。

任何媒介在面临新的媒介冲击时都会或早或晚地找到新的生存方式,以新的模式重塑价值,广播媒体将在全新的音频市场中找到全新的定位和生存方式,从内容生产、信息传播到经营模式、组织运营都将发生深刻的变革。中国广播经营是在中国社会和中国经济转轨时期出现的现象。在告别传统的广播事业发展模式、建立社会主义市场经济的过程中,在借鉴国外广播发展模式和不断的探索中,中国广播经营发展轨迹具有自身的特点和

规律，无论是其优势，还是其不足，都是在我国特有的媒体体制下出现的。要研究中国广播经营转型问题，必须充分认识并尊重中国广播发展的历史。中国广播行业具有事业和产业的双重属性，如何认识和把握这双重属性，是研究中国广播经营时必须坚持的出发点。中国的广播产业不可能也不应当走纯商业化发展的道路，广播的首要功能是服务于党和国家的宣传事业和文化事业，作为舆论引导和满足人民群众文化生活需要的工具，在此基础上，才能进一步考虑产业经营的问题。

媒介虽然在变，但还有不变的东西，那就是经营发展的规律。"媒介产业化不是一个个体的事情，是一个群体的事情，行业的事情。最终很多问题还是需要从行业角度来规划和解决，比如事业与产业的剥离是不是顺利？政治宣传与市场经营是不是协调？对于发展过程中媒介的特殊产业政策的制定与否，双轨制度的能不能设置"①，都会间接或直接影响到广播的产业化发展。发轫于1979年的中国广播经营必将在新的历史阶段有新的解读和延续。

---

① 黄升民.先行者的苦恼与思索——试析广播媒介的经营[J].现代传播，2004（3）：72.

参考文献

一、中文著作

1. 郭庆光. 传播学教程［M］. 北京：中国人民大学出版社，1999.
2. 宋建武. 媒介经济学［M］. 北京：中国人民大学出版社，2006.12.
3. 胡正荣，曹璐，雷跃捷. 广播的创新与跨越［M］. 北京：北京广播学院出版社，2004.1.
4. 丁俊杰，黄升民. 中国广播产业报告：产业发展与经营管理创新［M］. 北京：中国传媒大学出版社，2005：6.
5. 黄升民，王兰柱，宋红梅. 中国广播产业经营管理研究［M］. 北京：中国广播电视出版社，2008.7.
6. 赵多佳，许秀玲. 内容 受众 传播：广播专业化概论［M］. 北京：中国国际广播出版社，2008.3.
7. 申启武. 广播生态与节目创新研究［M］. 广州：暨南大学出版社，2008.5.
8. 黄升民，周艳，马丽婕. 广电媒介产业经营新论［M］. 上海：复旦大学出版社，2005.10.
9. 赵玉明. 中国广播电视通史［M］. 北京：中国传媒大学出版社，2006.2.
10. 中国广播电视协会. 当节目成为产品的时候：北京电台经营管理探析［M］. 北京：中国广播电视出版社，2007.3.
11. 丁俊杰，邵军. 寻找广播榜样：北京音乐广播十年历程的理论关注［M］. 北京广播学院出版社，2003.1.
12. 汪良. 八千里路云和月：北京交通台广告经营实录［M］. 北京：中国广播电视出版社，2002年第一版.

13. 汪良.竞争与博弈［M］.北京：新华出版社，2007.9.

14. 汪良.广播改革三十年［M］.北京：中国广播电视出版社，2013.6.

15. 白玲.广播的跨越：广东广播插图史［M］.广州：暨南大学出版社，2012.11.

16. 白玲.广播创新与跨越：中国广播改革20年高端论坛文集［M］.北京：中国广播电视出版社，2007.6.

17. 崔恒勇.广播广告［M］.北京：中国轻工业出版社，2011.8.

18. 杨乃近.广播广告创作［M］.杭州：浙江大学出版社，2005.9.

19. 刘英华.广播广告理论与实务教程［M］.北京：中国传媒大学出版社，2006年1月.

20. 周建梅，路盛章，董立津.电波广告·平面广告：四大媒体广告的实际创作［M］.北京：中国物价出版社，1997.5.

21. 黄艳秋，杨栋杰.中国当代商业广告史［M］.郑州：河南大学出版社，2006.11.

22. 杨海军，王成文.世界商业广告史［M］.郑州：河南大学出版社，2006.11.

23. 余虹，邓正强.中国当代广告史［M］.长沙：湖南科学技术出版社，2009.9.

24. 苏士梅.中国近现代商业广告史［M］.郑州：河南大学出版社，2006.12.

25. 姚力.广播电视广告学［M］.长春：吉林大学出版社，2000.8.

26. 周伟.广播广告的创新营销［M］.北京：中国广播电视出版社，2013.7.

27. 周艳.中国数字电视产业政策的形成研究［M］.北京：中国传媒大学出版社，2007.4.

28. 黄升民，丁俊杰.国际化背景下的中国媒介产业化透视［M］.北京：企业管理出版社，1999.8.

29. 郑超然，程曼丽，王泰玄.外国新闻传播史［M］.中国人民大学出版社，2009.12.

30. 张彩.世界广播发展研究［M］.北京：中国传媒大学出版社，2007.7.

31. 明安香.美国：超级传媒帝国［M］.北京：社会科学文献出版社，2005.9.

32. 明安香.全球传播格局［M］.北京：社会科学文献出版社，2006.4.

33. 周鸿铎.媒介经营与管理总论［M］.北京：经济管理出版社，2005.

34. 周鸿铎.广播电视经济［M］.北京：经济管理出版社，2003.1.

35. 凌昊莹.广播经营战略研究［M］.北京：中国传媒大学出版社，2009.8.

36. 陈晓萌.全球话题 产业经验［M］.上海：学林出版社，2005.10.

37. 刘宝顺，吴江.广播广告论文集2010［M］.北京：中国广播电视出版社，2011.1.

38. 邓炘炘，黄京华.广播频率专业化研究［M］.北京：中国传媒大学出版社，2006.8.

39. 黄升民.广告观［M］.北京：中国物价出版社，2003.3.

40. 姚争.新兴媒体竞合下的中国广播［M］.北京：中国广播影视出版社，2014.8.

41. 邓炘炘.动力与困窘：中国广播体制改革研究［M］.北京：中国经济出版社，2006.9.

42. 汪良. 北京广播发展研究文集2008［M］. 北京：中国广播电视出版社，2009.1.

43. 席伟航. 北京广播发展研究文集（2009~2012）［M］. 北京：中国广播电视出版社，2013.11.

44. 景兵. 广播新视点［M］. 北京：中国广播电视出版社，2013.11.

45. 李晓辉，陈博. e网情深［M］. 北京：中国广播电视出版社，2009.8.

46. 金震茅. 网络广播传播形态研究［M］. 苏州：苏州大学出版社，2007.10.

47. 王求. 移动互联网时代的广播发展研究［M］. 北京：中国广播电视出版社，2014.6.

48. 傅珊珊. 广播节目运营实务［M］. 北京：新华出版社，2008.6.

49. 黄河. 传媒数字化管理［M］. 北京：中国传媒大学出版社，2010.9.

50. 马涛. 中国报业数字化30年［M］. 北京：中国传媒大学出版社，2014.8.

51. 陈国权. 报业转型新战略［M］. 北京：新华出版社，2014.5.

52. 郭全中. 传媒大转型［M］. 广州：中山大学出版社，2013.12.

53. 张金海. 20世纪广告传播理论研究［M］. 武汉：武汉大学出版社，2002.11.

54. 王菲. 媒介大融合：数字新媒体时代下的媒介融合论［M］. 广州：南方日报出版社，2007.5.

55. 唐世鼎，黎斌. 中国特色的电视产业经营研究［M］. 北京：中国国际广播出版社，2009.1.

56. 黄河，江凡，王芳菲. 中国网络广告十七年（1997~2014）［M］. 北京：中国传媒大学出版社，2014.5.

57. 张勉之. 世界广播发展趋势［M］. 北京：中国广播电视出版社，2004.11.

二、外文译著

1. 麦克卢汉. 理解媒介：论人的延伸［M］. 何道宽，译. 南京：译林出版社，2011.7.

2. 佐藤卓己. 现代传媒史［M］. 诸葛蔚东，译. 北京：北京大学出版社，2004.11.

3. 泰勒，威利斯. 媒介研究：文本、机构与受众［M］. 吴靖，黄佩，译. 北京：北京大学出版社，2005.4.

4. 阿尔巴朗. 电子媒介经营管理（第二版）［M］. 谢新洲，等，译. 北京：北京大学出版社，2005.1.

5. 科特勒. 营销管理（第十版）［M］. 北京：中国人民大学出版社，2001.

6. 埃默里，埃默里，罗伯茨. 美国新闻史：大众传播媒介解释史（第九版）［M］. 展江，译. 北京：中国人民大学出版社，2013.6.

7. 希利亚德，基思. 美国广播电视史［M］. 秦珊，邱一江，译. 北京：清华大学出版社，2012.7.

8. 沃克，弗格森.美国广播电视产业［M］.陆地，赵丽颖，译.北京：清华大学出版社，2005.6.

9. 贝克尔.新型消费者营销［M］.李亚，等，译.北京：中国劳动社会保障出版社，2004.7.

10. 弗莱舍，本苏桑.战略与竞争分析［M］.王俊杰，沈峰，杨斌，等，译.北京：清华大学出版社，2004.7.

11. 波特.竞争优势［M］.陈小悦，译.华夏出版社，2005.

12. 彭罗斯.企业成长理论［M］.赵晓，译.上海人民出版社，2007.

13. 拉尼奥.广告社会学［M］.北京：商务印书馆，1998.

三、期刊文章

1. 徐益.试论社会主义广播电视广告的特征［J］.中国广播电视学刊，1989（1）.

2. 袁军.解放初期广播广告概况［J］.新闻研究资料，1991（3）.

3. 哈艳秋.1990伪满广播广告略说［J］.新闻研究资料，1990（1）.

4. 曾琼，张金海.西方传媒经济学研究的历史进路、研究框架与研究范式：兼论中国传媒经济研究的困局［J］.现代传播，2014（11）.

5. 陈中原.传媒经济学研究的简要回顾［J］.新闻大学，2005（3）.

6. 黄升民.重提媒介产业化［J］.现代传播，2000（10）.

7. 黄升民.虚拟还是现实：再描广播电视媒介的市场竞争版图［J］.全球化与中国影视的命运：首届中国影视高层论坛论文集，2001（1）.

8. 黄升民.先行者的苦恼与思索：试析广播媒介的产业化经营［J］.现代传播，2004（3）.

9. 黄升民，宋红梅.过去、现在与未来：广播媒体应对挑战与摸索转型的轨迹探析［J］.现代传播，2006（6）.

10. 黄升民."媒介产业化"十年考［J］.现代传播，2007（2）.

11. 黄升民.思考广播经营.中国广播［J］.2008（3）.

12. 黄升民，马涛."媒介产业化"再思考［J］.中国广播，2013（10）.

13. 黄升民，周滢.广播电视媒体产业化内涵变迁［J］.中国广播，2014（5）.

14. 黄升民，刘珊.关于中国媒介产业转型的五个论点［J］.现代传播，2014（6）.

15. 余统浩.试论广播电台的信息经营［J］.中国广播电视学刊，1989（5）.

16. 孟小林.经营创收工作是广播电视系统的一项重要改革［J］.中国广播电视学刊，1990（12）.

17. 甄石.江苏省广播电视经营创收工作座谈会侧记［J］.视听界，1993（5）.

18. 江苏省广播电视系统经营创收工作座谈会纪要[J].视听界,1993(12).

19. 吕浩才.关于广播改革的几点思考[J].中国广播电视学刊,1994(10).

20. 陶祖嗣.上海广播电视局经营经验的启迪[J].广播电视信息,1994(1).

21. 李华湘.搞好广播经营创收关键抓好四个转变[J].视听界,1995(10).

22. 吕浩才.广播经营创收之我见[J].中国广播电视学刊,1995(8).

23. 吕浩才.在加快"两个转变"中谋求发展[J].中国广播电视学刊,1996(12).

24. 杜华峰.广播广告的经营现状与思考[J].广告大观,1998(1).

25. 蔡国栋.电台经营发展趋势展望[J].现代传播,1999(12).

26. 张福南.搞好经营创收加强财务管理:辽宁人民广播电台以创收保创优经验点滴[J].辽宁经济,2006(4).

27. 肖金涛.电台经营与"经营"电台[J].中国广播电视学刊,2000(12).

28. 华红辉.广播经营问题谈[J].记者摇篮,2000(1).

29. 张菁.广播要拓展自己的经营空间[J].青年记者,2000(8).

30. 曾庆洪.轰响新机制的黄钟:论广播的产业化与机制创新[J].现代传播,2002(12).

31. 张树庭.转变观念 搞好广播电视经营改革:访北京广播学院新闻传播学院院长丁俊杰教授[J].中国广播电视学刊,2001(10).

32. 高雁.广播经营发展策略的思考[J].当代传播,2003(1).

33. 李灿民.关于"经营"广播电视的思考[J].山东视听,2004(10).

34. 丁淑萍.经营广播发展广播[J].记者摇篮,2004(9).

35. 汪良."双轨模式":广播电台产业化经营的具体方法探讨[J].中国广播电视学刊,2004(3).

36. 梁平.论我国广播电视集团的经营模式[J].有线电视技术,2003(2).

37. 夏吉江.以创新的思路经营广播[J].山东视听,2004(6).

38. 郭华省.广播媒介的经营与管理[J].中国广播电视学刊,2002(8).

39. 解常松.从市场细分看广播电台的市场经营[J].记者摇篮,2008(8).

40. 陈庆,贺文辉.地市电台试水"经营蓝海"[J].中国广播,2009(1).

41. 侯微.技术·市场·制度:中国广播经营改革探析[J].新闻传播,2009(4).

42. 方乐.认清形势积极转变:对金融危机下广播媒体经营策略的探讨[J].中国广播,2009(8).

43. 孙哲.广播经营:整合资源 拓展空间 转变理念[J].中国广播电视学刊,2012(1).

44. 黄晨.谈现代广播媒体经营管理[J].才智,2012(13).

45. 黄建伟.城市广播如何突破传统经营模式[J].新闻世界,2013(5).

46. 吕海媛.移动媒体时代的广播经营[J].视听界,2013(6).

47.陈毅.广播经营：固本开源 方式创新 融合发展［J］.中国广播，2014（2）.

48.周伟，杨兆婧.互联网思维下广播广告的营销创新［J］.中国广播，2014（9）.

49.周伟，赵东.精准与规模的兼得：论新媒体竞争环境下广播广告的精准和互动营销［J］.中国广播，2012（8）.

50.李维彬.广播媒体与新媒体结合的精准营销 访中央人民广播电台广告经营中心主任周伟［J］.声屏世界·广告人，2013（9）.

51.罗萍.我国广播广告30年［J］.中国广播电视学刊，2009（1）.

52.姚爽.广播广告经营的发展特征［J］.新闻爱好者，2011（3）.

53.周伟，周军，张颖.广播广告经营主体结构与经营模式的转化进程［J］.中国广播，2011（8）.

54.周伟.跨界与回归：广播广告发展地图［J］.声屏世界·广告人，2015（5）.

55.赵颖.中国广播广告的现状与发展［J］.新闻研究导刊，2015（9）.

56.易学君.而今迈步从头越：关于广播广告的思考［J］.现代传播，1995（2）.

57.李力.办好广播广告的一些思考［J］.中国广播电视学刊，1995（11）.

58.郭一曲，陈坤.媒介竞争中的广播广告经营［J］.中国广播电视学刊，2002（6）.

59.孙茜云，王上.浅谈广播广告经营战略［J］.山东视听，2003（4）.

60.李玉军，张庆海.广播广告经营的"忧患"与"思考"［J］.大市场（广告导报），2004（9）.

61.纪晓芹.谈广播广告经营的几个"卖点"［J］.山东视听，2004（6）.

62.丁俊杰.广播广告价值浅谈［J］.大市场·广告导报，2005（1）.

63.陈显军.关于广播广告经营模式的思考［J］.新闻窗，2011（1）.

64.周小普.广播产业发展及体制、机制改革［J］.中国广播电视学刊，2006（1）.

65.周小普，吴盼盼.中国广播：现状与前瞻［J］.传媒，2011（6）.

66.喻国明.中国媒介产业的现实发展与未来趋势［J］.中国人民大学学报，2002（1）.

67.吴文汐.动众崛起时代广播如何借势逆袭：兼论长春"交通之声"的经营之道［J］.中国广播电视学刊，2012（9）.

68.喻国明.互联网逻辑下传媒产业转型升级的关键与发展进路［J］.新闻与写作，2014（7）.

69.蔡革文.我国媒介经营亟需转型：访北京广播学院黄升民教授［J］.视听界，2003（6）.

70.谭天，赵敏.中国广播亟待第三次升级转型：破解广播发展困局的思考［J］.新闻记者，2012（10）.

71.胡正荣.广播媒介的重新定位及其生命力：欧洲广播业变动的思考［J］.中国广播电视学刊，1997（4）.

72. 胡正荣.变化中的广播与核心价值体系［J］.中国广播，2008（5）.

73. 胡正荣.媒介融合与广播发展的机会［J］.中国广播，2009（12）.

74. 张彩，于忠广.媒介变局中的中国广播［J］.中国广播电视学刊，2005（1）.

75. 徐祝新.试论广播的信息产业功能［J］.新闻传播，1994（6）.

76. 孙孔华.搞活广播经营发展广播产业［J］.中国广播电视学刊，1998（9）.

77. 李戈.碰撞"广播产业"［J］.声屏世界，2001（3）.

78. 叶汉英.珠江三角洲广播产业经营探索［J］.中国广播电视学刊，2001（10）.

79. 胡正荣，刘斌.广播的产业结构调整及制度创新（上）［J］.中国广播电视学刊，2003（7）.

80. 胡正荣，刘斌.广播的产业结构调整及制度创新（下）［J］.中国广播电视学刊，2003（8）.

81. 朱浙青.如何认识广播产业所面临的机遇与挑战［J］.广播电视信息，2003（5）.

82. 胡贵铭.经营广播是产业发展的必由之路［J］.声屏世界，2004（6）.

83. 李拜石.论广播媒体产业化经营［J］.宁夏社会科学，2004（1）.

84. 丁志文，张燕梅.如何有效经营广播产业：2003年"广播产业发展高层论坛"综述［J］.中国广播电视学刊，2004（1）.

85. 张芸.我国广播实行产业化经营初探［J］.青海社会科学，2004（2）.

86. 王行禄，邓宏柱.广播事业与产业剥离及产业发展实现途径初探［J］.中国广播，2005（2）.

87. 朱虹.彰显广播特色发展广播产业［J］.声屏世界，2005（2）.

88. 谭天.2005年中国传媒市场竞争与广播产业［J］.中国广播，2006（5）.

89. 王明星.对广播产业发展的几点思考［J］.铜陵职业技术学院学报，2006（3）.

90. 徐来见.广播产业发展的瓶颈及对策［J］.中国广播电视学刊，2006（6）.

91. 张敬民.广播产业发展的交叉点和切入点［J］.中国广播，2007（4）.

92. 姚丽萍.广播产业发展面临的问题及对策研究［J］.经济前沿，2007（5）.

93. 丁钊，耿美婷.广播产业价值链探析［J］.今传媒，2007（4）.

94. 欧阳宏生.坚持中国广播产业的可持续发展［J］.中国广播，2007（9）.

95. 禹卫华，傅娟.中国广播产业创新的路径选择［J］.新闻爱好者，2007（1）.

96. 王晓晖.从广播出发：媒介融合下的中国广播产业初探［J］.中国广播，2009（12）.

97. 徐来见.广播产业，突破瓶颈再起程［J］.市场观察，2009（1）.

98. 杨洋，胡明非.广播产业的开发与经营［J］.记者摇篮，2009（3）.

99. 温燕霞，曾学优.广播产业发展的民生化思考［J］.声屏世界，2009（5）.

100. 李伦.广播产业发展的思考［J］.新闻记者，2009（10）.

101. 张秋玲.广播的品牌经营及产业发展［J］.青年记者，2009（22）.

102. 李新全.立足创新做大做强广播产业［J］.中国广播，2009（3）.
103. 汪湃，潘力.中国广播产业链的再思考［J］.中国广播电视学刊，2009（12）.
104. 刘华栋.试探我国广播产业发展的新空间［J］.中国广播，2010（5）.
105. 邓庄，谢诗华.突破单一经营模式延伸广播产业链［J］.中国广播，2010（1）.
106. 向美霞.我国音乐广播产业属性研究［J］.出版与印刷，2010（4）.
107. 郑伟.广播的产业市场开发及运营［J］.新闻传播，2011（1）.
108. 李金锋.试论广播媒体产业运营策略［J］.中国广播，2012（12）.
109. 徐春霞.我国广播产业未来发展趋势分析［J］.新闻窗，2012（2）.
110. 陶喜红.中国广播产业市场结构演变分析［J］.中南民族大学学报（人文社会科学版），2013（5）.
111. 刘亮.广播产业经营与发展的几点思考［J］.现代传播，2014（4）.
112. 王蕴钰.浅析中国广播产业市场结构［J］.采写编，2014（4）.
113. 刘英华.逆势、顺势与趋势：媒介融合背景下广播媒体产业经营的新思考［J］.中国广播，2015（2）.

四、行业报告、数据统计、年鉴

1. 现代广告杂志社.中国广告业二十年统计资料汇编［G］.北京：中国统计出版社，2000.12.
2. 范鲁彬.中国广告30年全数据［R］.北京：中国市场出版社，2009.7.
3. 国家新闻出版广电总局发展研究中心.中国广播电影电视发展报告（2015）［R］.北京：社会科学文献出版社，2015.7.
4. 崔保国.2010年：中国传媒产业发展报告［R］.北京：社会科学文献出版社，2010.4.
5. 崔保国.中国传媒产业发展报告2015［R］.北京：社会科学文献出版社，2016.5.
6. 王兰柱.2009中国广播收听年鉴［R］.北京：中国传媒大学出版社，2009.11.
7. 黄升民、杜国清、邵华冬，等.2013广告主蓝皮书：中国广告主营销传播趋势报告［R］.北京：社会科学文献出版社，2013.5.
8. 黄学平.2015年中国广播收听市场综述［Z］.北京：中国传媒大学出版社，2015.8.
9. 中国互联网信息中心.历次中国互联网发展统计报告［R］.
10. 国家统计局.历年中国社会经济发展统计公报［R］.

五、博硕士学位论文

1. 汪英.上海广播与社会生活互动机制研究（1927-1937）[D].华东师范大学博士学位论文，2007.11.
2. 张矛矛.新中国体育广播发展研究[D].北京体育大学博士学位论文，2009.6.
3. 王丽.中国大陆类型化广播发展策略研究[D].武汉大学博士学位论文，2010.4.
4. 向美霞.媒体转型期音乐广播生产：以"音乐之声"、北京音乐广播台和上海音乐广播台为例[D].复旦大学博士学位论文，2010.10.
5. 姚争.新兴媒体竞合下中国广播现状与发展策略研究[D].上海戏剧学院博士学位论文，2012.3.
6. 康燕.中国传媒产业发展方向与策略选择：基于产业经济学的视角[D].复旦大学博士学位论文，2010.4.
7. 李放.中国传媒产业发展研究[D].北京交通大学博士学位论文，2009.6.
8. 吴昊天.中国传媒产业发展研究：基于产业融合的视角[D].西南财经大学博士学位论文，2014.6.
9. 黄洪珍.从经营报纸到经营资源：泛媒时代报业盈利模式转型路径研究[D].武汉大学博士学位论文，2012.4.
10. 巢立明.中国广播电视产业核心竞争力研究博士学位论文[D].复旦大学，2004.4.
11. 陈素白.1979-2006：中国城市居民广告意识变迁研究[D].中国传媒大学博士学位论文，2006.6.
12. 易旭明.中国电视产业的制度变迁与需求均衡[D].上海大学博士学位论文，2011.6.
13. 戴丽娜.从营销的终点到营销的起点：中国消费者研究起源、演变、规律及趋势[D].复旦大学博士学位论文，2012.4.
14. 唐月民.中国电视传媒产业化研究[D].山东大学博士学位论文，2008.4.
15. 张玲.中国广播媒体市场化经营研究[D].武汉大学硕士学位论文，2005.5.
16. 付三军.1978—2008年中国广播传媒经营管理演变探究[D].华中科技大学硕士学位论文，2008.6.
17. 张金辉.现代广播媒体经营管理的内容、特征及对策研究[D].四川大学硕士学位论文，2005.4
18. 王娟.重庆广播媒体经营战略研究[D].重庆大学工商管理硕士学位论文，2003.2.
19. 倪莹.媒介经营视角下我国广播电视媒体产业链研究[D].新疆大学硕士学位论文，2014.5.
20. 车柯逸.新疆人民广播电台产业链延伸研究[D].新疆大学硕士学位论文，2012.5.

六、网络资源

1. 中国广播发展史，http：//blog.sina.com.cn/s/blog_70df797d0100x80n.html
2. 2014年中国广播收听市场综述，http：//blog.sina.com.cn/s/blog_4ed76c230102vzpj.html
3. 上海市地方志办公室，http：//www.shtong.gov.cn/node2/node2245/node4510/node10159/node10168/node63808/userobject1ai12104.html
4. 民国时期广播电台，http：//www.03964.com/read/4d7aea28d5b984cf41a726b9.html
5. 广电独家，http：//chuansong.me/account/guangdiandujia
6. 广播广告圈，http：//www.aiweibang.com/u/2546?page=2
7. 赛立信媒介研究博客，http：//blog.sina.com.cn/s/articlelist_1322740771_0_1.html
8. 赛立信媒介研究微博，http：//weibo.com/smrmedia
9. 传媒圈，http：//www.aiweibang.com/u/2546?page=2
10. 广告人，http：//www.aiweibang.com/u/209278
11. 传媒评论，http：//www.aiweibang.com/u/10699
12. 数字营销杂志，http：//www.aiweibang.com/u/119724
13. 传媒圈，http：//www.mediacircle.cn/?cat=15
14. 媒介杂志，http：//www.aiweibang.com/u/54902
15. 广视通广告，http：//www.gstad.com.cn/2014ngbg/
16. 央视广告经营管理中心，http：//1118.cctv.com/chinese/index.shtml
17. 微传媒，http：//www.aiweibang.com/u/189803
18. 第二届中国网络视听大会，http：//www.ciavc.com/
19. 北京电台经营中心，http：//www.aiweibang.com/u/72337
20. 网易未来科技峰会，http：//tech.163.com/special/2014nftc/
21. 赛迪网，http：//www.ccidnet.com/
22. 中国交通广播网，http：//www.ctbn.cn
23. 2015中国广告论坛，http：//forum.cnadtop.com/
24. 中国广播资讯网，http：//www.bpes.com.cn/zh-CN/index.php
25. 广播产业研究所，http：//ibi.cuc.edu.cn/
26. 广播听评员，http：//blog.sina.com.cn/tingpingyuan
27. 谭天论道，http：//blog.sina.com.cn/s/articlelist_1285769335_0_1.html
28. 新媒体排行榜，http：//www.aiweibang.com/u/6603
29. 第九届中国传媒年会，http：//media.people.com.cn/GB/137800/375760/index.html
30. 中国广播微信号，http：//www.aiweibang.com/u/16333

31. 中广互联，http：//www.aiweibang.com/u/181049
32. 全中看传媒，http：//chuansong.me/n/1458648
33. 广告人网，http：//www.admen.cn/
34. 梅花网 广播，http：//www.meihua.info/t/18266
35. CTR官网，http：//www.ctrchina.cn/
36. CTR媒介动量，http：//www.ctrchina.cn/edm.asp?Classid=45

后 记

在传媒产业版图中，广播一直是一个不太引人注意甚至常被忽略的构成，其"弱"不言而喻。但是，当真正置身于这个行业，我却发现了它的独特，它的"小而美"，它的坚韧和活力。

硕士毕业后，我进入广播电台工作。将近十年的时间里，我和同事们一起，开展广播市场的各类调研，了解不同地方电台的运营变化；接触电台不同层级的管理者、节目人员、经营人员，采访他们的工作感受和背后故事；召集不同频率、不同节目的听众，聆听他们的评价和意见；放眼国外，追踪欧美发达国家广播的最新动态，等等。各种各样的信息不断汇集，很多想法在碰撞交流间萌生。

当工作到一定阶段，我产生了用专业所学研究广播媒体的念头。

从本科起就读广告学专业，我在这个专业的学习前前后后持续了十年。多年的专业训练，让我在媒体工作期间格外留意其在广告以及其他经营层面的探索，关心媒体的生存来源问题。同其他传统媒体一样，广播媒体的主流商业模式是建立在"内容为王"的基础上，即以内容的传播力吸引听众注意，再将听众的注意力转售给企业，获取广告收益。随着传播环境的变化，惯常的通过优质内容来赢取广告回报的"短程"盈利模式面临一定的挑战。国内外广播面临一个共性的问题：专业化改革的传统红利正在衰减，面对技术的发展和激烈的竞争，未来广播的价值增长点在哪里？如何去探索和挖掘？

因为困惑，所以选择回望。

经过反复斟酌，我最终选择"中国广播经营变迁"这一主题，试图通过对经营历程的梳理来探寻中国广播改革发展的一般性规律，为新环境下传统广播的未来生存趋向提供一个剖面的思考借鉴。

从繁杂的现象中整理出清晰脉络，其中的艰辛自不必言。此研究前后历时五年。研究的前半段，全然是在一种"碎片化"的状态中进行。白天上班，晚上带娃，只能在孩子未醒和孩子睡下的清晨和夜晚见缝插针，缓慢地进行着资料搜集、线索整理和思路推进。很长的一段时间，仿若在黑暗里看不见光亮，找不到可行的研究方法，乱成一团麻。我常常期盼，可以有一整段时间，让我可以沉下心来好好研究，但一直很难实现。好在，细水长流，在经历漫长的煎熬过后，我终于把所看到、听到、想到的一些东西穿成了线，表达了出来。尽管难免有疏漏欠妥之处，却是我从业广播近十年后完成的一项较为系统的思考，是对我过去无数个日日夜夜紧张书写的一个交代。

在研究的后半段，我离开了电台，得以有更充分的时间、宁静的空间去重新审视主题，更新数据，补充案例，完善结论。因为离开，对一些问题的思考变得更加冷静、客观。

由衷感谢研究过程中接受我调研和访谈的各位业界同仁、同事、前辈和老师！他们是全国各地30余家电台的工作人员，在过去几年的时间里，接受过我关于不同主题、不同层面多个问题的采访，很多独到的见解给我深刻启发，推动研究有更开阔的视野。感谢在研究过程中给予无私指导和帮助的老师们，在启动、论证、开展等不同阶段，得到了黄升民、张海潮、丁俊杰、黄京华、刘英华、何辉、初广志、倪宁等老师的宝贵意见，让我不断地完善架构，修正思路。感谢我曾就职的北京人民广播电台，作为广播行业的翘楚，其在诸多领域的创举一度成为中国广播改革的典范。北京电台的发展历程是我整体研究的起始点，正是基于对电台经营脉络的思考才有了对中国广播行业发展问题的兴趣和关注。

书籍出版得到了北京联合大学应用文理学院基本科研业务费资助（项目编号：12213991929010407 6、12213991724010215），得到了中国传媒大学出版社曾婧娴编辑的大力支持，在此一并致谢！

虽然做出了很大努力，当研究成稿定论，仍感觉有很多不足和缺憾，仍有言犹未尽之意。由于本研究的选题偏大，时间跨度较长，暂且以宏观层面的变迁规律研究为重，对于单个电台微观层面的演进历程未及详尽呈现。在研究过程中深深感到，相对鲜活的经营实践，理论总结永远落后一步。尽管参考了大量的研究资料，访问了数十家电台的历任经营管理人员，不断追踪业界最新的进展，试图将最新鲜的情况和实践探索囊括在内，但总有"追赶不及"的感觉。截至研究定稿，业界的很多经营情况继续处在变动之中，这也为未来可能的研究留下了无尽空间。

受限于个人知识、经验和视角的局限，书中难免有疏漏或值得再推敲之处，祈盼读者不吝指正！

王春美

2019年1月

图书在版编目(CIP)数据

中国广播经营变迁:起源、演进、规律与趋向/王春美著. --北京:中国传媒大学出版社,2019.9

(传媒与文化书系)

ISBN 978-7-5657-2529-6

Ⅰ.①中… Ⅱ.①王… Ⅲ.①广播事业—新闻事业史—中国 Ⅳ.①G229.29

中国版本图书馆CIP数据核字(2019)第171156号

传媒与文化书系

中国广播经营变迁:起源、演进、规律与趋向
ZHONGGUO GUANGBO JINGYING BIANQIAN:QIYUAN、YANJIN、GUILV YU QUXIANG

著　　者	王春美
策划编辑	曾婧娴
责任编辑	曾婧娴
封面设计	运平设计
责任印制	李志鹏
出版发行	中国传媒大学出版社
社　　址	北京市朝阳区定福庄东街1号　邮编:100024
电　　话	86-10-65450528　65450532　传真:65779405
网　　址	http://cucp.cuc.edu.cn
经　　销	全国新华书店
印　　刷	北京玺诚印务有限公司
开　　本	787mm×1092mm　1/16
印　　张	13.25
字　　数	281千字
版　　次	2019年9月第1版
印　　次	2019年9月第1次印刷
书　　号	ISBN 978-7-5657-2529-6/G·2529　定价 53.00元

版权所有　　翻印必究　　印装错误　　负责调换